Heinz-Egon Rösch

Lothringen erleben

Mit dem Auto, mit dem Fahrrad und zu Fuß

LEINPFAD

VERLAG

© Leinpfad-Verlag
Juli 2002

Umschlag u. Karte: kosa-design, Ingelheim
Satz: Leinpfad-Verlag
Druck: Druckerei Wolf, Ingelheim

Alle Fotos: Heinz-Egon Rösch

Leinpfad-Verlag, Leinpfad 5, 55218 Ingelheim,
Tel. 06132/8369, Fax: 896951
www.leinpfad-verlag.de

ISBN 3-9808383-0-7

INHALT

Einleitung

KENNEN SIE LOTHRINGEN?

Wenn nicht, dann wird es Zeit, diese Region im Osten von Frankreich zu erkunden! Sie liegt gleich neben Deutschland im Herzen von Europa. Selbst die Bevölkerung in Frankreich kennt diese Gegend wenig. Dabei gibt es in dieser einzigartigen Kultur- und Naturlandschaft viel zu entdecken: Mit prachtvollen, lebendigen Städten wie Nancy, Metz, Bar-le-Duc, Saint-Dié oder Èpinal, mit den grünen Landschaften der westlichen Vogesen und der Argonnen und mit viel, viel Wasser in Flüssen, Kanälen und Seen.

Alles über Lothringen kann in diesem Buch nicht zu finden sein, dafür ist das Land – es umfasst die vier Départements Moselle, Meurthe et Moselle, Vosges und Meuse und hat fast die Größe von Belgien – zu vielfältig. Aber es sollen Wege in verschiedenen Regionen des Landes vorgestellt und Anstöße aller Art zu weiteren Entdeckungen gegeben werden zu dem Thema „Lothringen erleben mit dem Auto, mit dem Fahrrad, zu Fuß".

Die Vorschläge für Autofahrten, Radtouren und Wanderungen überzeugten mich schon beim Ausprobieren und weckten meine Neugier, so dass nun mehr Touren zusammengekommen sind, als ursprünglich geplant waren. Ich habe versucht, alle Landschaften Lothringens einzubeziehen, aber vielleicht ist noch etwas Überraschendes für Neugierige übrig geblieben.

Die 16 Autotouren, 15 Radtouren und 10 Wanderungen wurden mit vielen praktischen Hinweisen versehen (Landkarten, Telefonnummern, Touristikinformationen) und die sehens- oder beachtenswerten Orte sind mit einem * gekennzeichnet. Zu diesen gibt es dann im zweiten Teil weitere Erläuterungen im „Lothringen-Lexikon". Auch in den „Kästchen" kann man kulturgeschichtlich und politisch interessanten Persönlichkeiten und Fakten begegnen.

In den angegebenen Fremdenverkehrsämtern (Office de Tourisme oder Syndicat d'Initiative) bekommt man kostenlos Prospekte, oft auch in deutscher Sprache. Die Telefonnummern gelten für den innerfranzösischen Verkehr. Von Deutschland aus wählt man die Landesvorwahl 0033 und lässt dann die Null der angegebenen Nummer weg (z.B. 0033-38755....).

In Frankreich und in Lothringen spielen die Gastronomie und die Hotellerie eine große Rolle. Auf den Touren haben wir immer reichlich Gebrauch davon gemacht. Allerdings fällt es schwer, Empfehlungen auszusprechen oder gar eine Rangliste aufzustellen - zu unterschiedlich sind die „Geschmäcker". Außerdem wechseln die Köche, oder Restaurants werden geschlossen, andere tuen sich auf. In der Regel gehen die Restaurants auf die regionalen Spezialitäten ein. Daher ist der Gebrauch eines Gourmet-Führers zu empfehlen. Anhaltspunkte findet man auf jeden Fall im jährlich neu aufgelegten Hotel- und Restaurantführer Guide Michelin France. Dieser gibt auch ungefähre Auskünfte über behindertengerechte Einrichtungen. Der Taschenführer „Restaurants in Lothringen" von Gilles Pudlowski, DAN-Edition, Strasbourg, empfiehlt eine Auswahl von 60 Restaurants. Weitere gastronomische und hotelbezogene Empfehlungen erhält man in den Offices de Tourisme und in deren Prospekten.

Meine Familie und die Weggefährten Anni Baltes, Hilde Grade, Edda und Dieter Klose, Luzia und Armin Loeb, Prof. Dr. Wilhelm Pesch sowie die Radtouristen Prof. Theo Lautwein, Propst Manfred Paas, Gudrun und Dr. Eberhard Scheidt und Alwis Weinand haben Lothringen gemeinsam mit mir erkundet und schätzen gelernt - insgesamt waren wir in den letzten fünf Jahren mehr als 25 Mal dort! Wir alle können einen Besuch an Wochenenden, einen längeren oder kürzeren Urlaub nur empfehlen.

Bonne Route!

Heinz-Egon Rösch

Zur Systematik dieses Reiseführers:

Sechzehn Regionen Lothringens werden in 16 Kapiteln mit je einer Autotour, mit Radtouren und Wanderungen vorgestellt.

Jedes Kapitel ist folgendermaßen gegliedert:

*   Kurzbeschreibung der besonderen geografischen und kulturellen Schönheit der jeweiligen Region

*   Abfolge der Orte (mit Kilometerangabe), Verkehrsverbindungen, Kartenmaterial und Informationsmöglichkeiten

*   Beschreibung der Autotour mit Kartenskizze

*   Beschreibung der Radtour(en) mit Kartenskizze

*   Beschreibung der Wanderung(en) mit Kartenskizze

*   Ein Stern* hinter einem Namen oder Begriff verweist auf das alphabetisch geordnete Lothringen-Lexikon ab Seite 103.

1. REGION: METZ

Die Tour führt von Metz*, der „Hauptstadt Lothringens", nach Scy-Chazelles* mit dem Robert-Schuman-Museum und zum idyllischen Bergstädtchen Briey*. Weiter geht es zum ehemaligen Reformkloster Gorze* und zur „Moselperle" Pont-à-Mousson*. Vom Butte-de-Mousson* hat man einen herrlichen Rundblick auf das Moseltal und die ostlothringischen Höhenzüge. Zum Schluss lohnt der Anblick der spätmittelalterlichen Wandmalereien in der Kirche von Sillegny* (112 km).

Strecke:

Metz* - Le Ban-Saint- Martin - Longeville-lès-Metz - Scy-Chazelles* - Lessy - Châtel Saint Germain – Saint-Privat-la-Montagne – Sainte-Marie-aux-Chênes - Auboué - Moutiers - Briey* (31 km).
Briey - Labry Jarny - Mars-la-Tour - Les Baraques - Gorze* (31 km)
Gorze - Novéant-sur-Moselle - Arnaville - Pagny-sur-Moselle - Sablonnières - Vandières - Pont-à-Mousson* (22 km).
Pont-à-Mousson - Butte-de-Mousson* - Lesménils - Cheminot - Longueville-lès-Cheminot - Sillegny* (16 km).
Sillegny - Coin-sur-Seille - Pournoy-la-Chétive - Coin-lès-Cuvry - Metz (15 km)

Verkehrsverbindungen:

AUTO: A 4 / A 314 (E 25, E 50), A 31 (E 21, E 23), N 3, N 43, N 52, N 57, D 1, D 2, D 3, D 5, D 7, D 954, D 955, D 999
BAHN: F 6, F 7, F 8, 25003.
KARTEN: IGN 1:100 000 Nr. 11 Nancy- Metz-Luxembourg, IGN 1:255 000 RO1-15 Alsace-Lorraine. Michelin 1:200 000, Nr. 242 Alsace et Lorraine.

Informationen:

METZ: Office de Tourisme, place d'Armes, 57000 Metz, T 03 87 55 53 76, F 03 87 36 59 43
BRIEY: Syndicat d'Initiative, 15, rue du Temple, 54150 Briey, T 03 82 46 33 22
GORZE: Office de Tourisme, 22, rue de l'Eglise, 57680 Gorze, T 03 52 87 00 19
PONT-À-MOUSSON: Office de Tourisme, 52, place Duroc, 54700 Pont-à-Mousson, T 03 83 81 06 90, F 03 83 82 45 84.

Autotour

Man verlässt das Zentrum von **Metz*** über den Moyen-Pont und durch die Rue du Pont des Morts. Über die große Moselbrücke Pont des Morts gelangt man in die Rue de Paris, überquert die Autobahn A 31 und die Bahnanlagen mit dem Pont de Fer, um in Le-Ban-Saint-Martin auf die N 3 zu treffen. In südlicher Richtung (moselaufwärts) wird zuerst Longeville-lès-Metz erreicht. Nächster Ort ist **Scy-Chazelles***. Am Ortsanfang folgt man rechts dem Wegweiser zum Haus und Museum Robert Schuman, auf einer Anhöhe gelegen. Von dort weiter geradeaus, um über Lessy im Tal die N 43 bei Châtel Saint Germain zu erreichen. Im bewaldeten Tälchen aufwärts führt die Straße zur Hochfläche, wo Amanvillers liegt. Vor Saint-Privat-la-Montagne biegt die N 43 links ab, um geradewegs nach Sainte-Marie-aux-Chênes zu führen. Weiter auf der N 43 fährt man nach Auboué, wo das Tal der Orne durchquert wird. Im Nebental der Orne, dem Woigot-Tal fährt man weiter durch das Gebiet ehemaliger lothringischer Eisenbergwerke, wo die Minette (schwefelhaltiges Eisenerz) abgebaut wurde. Die Mineure wohn(t)en hier mit ihren Familien in einfachen Reihenhäusern, die sich entlang der N 43 in Moutiers hinziehen. Von hier aus ist man schnell

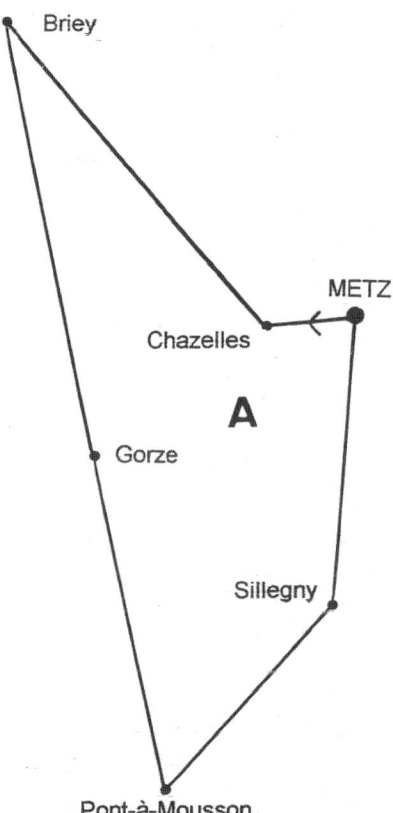

am ersten Etappenziel **Briey***, das anmutig im Tal und am Berghang liegt. Die Straße führt hinauf zur Oberstadt, wo man hinunterblickt auf den Stausee im Woigot-Tal.

Briey verlässt man in südlicher Richtung auf der N 103, die zunächst über eine Hochfläche, dann unter der A 4 hindurch wieder an die Orne bei Labry führt. Über die Brücke gelangt man nach Jarny mit seinem großen Industrie- und Gewerbegebiet. Hier endet die N 103 und man muss die D 952 nach Mars-la-Tour nehmen. Dort führt die D 13 schnurgerade nach Les Baraques, auf der landwirtschaftlich intensiv genutzten Hochfläche gelegen. Jetzt biegt man links ab auf die D 12. Bei der ehemaligen „Ermitage Saint-Thiébaut" erreicht man **Gorze*** mit seinen früheren Klosteranlagen. Die freundliche Umgebung von Gorze ist ein ideales Wandergebiet im Pays Messin (= Metzer Land).

Im Tal der Gorzia geht es abwärts auf der D 12 und an den jüngsten römischen Ausgrabungen vorbei nach Novéant-sur-Moselle. Dort biegt man im Moseltal rechts auf die D 6 ab nach Arnaville. Hier mündet auch das reizende Tal der Mad in das Moseltal. Auch die Bahnlinie von Metz biegt hier ab nach Bar-le-Duc und Paris. Von Arnaville - jetzt auf der D 952 - fährt man nach Pagny-sur-Moselle. Weiter mosel-aufwärts wird Vandières erreicht und bald ist man in **Pont-à-Mousson***, wo man links über die Bahnlinie in den alten Stadtkern fährt.

Die Straße in Pont-à-Mousson führt an der großen dreieckigen, von Laubengän-gen umstandenen Place Duroc vorbei zur Moselbrücke, über die man - links die gotische Sankt Martins Kirche - weiter in Richtung Saint-Avold auf der D 910 fährt. Etwa 2 km außerhalb taucht das Schild "Butte-de-Mousson" auf, dem man auf einer Brücke über die D 910 bergan zum Dorf und zum Gipfel der Butte-de-Mousson* folgt. Auf dem Gipfel kann man einen sehr schönen Rundum-Panorama-Blick genießen. Wieder zurück zur D 910 geht die Fahrt durch die Ortschaft Lesménils, dann über die Brücke der Autobahn Metz-Nancy A 31 weiter auf der D 910 bis zur Ausfahrt links nach Cheminot (D 5). Im Tal der Seille gelangt man nach Longueville-lès-Cheminot und nach **Sillegny***, wo man von der D 5 rechts abbiegt zum Marktplatz. In der südöstlichen Ecke steht die Kirche mit den einzigartigen spätgotischen Wandmalereien.

Von Sillegny aus geht die Tour weiter auf der D 5, vorbei an Coin-sur-Seille, Pournoy-la-Chètive und Coin-lès-Cuvry. Die langgezogene D 5 führt direkt in das

Pont-à Mousson: die ehemalige Prämonstratenserabtei

Zentrum von **Metz**, das durch die Rue du XXième Corps Americain, die Rue de Verdun und die Avenue Robert Schuman erreicht wird.

ROBERT SCHUMAN (1886-1963)
Robert Schuman gilt als einer der Väter des modernen Europas. In Luxembourg geboren, studiert er an den Universitäten Metz, Bonn, München, Berlin und Strasbourg, promoviert zum Dr. jur., wird Anwalt und 1919 als Abgeordneter des Départements Moselle in die französische Nationalversammlung gewählt. 1941 wird er von der Gestapo verhaftet und in Neustadt/Weinstraße unter Hausarrest gestellt. 1942 kann er fliehen und schließt sich der Résistance an. Nach dem 2. Weltkrieg ist er für kurze Zeit Ministerpräsident und über mehrere Jahre Frankreichs Außenminister. 1950 entwickelt er den Plan für die (wirtschaftliche) Zusammenarbeit Europas, der später nach ihm Schuman-Plan genannt wird. Dieser bildet die Grundlage für die Römischen Verträge von 1957 zwischen den sechs Mitgliedstaaten Frankreich, Italien, Deutschland, Belgien, Niederlande und Luxemburg. Robert Schuman wird zum ersten Präsidenten des Europäischen Parlaments (1958-1960) gewählt. – In seinem Haus in Scy-Chacelles* führt Schuman ein bescheidenes, ganz auf seine Arbeit konzentriertes Leben. Dort stirbt er am 4. September 1963. Gegenüber seinem Haus in Chazelles liegt er in der romanisch-gotischen Wehrkirche Saint-Quentin begraben. Das Robert-Schuman-Haus pflegt als Museum sein Andenken. Vom parkähnlichen Garten hat man nach Süden einen weiten Ausblick über das Moseltal und die Moselberge (Öffnungszeiten 1. Mai – 30. September, außer dienstags von 10–12 und von 14-18 Uhr, vom 1. Oktober - 30. April von 14-18 Uhr, 57160 Scy-Chazelles, T 03 87 60 19 90).

Wanderungen:
Die Stadt Metz und ihre unmittelbare Umgebung bieten wenig Möglichkeiten zum Wandern und Radfahren. Man muss schon "nach draußen", zum Beispiel nach Gorze. Dorthin gibt es auch eine direkte Busverbindung von Metz (Place de la République bzw. Gare SNFC) nach Gorze. Der Club Touristique Lorrain (CTL), Sektion Gorze, hat einige Rundwanderungen in diesem schönen Wandergebiet ausgewiesen, die in der Broschüre „Autour de Gorze" beschrieben sind, zum Beispiel: Route orange - von der Ortsmitte zur Ermitage Saint-Thiébaut und zurück (3 km), oder die grüne Route im Bois des Chevaux (5 km), oder die rosa Route zur Chapelle St- Clément (3,5 km). Die Wanderungen führen in einer Höhenlage zwischen 200 m und 350 m vorwiegend durch Wälder. Außerdem verläuft der französische Hauptwanderweg GR 5 Metz - Ars-sur-Moselle - Aqueduc Romain - Ancy-sur-Moselle - Gorze - Liverdun durch Gorze, so dass man auch von Metz nach Gorze wandern kann. (Prospekte in den Offices de Tourisme).

2. REGION TOUL

Von der alten Bischofsstadt Toul* im Moseltal führt die Tour in das Tal der Maas (Meuse) nach Commercy*, eine der Residenzstädte des letzten lothringischen Herzogs Stanislaus von Polen. Weiter geht die Fahrt zum unterirdischen Rhein-Marne-Kanal bei Mauvages und nach Vaucouleurs*, wo Jeanne d'Arc, die heilige Johanna, ihren Zug gegen die Engländer zur Befreiung Frankreichs begann. Letztes Ziel ist Blénod-lès-Toul*, wo Bischof Hugues des Hazards von Toul zeitweise residierte und im Geiste des Humanismus wirkte. (94 km)

Strecke:
Toul* - Ecrouves - Foug - Lay-Saint-Rémy - Pagny-sur-Meuse - Troussey - Vertuzey - Euville - Commercy* (31 km)
Commercy - Void-Vacon - Sauvoy – Mauvages - Kanaltunnel - Mauvages - Rosières-en-Blois - Vaucouleurs* (36 km)
Vaucouleurs - Chalaines - Rigny-St- Martin - Blénod-lès-Toul* - Toul (27 km)

Verkehrsverbindungen:
AUTO: A 31 (E 21), N 4, N 74, N 411, D 90, D 191, D 400, D 908, D 960.
BAHN: F 4, F 6, F 7, 25003, 25010
KARTEN: IGN 1:100 000 Nr. 23 Nancy - Bar-le-Duc, IGN 1:255 000 RO1-15 Alsace-Lorraine, IGN 1:25 000 Nr. 3315 O Toul. Michelin 1:200 000 Nr. 242 Alsace et Lorraine.

Informationen:
TOUL: Office de Tourisme, Parvis de la Cathédrale, 54203 Toul, T 03 83 64 11 69, F 03 83 63 24 37
COMMERCY: Office de Tourisme, Château Stanislas, 55200 Commercy, T 03 29 91 02 18, F 03 29 91 75 75
VAUCOULEURS: Office de Tourisme, 15, rue Jeanne d´Arc, 55140 Vaucouleurs, T+F 03 29 89 51 82.

Autotour
Toul verlässt man auf der Rue Vauban durch die Porte de France und fährt weiter auf der Avenue Victor Hugo, mit der man am Port de France den Canal de la Marne au Rhin überquert. Am Bahnhof geht es in einer großen Rechtskurve über die Bahnlinie, und durch die nördlichen Vorstadtgebiete von Toul gelangt man auf der D 400 nach Ecrouves mit seiner mittelalterlichen Kirche. Bei Foug überquert man in geringer Höhe die Wasserscheide zwischen Mosel und Maas, während sich unten links der Canal de la Marne au Rhin in einem Tunnel den Weg durch den Berg bahnt. Auch

die Eisenbahn Toul - Bar-le-Duc durchschneidet bei Foug den schmalen Gebirgszug. Nach kurzer Abfahrt erreicht man Lay-Saint Rémy, überquert kurz danach den Kanal und fährt dann etwa zwei Kilometer parallel zur autobahnmäßig ausgebauten N 4 nach Pagny-sur-Meuse, wo man zum ersten Mal die Maas als kleinen Fluss erblickt. Kurz hinter der Maasbrücke biegt man rechts ab in eine nicht beschilderte Straße. Sie führt nach Troussey, einem langen Straßendorf, in welchem Ende August die Fête de la Pomme de Terre (Kartoffelfest) mit der Kartoffelhochzeit von Charlotte und Apollo, zwei riesigen Kartoffeln, auf dem Platz vor der sehenswerten gotischen Wehrkirche gefeiert wird. Auf der D 36 kommt man nach 1,5 km zu einem Aquaedukt, einer Hochbrücke, auf der die Wasserstraße des Canal de la Marne au Rhin

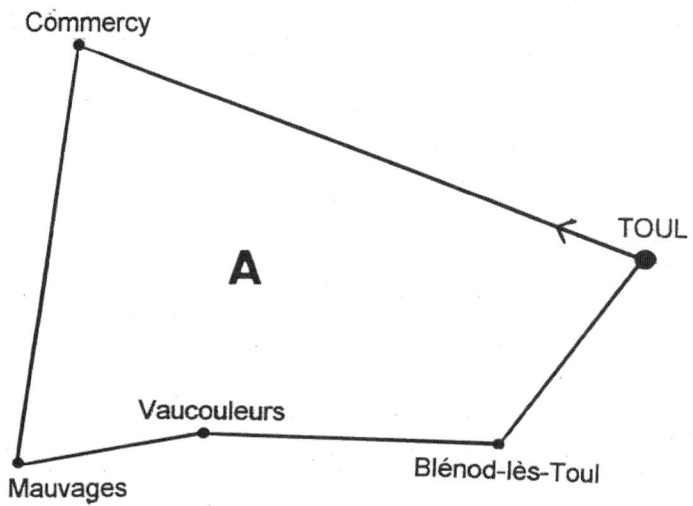

über die Straße und die Maas fließt. Man sollte den kurzen Anstieg zur Kanalbrücke (zu Fuß 50 m) unternehmen, um diese Konstruktion zu bewundern. In der Nähe - etwa 2 km rechts - zweigt der Canal de l'Est mit seiner "branche nord" aus dem Rhein-Marne-Kanal ab. Entlang dem Canal de l'Est mit seinen tuckernden Booten gelangt man nach Vertuzey und nach weiteren 2,5 km zum Hafen von Euville. Dort biegt der Kanal links ab, um kurz vor Commercy wieder aufzutauchen. Über die Maasbrücke (links) fährt man in das Zentrum von Commercy, zunächst zur Place Charles-de-Gaulle, dann rechts durch die Rue Porte-au-Rupt - an der berühmten Bäkkerei für Madeleines vorbei - bis zur Avenue Stanislas und rechts zur Place du Fer-à-Cheval und zum imposanten Schloss von **Commercy***.

Von Commercy geht die Fahrt nun in südlicher Richtung auf der vielbefahrenen, welligen D 964 schnurgerade nach Void-Vacon. Unter der Brücke der N 4 hindurch überquert man kurz danach den Canal de la Marne au Rhin, um gleich rechts auf der D 10 im Tal des Kanals bzw. der Méholle weiter zu fahren. Zehn Schleusen sind auf der Strecke zwischen Void, Sauvoy und Mauvages zu zählen. Verträumt liegen sie da und erinnern an die Schifffahrt auf den Kanälen im 19. Jahrhundert. Man fährt durch **Mauvages** mit seinem 1831 im für diese Gegend kuriosen ägyptischen Stil erbauten Brunnenhaus bis zum Ortsende. Dort biegt man links ab auf einen Feldweg, und fährt - dem Wegweiser nach - zum Eingang des 4,8 km langen unterirdischen Kanals, der die Wasserscheide zwischen Maas und Marne (Ornain) durchbricht. Der beleuchtete Kanal (Souterrain de Mauvages) wurde zwischen 1841 und 1846 gebaut und ist eine bergtechnische Meisterleistung. Zurück auf der D 10 geht die Reise weiter nach Rosières-en-Blois, wo man auf die D 960 trifft, in die man links einbiegt. Über welliges Gelände, teils entlang von Feldern, teils durch Wäldchen, erreicht man **Vaucouleurs***, wo man gleich am Ortseingang links die Porte de France und die Gedächtniskirche für Jeanne d'Arc sieht.

Nach der Besichtigung und "Verehrung" der historischen Stätten der Jeanne d'Arc fährt man durch die Stadt weiter auf der D 960 und über die Brücke im breiten Tal der Maas nach Chalaines. Dort steigt die Straße über einen kleinen Hügel und führt dann hinunter in das Tal der Aroffe nach Rigny-St- Martin. Dann geht es durch ein enges Waldtal nach **Blénod-lès-Toul***, wo man die erste Ortseinfahrt nimmt, um zum Zentrum mit der Kirche Saint-Medard zu gelangen. Am Ende von Blénod weitet sich die Landschaft. Die D 960 biegt nun nach Nordosten ab und führt durch die Ebene schnurgerade direkt zurück nach **Toul**, deren Kathedraltürme schon von weitem den Ankommenden grüßen.

HUGUES DES HAZARDS (1454-1517)

In Blénod-lès-Toul* geboren, wird Hugues des Hazards Bischof von Toul* und Kanzler von Lothringen. Seinem Heimatort bleibt er verbunden. Oft zieht er sich hierher zurück. In seiner Taufkirche Saint Médard möchte er begraben werden. Als Humanist gilt seine Verehrung den Sieben Freien Künsten. Deshalb sind sie als Begleitpersonen mit ihren Attributen auf seinem kostbaren Epithaph im Chor der Kirche dargestellt: die Grammatik mit Alphabet, die Dialektik mit der Schlange (spitze Zunge), die Rhetorik mit Lorbeerkranz, die Arithmetik mit den Zahlen, die Musik mit Flöte und Laute, die Geometrie mit Kreis, Quadrat und Dreieck, die Astronomie mit dem Himmelsgewölbe. Wie im antiken Chor tragen zehn Klageweiber auf einem Band seinen Leitspruch vor: Nasci – Laborare – Mori (Geboren werden – Arbeiten – Sterben). Jedoch, so lapidar dürfte er nicht gelebt haben – in einer Gegend, wo es zu seiner Zeit viel Wein im Überfluss gab.

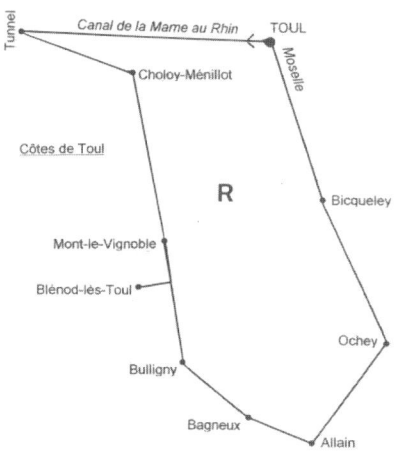

Canal de la Marne au Rhin | TOUL
Tunnel
Choloy-Ménillot
Côtes de Toul
Moselle
R
Bicqueley
Mont-le-Vignoble
Blénod-lès-Toul
Ochey
Bulligny
Bagneux
Allain

Fahrradtour:

ENTLANG DEM CANAL DE LA MARNE AU RHIN UND DEN CÔTES DE TOUL (CA. 50 KM).

Die Radtour beginnt in **Toul** am Port de France (Bootshafen) an der Avenue Victor Hugo. Auf dem Leinpfad des Kanals kann man ungestört vom Straßenverkehr geruhsam radeln. Vorbei an Schleusen geht die Fahrt bis zu dem großen Becken des Kanals vor dem Kanaltunnel bei Neuf Port. Die Tunneleinfahrt gleicht einem tiefen, schwarzen Loch, das durch den Berg getrieben wurde. Der **Tunnel** verbindet das Moseltal mit dem Maastal. Zurück nun zur Brücke, über welche die D 11 führt. Man fährt nun auf dieser Straße durch die Cité des Sources und weiter unter der N 4 hindurch zu den Côtes de Toul in südöstlicher Richtung nach Choloy-Ménillot. Von hier aus bewegt man sich in südlicher Richtung immer entlang den markanten **Côtes de Toul** auf der wenig befahrenen D 11. Man berührt auf dieser „Route du Vin et de la Mirabelle"

Tunnel des Rhein-Marne-Kanals

die heute kaum noch mit Weinbergen bestandenen Ortschaften Domgermain, Charmes-la-Côte und Mont-le-Vignoble. Die bewaldeten Plateauberge, die Mirabellengärten und die Weinberge bilden eine eindruckvolle Landschaftskulisse. Der nächste Ort ist **Blénod-lès-Toul***, dessen historischer Ortskern zu einem Besuch einlädt.

Weiter radelt man entlang der D11 zum typisch lothringischen Straßendorf **Bulligny**, wo es noch einige Winzer gibt, deren Wein, der Vin Gris de Toul, eine regionale Spezialität ist. Kurz nach Bulligny verlässt man die D 11 und fährt links in die Ebene nach **Bagneux**. Bald passiert man rechts die alte Römerstraße von Langres nach Toul und Metz, die Ancienne Voie Romaine de Langres, auf der es sich lohnt - auf einer anderen Tour - , 26 km schnurgerade nach Süden bis in die Gegend von Neufchâteau zu radeln oder zu wandern. Weiter überquert man die A 31 und die N 74, um nach **Allain** zu gelangen. Im Ort fährt man zur D 974, in die man links einbiegt, um etwa nach 1 km auf die D 78 in Richtung **Ochey** einzuschwenken. Rechts liegt der Flugplatz von Nancy-Ochey, der nur wenig benutzt wird. Am Ende der verkehrsarmen Straße gelangt man auf die breitere D 904, die auf welliger Route durch Wald und Feldfluren nach **Bicqueley** führt. Im flachen Tal der Bouvades erreicht man bei deren Mündung die Mosel. Moselabwärts nähert man sich - unter der A 31 hindurch - der Bischofs- und ehemaligen Festungsstadt **Toul**. Durch die Porte Moselle fährt man in das Zentrum der historischen Stadt.

Wanderungen:

DURCH DIE WEINBERGE UND MIRABELLENGÄRTEN VON LUCEY UND BRÛLEY UND ZU DEN FORTS DE LUCEY UND BRÛLEY (CA. 2,5 STUNDEN).

Die beiden Weinbaugemeinden Lucey und Brûley haben eine sehr schöne Hanglage an den nördlichen Côtes de Toul. Hier wird noch Weinbau betrieben. Die Weinberge mit Blick auf die lieblichen lothringischen Weinorte und die Ebene verlocken zu Wanderungen. Die Wanderwege und Weinlehrpfade sind gut gekennzeichnet. Man erhält genauere Beschreibungen im „Maison Lorraine - Maison de Polyculture" in Lucey, 94 Grand Rue, 54200 Lucey, das vom 1. Mai bis 31. Oktober mittwochs von 14-18 Uhr und an Sonn- und Feiertagen von 14.30 - 18.30 Uhr geöffnet ist (T 03 83 63 85 21).

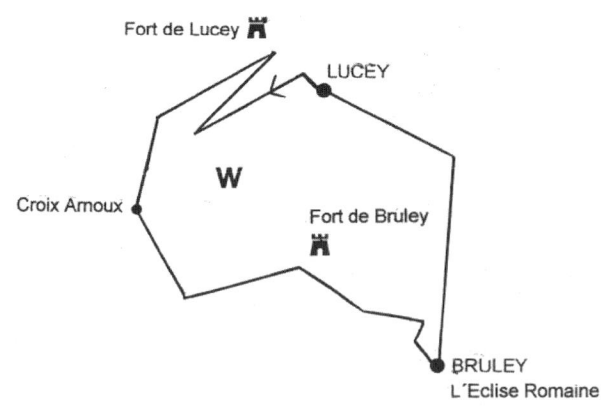

Ausgangpunkt unserer Wanderung ist das Hinweisschild „Depart du Chemin Viticole de Lucey", Grande Rue 40 in **Lucey***. Wir steigen auf schmalem Pfad zwischen den typisch lothringischen Häusern hinauf in die Weinberge der berühmten Weinlage „les Vignes de l'Evêque" bis zum oberen Querweg, in den wir links einbiegen. Den Weg begleiten Hinweispflöcke über die Wein- und Mirabellenkultur von Lucey, deren Anblick im Tal wir genießen dürfen. Der Weg führt in den Wald und in der Rechtskurve hinauf zu den Anlagen des ehemaligen **Fort de Lucey**, das 1892 angelegt, aber in den Kriegen nie gebraucht wurde. Man kann nur noch die Umfassungsmauern erkennen. Sodann wenden wir uns wieder zurück und gehen den leicht abfallenden Weg geradeaus hinunter zum **Croix Arnoux**, wo wir die D 192 überqueren. Dann wandern wir in einem Linksbogen aufwärts durch den Wald bis zu den Feldern und Wiesen auf dem Plateau. Links im Walde befinden sich die Anlagen des **Fort de Brûley**, die aber nicht betreten werden dürfen. Kurz vor dem Ende der Waldlichtung biegen wir in einer Kurve auf einem steiler abfallenden Weg ab, der uns nach **Brûley*** führt, das sich am Waldrand vor unseren Blicken ausbreitet. Am Ortseingang sollte man der Friedhofskapelle, bestehend aus den Überresten der 1902 abgerissenen romanischen Wehrkirche, einen Besuch abstatten, denn im verbliebenen Chor ist eine bemerkenswerte Altargruppe aus der Renaissance-Zeit zu sehen. Am Chor hinter der Kirche steigen wir hinab zur Rosenkranz-Kapelle und zur neugotischen Kirche. Die Wanderung geht nun durch die obere Dorfstraße und durch die Rue de Chêne, in die wir links einbiegen. An deren Ende nehmen wir den Weinbergweg rechts, der uns dann geradeaus durch die Weinberge von Brûley mit der Wandermarkierung Grüner Kreis beim Anblick der weitgestreckten Woëvre-Ebene im Bogen nach **Lucey** zurückführt (Karte IGN Toul 1:25 000).

Wanderungen empfiehlt auch der Guide-Poche von Jean-Luc Baudinet und Patrice Costa „Balades à pied en Lorraine" Nr. 12 „Lucey et le vignoble du Toulois", Editions de l'Est, Strasbourg, 1996, ISBN 2-7165-0388-5. - Die Association Intercommunale des Sentiers de Randonnée „la linotte", hat 1999 in Zusammenarbeit mit dem IGN ein Kartenheft mit 14 Wanderungen in der Region der Côtes de Toul herausgegeben, das man in Buchhandlungen, aber auch in Lebensmittelgeschäften und im Maison Lorraine erhalten kann.

Bulligny, ein typisch lothringisches Straßendorf

3. REGION: NANCY

Von der alten lothringischen Herzogstadt Nancy* mit ihrer einzigartigen frühmodernen Stadtarchitektur (Place Stanislas, Jugendstilhäuser) fährt man im Verlauf des Meurthetales zur ehemaligen Kartause Bosserville* und nach Saint-Nicolas-de-Port*, dessen Wallfahrtsbasilika weit über die Dächer der Stadt und die umgebende Landschaft ragt. Weiter geht die Fahrt in das Tal der Mosel und bald danach zum Barockschloss Haroué*. Wie ein großes "magisches" Ziel zieht die Butte de Vaudémont* mit dem Wallfahrtsort Sion* die Reisenden an. Auf dem Rückweg nach Nancy kann man in Vézelise* eine 400 Jahre alte Markthalle bewundern und kurz vor Nancy dem Château de Fléville* und seinem Park einen Besuch abstatten. (100 km)

Strecke:
Nancy* - Tomblaine - Chartreuse de Bosserville* - Art-sur-Meurthe - Varangéville - Saint-Nicolas-de-Port* (13 km)
Saint-Nicolas-de-Port - Manoncourt-en-Vermois - Ferrières/les Baraques - Velle-sur-Moselle - Neuviller-sur-Moselle - Crévéchamps - Neuviller-sur-Moselle - les Frères - Laneuveville-devant-Bayon - Crantenoy - Haroué* (32 km)
Haroué - Tantonville - Praye - Sion* - Vaudémont* (11 km)
Vaudémont - Chaouilley - Vroncourt - Vézelise* (10 km)
Vézelise - Omelmont - Ceintrey – Fléville-devant-Nancy* - Nancy (33 km)

Verkehrsverbindungen:
AUTO: A 31 (E 21), A 33, A 330, N 57, N 74, D 2, D 40, D 92, D 400, D 570, D 974.
BAHN: F 4, F 6, 25010, 25014, 25015
KARTEN: IGN 1:100 000 Nr. 23 Nancy - Bar-le-Duc, IGN 1:255 000 RO1-15 Alsace-Lorraine. Michelin 1:200 000 Nr. 242 Alsace et Lorraine.

Informationen:
NANCY: Office de Tourisme, Place Stanislas, 54011 Nancy, T 03 83 35 22 41, F 03 83 35 90 10.
SAINT-NICOLAS-DE-PORT: Office de Tourisme, 13bis, rue Anatole France, 54210 St- Nicolas-de-Port, T 03 83 48 58 75, F 03 83 46 84 60.
HAROUÉ: Château d'Haroué, 54740 Haroué, T 03 83 46 84 60, F 03 83 52 44 19.
SAXON-SION: Syndicat d'Initiative, rue de la Paix, 54330 Saxon-Sion, T 03 83 25 14 85.

Autotour

Nancy* verlässt man auf der D 2, der Ausfallstraße in Tomblaine, um zur ehemaligen Chartreuse de Bosserville* zu fahren, die sich hinter hohen Mauern versteckt. Eine Besichtigung der heutigen Schule ist nur in Teilen möglich (Außenanlagen, Kirche, ein Haus - Schlüssel im Sekretariat). Weiter geht die Fahrt auf der D 2 über Artsur-Meurthe zum Canal de la Marne au Rhin, der mit der Meurthe zwischen Varangéville und **Saint-Nicolas-de-Port*** überquert wird. Nach der zweiten Brücke biegt man rechts ab, um hinauf in das Zentrum der Stadt zu fahren (Einbahnstraßenverkehr).

Nach der Besichtigung der Stadt und der renovierten spätgotischen Basilika fährt man stadtauswärts auf der D 115 zunächst nach Manoncourt-en-Vermois und danach links auf der Hochfläche entlang der D 112 nach Ferrières / les Baraques. Es geht weiter bis zur Kreuzung und dann rechts auf der D 116 hinab in das breite Tal der Mosel nach Velle-sur-Moselle. Kurz danach überquert man die Mosel und den Canal de l'Est nach Crévéchamps, das am südlichen Ortsrand erreicht wird. Beim Durchfahren des breiten Moseltales bemerkt man, dass die Mosel viele Kurven macht, während der Kanal linear gezogen ist. Im Tal der Mosel aufwärts zwischen Berghang und Kanal führt die N 2057 über Neuviller-sur-Moselle nach Les Frères. Das Moseltal verlassend, biegt man rechts ab durch ein Tälchen hinauf zur Hochfläche nach Laneuvevilledevant-Bayon. Man fährt weiter auf der D 9 - unter der Schnellstraße, die das Moseltal entlastet, hindurch - nach Crantenoy, bis man **Haroué*** mit seinem anmutigen Wasserschloss und den gepflegten Parkanlagen erreicht.

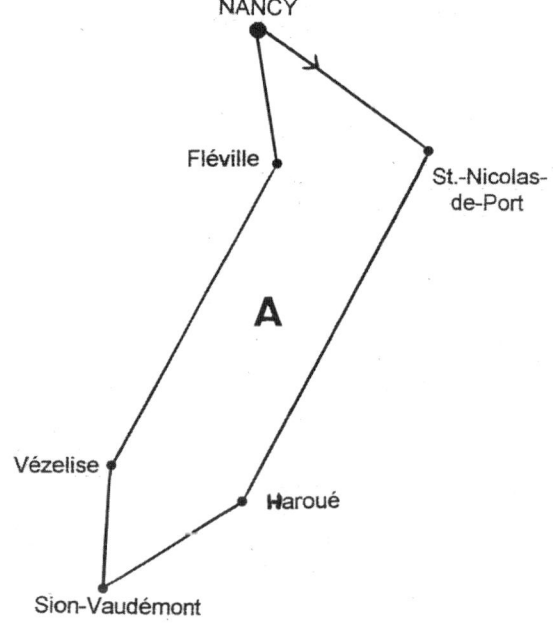

Über die schöne Brücke, die den Madon überquert, geht die Fahrt weiter auf der D 9 nach Tantonville, wo man bereits den weithin sichtbaren „Wotansberg", die „Butte de Vaudémont" erblickt. Im Ort trifft man auf die D 913, die in südlicher Richtung den Berg ansteuert, um dann rechts auf die D 50e nach Praye abzubiegen, das in Mirabellenhainen unterhalb des Berges liegt. Die Tour geht in steilem Anstieg hinauf auf das Plateau zum Wallfahrtsort **Sion***. Auf dem Keltenberg geht es entlang der D 53 zum Signal de Vaudémont* mit dem Denkmal für

Maurice Barrès. Hier bietet sich die herrliche Aussicht über das südliche Lothringen und hinüber bis zu den Vogesen im Osten. Nächster Ort ist das Dorf **Vaudémont** mit der Burgruine der Grafen von Vaudémont.

Die nächste kurze Etappe benutzt wieder die D 53 nach Chaouilly bis nach Vroncourt, das westlich tangiert wird, und dann auf der D 5 direkt nach **Vézelise*** wo man die spätgotische Kirche und die Markthalle besichtigen kann.

Die D 5 bringt nun den Autotouristen über Omelmont hinunter in das Madon-Tal nach Ceintrey. Hier fährt man weiter auf die D 913, die nahtlos an die A 330 anschließt. Am Autobahnknoten südlich von Nancy folgt man dem Hinweis „Château de Fléville", der, ein wenig kompliziert, zum Dorf und Schloss **Fléville*** führt. Es zählt zu den schönsten Schlössern in Frankreich. Auf der D 71 gelangt man wieder ins Stadtzentrum von Nancy.

Anmerkung: Die Chartreuse de Bosserville* und das Château de Fléville* können auch auf einer eigenen, stadtnahen Exkursion besucht werden.

KÖNIG STANISLAUS (1677-1766)
Der abgedankte König von Polen, Stanislaus Leszczynski, wird auf Anregung seiner Tochter, der französischen Königin Marie-Sophie, 1737 Herzog von Lothringen und Bar. 30 Jahre regiert er die beiden Herzogtümer als „Friedensfürst" und „Wohltäter des Volkes", das ihm die üppige Hofhaltung nicht anlastet. Er schafft viele Arbeitsplätze in der Fabrikation von Porzellan, in der Landwirtschaft und im Bauwesen. Er ruft bekannte Künstler seiner Zeit, wie Emmanuel Héré und Jean Lamour, an seinen Hof. So entstanden die Place Stanislas* in Nancy und die Schlösser und Gärten von Lunéville* und Commercy*. Auch an anderen Schlossbauten ist er beteiligt. Er lässt Brunnen bohren, die Straßen ausbessern und Alleebäume pflanzen – und das alles, obwohl er weiß, dass nach seinem Tode Lothringen und Bar an die französische Krone zurückfallen werden. Sein Ruhm aber strahlt heute noch über Nancy und Lothringen.

Fahrradtouren:
In Nancy und in der direkten Umgebung ist Radfahren kaum erholsam, denn es gibt zu wenige ausgewiesene Radwege. Besser ist es schon im westlich von Nancy gelegenen Forêt de Haye bestellt, wo sich Waldwege für kleinere Radtouren eignen. Am besten packt man das Rad aufs oder ins Auto und fährt zu einem nahegelegenen Waldparkplatz am Freizeit- und Sportpark „Parc de Haye", der an der N 4 Richtung Toul liegt. - Eine weitere Radtour kann man im Moseltal auf dem „Itinéraire Cyclotouristique de la Boucle de la Moselle" unternehmen. Der etwa 52 km lange Parcours im langezogenen Moselbogen ist mit braun-weißen Schildern mit Radfahrersymbol auf der Piste ausgeschildert. Hinweise dazu gibt es beim Office de Tourisme

de Toul, 54203 Toul T 03 83 64 11 69, F 03 83 63 24 37.

Wanderungen:

Es gibt einen Rundwanderweg um Nancy „Autour de Nancy". Er ist auf der Karte IGN 1:100 000 Nr. 23 Nancy - Bar-le-Duc bzw. Nr. 11 Nancy - Metz - Luxembourg eingezeichnet. Er ist etwa 55 km lang und kann in zwei bis drei Tagen erwandert werden. Die Wanderstrecke führt im Abstand von 5-12 km um die Stadt herum, zur Hälfte durch Wälder (Forêt de Haye, Bois Imperial, Bois de Faulx, Forêt de l'Avant Garde, Forêt de Hazotte) und durch berühmte Orte wie Saint-Nicolas-de-Port* und Liverdun* und berührt zweimal das Moseltal südlich und nördlich von Nancy. Den "Einstieg" in den Rundwanderweg nimmt man am besten an den Brücken von Saint-

Nicolas-de-Port oder Liverdun. Nähere Auskünfte: Association Les Randonneurs du Saintois, 43 Route d'Haroué, 54116 Tantonville, Tel. 03 83 52 48 78. - Zum Wandern sind die Collines de Sion / Vaudémont besonders geeignet. Die Randonneurs du Saintois bieten hier drei Wandervorschläge an: Circuit des Légendes (1 h 30 min.), Circuit Barrès - Brunehaut (3 h), Circuit Historique (4 h 30 min). Letzteren kann man in Sion oder in Vaudémont beginnen. Genauere Beschreibungen der Wanderwege sind bei der Association Les Randon-neurs (s. o.) zu erhalten, ebenso in: Baudinet / Costa, Balades à pieds en Lorraine, Nr. 16, La Colline de Sion-Vaudemont, ISBN 2-7165-0388-5.

Nancy, Place Stanislas

4. REGION LUNÉVILLE

Lunéville*, die "Stadt des Mondes" verlässt man in der breiten Ebene der Meurthe in Richtung Baccarat*, des französischen Eldorados der Kristallglasherstellung. Ein Abstecher in die waldreichen westlichen Vogesen führt an den Lac de Pierre Percée*, wo man in beschaulicher Umgebung gut wandern kann. In abwechslungsreicher Fahrt geht es über Badonviller nach Blâmont*. Nächstes Ziel ist Marsal*, eine alte Festung zum Schutz des Salzhandels. Dann lohnt sich der Besuch von Vic-sur-Seille*, einst Zufluchtsstätte der Metzer Bischöfe und Geburtsort des „Lichtmalers" Georges de la Tour. Auf dem Rückweg nach Lunéville wird zuvor der Rhein-Marne-Kanal im Tal des Sanon überquert. (130 km)

Strecke:
Lunéville* - N 59 – Saint-Clement - Chenevières - Ménil-Flin - Azerailles - Baccarat* (24 km)
Baccarat - Bertrichamps - Raon-l'Etape - la Trouche - Celles-sur-Plaine - Lac de Pierre Percée* (12 km)
Lac-de Pierre Percée - Badonviller - Montreux - Nonhigny - Barbas - Blâmont* (20 km)
Blâmont - Repaix - Igney - Avricourt - Moussey - Maizières-lès-Vic - Bourdonnay - Lezey - Marsal* (40 km)
Marsal - Moyenvic - Vic-sur-Seille* (7 km)
Vic-sur-Seille - Arracourt - Valhey - Einville-au-Jard - Lunéville (26 km)

Verkehrsverbindungen:
AUTO: N 4, N 59, N 333, D 108, D 914.
BAHN: F 4, 25 010, 25014.
KARTEN: IGN 1:100 000 Nr. 23 Nancy - Bar-le-Duc, Nr. 11 Nancy - Metz, Nr. 12 Strasbourg - Forbach, IGN 1:255 000 RO1-15 Alsace-Lorraine. Michelin 1: 200 000 Nr. 242 Alsace et Lorraine.

Informationen:
LUNÉVILLE: Office de Tourisme, Aile Sud du Château, 54300 Lunéville, T 03 83 74 06 55, F 03 83 73 57 95
BACCARAT: Office de Tourisme, place du Général Leclerc, 54120 Baccarat, T 03 83 75 13 37, F 03 83 75 36 76.
FONTENOY-LA-JOUTE (BÜCHERDORF): Les amis du livre, 9, rue de Paris, 54000 Nancy, T 03 83 98 01 14, F 03 83 98 13 14.

PIERRE-PERCÉE: Syndicat des Lacs de Pierre-Percée, 88100 Celles-sur-Plaine,
T 03 29 41 19 25, F 03 29 41 18 69.
BLÂMONT: Association „Clef de Voute" du Blâmontois, 54450 Blâmont,
T 03 83 42 32 03 / 03 83 76 28 28, F 03 83 76 28 32.
MARSAL: Maison du Sel, 57630 Marsal, T 03 87 01 16 75, F 03 87 01 16 75.
VIC-SUR-SEILLE: Syndicat d'Initiative, place du Palais, 57630 Vic-sur-Seille,
T 03 87 01 16 26.

Autotour

Man verlässt die alte Herzogstadt **Lunéville*** auf der Avenue de la Libération (N 59) in Richtung Baccarat / Saint-Dié. Die Tour auf der langgestreckten Nationalstraße geht im breiten Tal der Meurthe mit wenigen Ortsdurchfahrten (Saint-Clement* mit gotischer Kirche und Wandmalereien) zügig voran, so dass das erste Ziel, die Kristallstadt **Baccarat***, schnell erreicht wird. Im Ort sollte man das Kristall-Museum mit zahlreichen wertvollen Exponaten und die Kirche St- Rémy mit beeindruckenden Kristallfenstern besuchen, ebenso den Nachbarort Deneuvre*, der auf einem von den Galliern bewohnten Hügel, den auch die Römer benutzten, gebaut ist. Ein Abstecher zum „Bücherdorf" „Village du livre" Fontenoy-la-Joute (ca. 7 km) empfiehlt sich für Bücherfreunde.

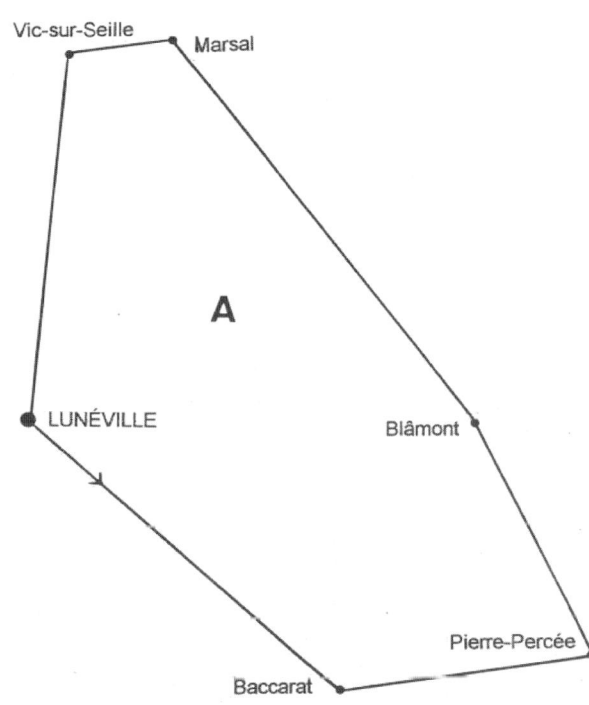

Weiter geht die Fahrt durch das Pays du Lunévillois auf der N 59 in Richtung Saint-Dié nach Raon-l'Etape, um dann links auf die D 9 / D 182 in das wald- und wasserreiche Tal der Plaine in den Westvogesen einzubiegen. Mit der D 182 verlässt man das Tal, um links zum Lac de Pierre Percée* und nach **Pierre-Percée*** abzubiegen, wo man von der Terrasse der Schlossruine Salm den See überblikken oder unterhalb, an der Anlegestelle, eine Bootsfahrt auf dem See zum Rabenfelsen (Roche des Corbeaux) unternehmen kann. Für eine Rundwanderung um den See sollte man jedoch einen ganzen Tag einplanen.

Von Pierre-Percée aus bringt die D 182 den Touristen durch den ausgedehnten

Forst nach Badonviller. Von hier aus - nun auf der D 20 - führt die Route durch bergiges Land nach Montreux, Nonhigny, Barbas und **Blâmont***, einen historisch und strategisch bedeutsamen zentralen Ort im Tal der Vezouze.

Im Zentrum von Blâmont fährt man rechts auf der N 4 in Richtung Sarrebourg. Nach etwa 2 km biegt man links ab auf die D 7 und fährt nach Repaix, Igney nach Avricourt. Hier endet die D 7 bzw. setzt sich fort in der D 40, auf der man nach Moussay gelangt, kurz danach den Canal de la Marne au Rhin beim Port Sainte-Marie überquert, um dann geradewegs, zunächst durch Wald, dann durch Feld, kurz vor Maizières-lès-Vic zur verkehrsreichen D 955 zu fahren. Die D 955 bringt die Reisenden zunächst nach Bourdonny, dann auf einer schier unendlichen Geraden (Vorsicht an den Kuppen!) nach Lezey. In Lezey schlägt man rechts die kleine Verbindungsstraße nach **Marsal*** ein, oder man fährt über Moyenvic und dann auf der D 38 zurück nach Marsal, dem einst bedeutsamen und reichen Ort der Salzgewinnung in Lothringen.

Nach der Besichtigung des Salzmuseums und der historischen Anlagen samt der bemerkenswerten gotischen Kirche St- Léger, fährt man nach Moyenvic und weiter zum traditionsreichen **Vic-sur-Seille***, am Südhang der „Noires Montagnes" (Schwarzen Berge) gelegen, die einst von zahlreichen und guten Weinbergen geschmückt waren.

Von Vic geht es wieder zurück zur D 38. Man überquert sie in einem Kreisel, um auf der D 114a weiter in südlicher Richtung zur D 914 zu fahren. Diese Straße führt

Das Schloss von Lunéville

dann in einigen Kurven zunächst nach Arracourt, dann über einen Höhenzug nach Vathey und Einville-au-Jard, wo man den Sanon samt Rhein-Marne-Kanal überquert. Jetzt ist es nicht mehr sehr weit bis nach **Lunéville***, das man in der Rue de Vic und in der Rue de la Résistance erreicht, die über die Vezouze zum berühmten Schloss von Lunéville führen.

Georges de la Tour (1593-1652)

In Vic-sur-Seille*, einem ehemals beliebten Zufluchtsort der Bischöfe von Metz, begegnet man dem eigenwilligen und zugleich genialen Maler Georges de la Tour. Hier ist er geboren. Im gotischen, renaissance-verzierten Maison de Monnaie (Münze) hält man die Erinnerung an ihn mit seinen spärlichen Lebensdaten und den fotographischen Rekonstruktionen seiner Bilder wach. Später hat er sein Atelier in Lunéville*, und Louis XIII. ernennt ihn zum „Maler des Königs". Von seinen Bildern sind nur noch 17 vorhanden. Sie zeichnen sich durch starke Hell-Dunkel-Kontraste mit gelb-roten und dunklen Farben aus. Eine Kerze oder ein kleines Feuer lassen seine merkwürdigen Gestalten magisch und mysteriös erscheinen. In den Museen von Nancy* und Epinal*, von Paris und Madrid, von Washington und Los Angeles sind seine Bilder und Gestalten zu bewundern, denen man heute noch beim Bummel durch die engen Straßen von Lunéville begegnen kann.

Fahrradtour:

INS LAND ZWISCHEN VEZOUZE UND SANON (CA. 40 KM)

Da es in Lunéville bis vor kurzem ein schönes Fahrradmuseum gab, ist hier eine Radtour angebracht. Sie führt in das nördliche Hinterland der Stadt zum Forêt de Parroy und zum Tal des Sânon. Am Schlossplatz verlässt man **Lunéville** über den Kanal auf der stärker befahrenen Rue Chanzy, über die Vezouze zum Kreisel und weiter auf der Rue de la Résistance, biegt dann rechts ab in die Avenue Georges de la Tour (D 108) und gelangt auf einem Radweg zum Vorort Jolivet. Es geht geradeaus weiter auf der D 108a, die in einem großen Rechtsbogen in das Tal der **Vezouze** führt. Am Hof Champel fährt man weiter in Richtung Chanteheux, biegt aber noch vor der Vezouze links ab auf einen geschotterten Weg zur **Ferme Rouge** und weiter bis zur D 160. Nun links hinauf und in der Kurve rechts (5 t Straße), und man radelt im hügeligen **Forêt de Parroy**, den man auf dem 7 km langen, idyllischen Sträßchen durchquert, um dann in das Tal des Sânon zu fahren. Man überquert den Fluss samt Canal de la Marne au Rhin und kommt - leicht ansteigend - nach **Parroy**.

Von dort fährt man nun wieder links abwärts hinunter zum fischreichen Sânon und Canal, die hier zu einem kleinen See aufgestaut sind, als Teil des Etang de Parroy. Auf der D 2 gelangt man zum Gasthaus Michelet und weiter bis zur Brücke vor Hénaménil, über die **man in den Ort radelt. In Hénaménil** steigt rechts die Straße leicht an, und über die felderreiche Flur fährt man auf der D 108 über die Höhe nach

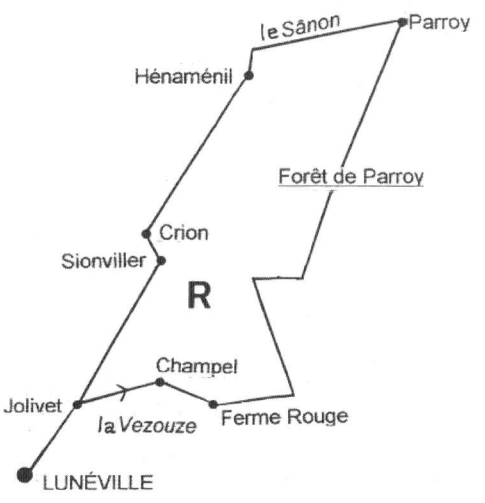

Crion und **Sionviller**. Weiter geht die Fahrt - nach einer Steigung - hinunter nach **Jolivet** und, wie gekommen, auf dem Radweg zurück nach **Lunéville**.

Wanderung:

Wandern kann man am besten in den westlichen Vogesen, wohin diese Tour führt, so am Lac de Pierre Percée (Lac du Vieux Pré). Der Club Vosgien hat am See einen Rundwanderweg (gelber Kreis) ausgewiesen. Am besten beginnt man die Wanderung am Parkplatz Bellevue, wo auch Informationsschilder auf den Wanderweg aufmerksam machen. Einen schönen Ausblick auf die anmutige Seenlandschaft bietet sich vom Roche des Corbeaux (Rabenfelsen). Für die Wanderung sollte man sich einen Tag Zeit lassen.

Die römischen Ausgrabungen in Bliesbruck

5. REGION: SARREGUEMINES/BITCHE

Sarreguemines (Saargemünd)*, an der Mündung der Blies in die Saar gelegen, ist Ausgangspunkt der Reise durch das Saargemünd-Bitscher Land. Im beschaulichen Tal der Blies fährt man zunächst nach Bliesbruck* und Reinheim* zum Europäischen Kulturpark - Parc archéologique européen*-, wo man die weitläufigen Ausgrabungen aus der Kelten- und Römerzeit bewundern kann. Im Bitscher Land trifft man auf den gemeinsamen Naturpark Nördliche Vogesen-Pfälzerwald - Parcs naturels régionaux des Vosges du Nord et du Palatinat*. Die Fahrt geht durch ausgedehnte Wälder mit Buntsandsteinfelsen, oft bekrönt von Burgruinen, die zum Erwandern einladen (Châteaux de Falkenstein*, Waldeck, Ramstein). Im Süden des Bitscher Landes findet man die einst weltberühmten Glasmanufakturen von Meisenthal*, Saint-Louis und Goetzenbruck. In westlicher Richtung gelangt man im hügeligen Bauernland wieder an die Saar, wo die gotische Kirche von Zetting* durch ihre einzigartigen Glasfenster überrascht. Bei der Fahrt durch das Land fällt auf, dass es am Wegrand zahlreiche alte und neuere Kapellen, Bildstöcke und Kreuze gibt - als Ausdruck der frommen Gesinnung der Bewohner. (122 km)

Strecke:
Sarreguemines* - Blies-Guersviller - Bliesschweyen - Frauenberg - Blies-Ebersing - Bliesbruck/Reinheim (Europäischer Kulturpark - Parc archéologique européen)* (15 km)
Reinheim - Niedergailbach - Obergailbach - Rimling - Epping - Weiskirch - Volmunster - Nousseviller-lès-Bitche - Schorbach* - Bitche* (30 km)
Bitche - Stockbronn - Eguelshardt - Bannstein - Lieschbach - Philippsbourg (16 km)
Philippsbourg - Baerenthal (Ramstein) - Mouterhouse - Althorn - Meisenthal* (17 km)
Meisenthal - Soucht - Ziegelhütte (Montbronn) - Rahling - Schmittviller - Kalhausen - Weidesheim - Wittring - Dieding - Zetting* - Remelfing - Sarreguemines (42 km)

Verkehrsverbindungen:

AUTO: N 61, N 62, D 82, D 910, D 919, D 974

BAHN: 25005, DB 684

KARTEN: IGN 1:100 000 Nr. 12 Strasbourg-Forbach, IGN 1:255 000 RO1-15 Alsace-Lorraine. Michelin 1:200 000 Nr. 242 Alsace et Lorraine.

Informationen:

SARREGUEMINES: Office de Tourisme, 11, rue du Maire Massing, 57200 Sarreguemines, T 03 87 98 80 81

BLIESBRUCK, REINHEIM: Parc archéologique Bliesbruck-Reinheim, 1, rue Robert Schuman, T 03 87 02 25 79, F 03 87 02 24 80, Informationszentrum Ausgrabungen Reinheim, Robert Schuman Straße 2, D-66453 Gersheim, T 06843-1829

BITCHE: Office de Tourisme, Hôtel de Ville, 57230 Bitche, T 03 87 06 16 16, F 03 87 06 16 17

BAERENTHAL: 1, rue du Printemps d´Alsace, 57230 Baerenthal, T+F 03 87 06 50 26, F 03 87 06 62 31.

Sarreguemines, das Casino am Saarufer

Autotour

Man verlässt **Sarreguemines*** über den Pont des Allieés (Brücke über die Saar) geradeaus in der Rue du Maréchal Foch, biegt dann in die zweite Straße links ein, die Rue Alexandre de Geiger, eine Einbahnstraße, und fährt vorbei an der Bliesbrücke in die Avenue de la Blies, die D 82. Im weitgeschweiften, schönen Tal der Blies mit südländischem Flair gelangt man auf der ruhigen Landstraße zuerst nach Blies-Guersviller und dann nach Bliesschweyen und fährt durch Frauenberg mit seiner Burgruine und Blies-Ebersing weiter im lieblichen Tal nach Bliesbruck. Am Ortsausgang Richtung Deutschland erstreckt sich dann links und rechts der Straße das riesige Ausgrabungsterrain des Europäischen Kulturparks **Bliesbruck/Reinheim***, der sich grenzüberschreitend bis zu den Ausgrabungen aus keltischer Zeit in Reinheim / Blies hinzieht.

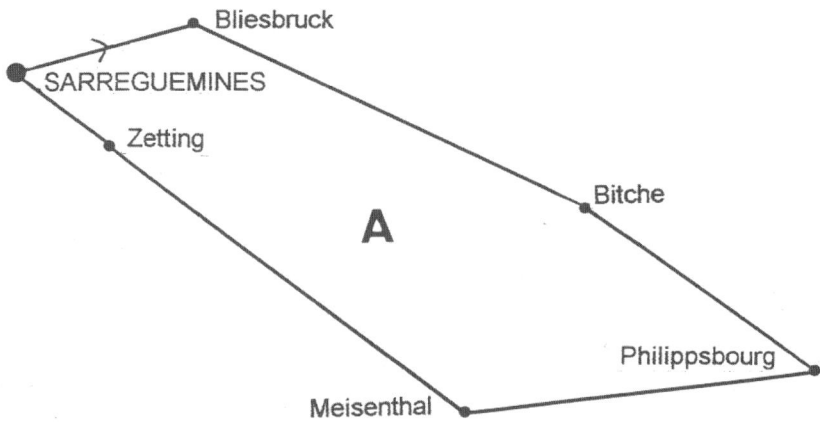

Am Ortseingang von Reinheim geht die Weiterfahrt rechts zunächst an Niedergailbach vorbei, dann über die saarländisch-lothringische Grenze, in einem anmutigen, von Obstbaumwiesen belebten Tälchen nach Obergailbach hinauf und weiter zur D 34, in die man nach links einbiegt. Zwar gibt es hier oben auch eine Schnellstraße (Sarreguemines-Bitche), es empfiehlt sich jedoch, gemütlich auf der alten Straße durch das lichtoffene Acker- und Bauernland mit den Dörfern Rimling und Epping nach Weiskirch und Volmunster im Tal der Schwalb zu fahren. Im Ort biegt man rechts ab, hinauf nach Nousseviller-lès-Bitche. Von dort geht es weiter hinauf zur D 35, der man nach rechts folgt, bis nach etwa 2 km links auf der D 162b die Abfahrt nach Schorbach* beginnt. Von Schorbach mit seinem bemerkenswerten Karner fährt man in das Tal des Hornbachs, dem man nach rechts talaufwärts auf der D 962 zur ehemaligen Festungsstadt **Bitche*** folgt.

Von Bitche aus geht die Reise weiter in die Nordvogesen im regionalen Naturpark* auf der schnellen N 62 in Richtung Niederbronn-les-Bains (Elsass). Waldreich mit schroffen Buntsandsteinfelsen bietet sich das Falkensteinertal dar, in einer Landschaft, die sehr viele Ähnlichkeiten mit dem Wasgau auf deutscher Seite hat. Über Stockbronn, Eguelshardt, Bannstein und Lieschbach wird **Philippsbourg** erreicht, mit Baerenthal der Mittelpunkt des Wandergebietes in den westlichen Nordvogesen, mit Touren u. a. zu den Ruinen Falkenstein, Waldeck und Ramstein und zum Etang d'Hanau.

Philippsbourg und das Falkensteinertal verlässt man nach rechts auf der D 36, um noch tiefer in den Naturpark zu fahren, zunächst nach Baerenthal - im Hintergrund die Ruine Ramstein. Im Tal der Zinsel geht es weiter zum Étang de Baerenthal. Noch weiter talaufwärts erreicht man Mouterhouse mit seinen aufgestauten Bachseen. Im enger werdenden, langezogenen Breidenbachtal fährt man nun auf der D 36b nach Althorn, bis man auf der Höhe zum uralten 12-Apostel-Stein (Pierre des 12 Apôtres), ursprünglich wohl ein keltischer Menhir, und zur breiten D 12 gelangt. Nach rechts entlang dieser Straße bis zur Abzweigung nach links und - mit weitem Fernblick - auf der D 83 hinunter nach **Meisenthal***, einst ein Mittelpunkt der lothringischen Glasmanufakturen.

Nach der Besichtigung des Museums und der Vorführungen der Glasbläser fährt man zum nahegelegenen Soucht, dann talabwärts auf der D 83 bis zum Kreisel vor Montbronn und weiter auf der D 83 in der idyllischen, wasserreichen Waldlandschaft nach Rahling, wo man wieder offenen Feldern und Wiesenfluren begegnet. In Rahling verlässt man den erholsamen und erfrischenden Naturpark der Nordvogesen, folgt im Ort, rechts abbiegend, weiter der D 83 zur Höhe nach Schmittviller und Kalhausen, um dann bei Weidesheim das Saartal zu erreichen. Nun biegt man rechts ab, um im Tal der Saar auf der D 33 an Wittring vorbei über Dieding nach **Zetting*** zu touren, wo die Saar samt Saar-Kohlenkanal (Canal des Houillères de la Sarre) überquert wird. Die Kirche von Zetting liegt auf der Höhe (im Ort rechts abbiegen und unter der Bahn hindurch). Auf der westlichen Saaruferstraße gelangt man nach Rémelfing und durch einen Kreisel nach **Sarreguemines**, dessen Zentrum über die Rue Poincaré auf dem Boulevard des Faïenceries erreicht wird.

Fahrradtour:

VON DER SAAR INS BITSCHER LAND (CA. 115 KM)

Wie wäre es mit einer **Zwei-Tage-Radtour**? Hier ein Vorschlag, der durch das lothringische Land im Pays de Sarreguemines et Bitche führt. Die Tour ist recht abwechslungsreich, führt durch anmutige Täler, durch geheimnisvolle Wälder, über einige Hügel mit weiter Fernsicht. Eine Radtour in zwei Etappen von Sarreguemines nach Bitche (dort kann man nach etwa 50 km übernachten) durch die Nordvogesen im Parc naturel régional des Vosges du Nord und durch das lothringische Agrarland zurück zur Saar und nach Saargemünd. (65 km)

Die 1. Etappe führt von **Sarreguemines*** auf den Wegen der Autotour (siehe vorher) durch das Bliestal zum Europäischen Kulturpark **Bliesbruck/Reinheim** und durch das Gailbachtal auf die Höhe, weiter auf wenig befahrenen Straßen über Rimling, Epping, Weiskirch, **Volmunster**, Nousseviller und **Schorbach*** nach **Bitche***.

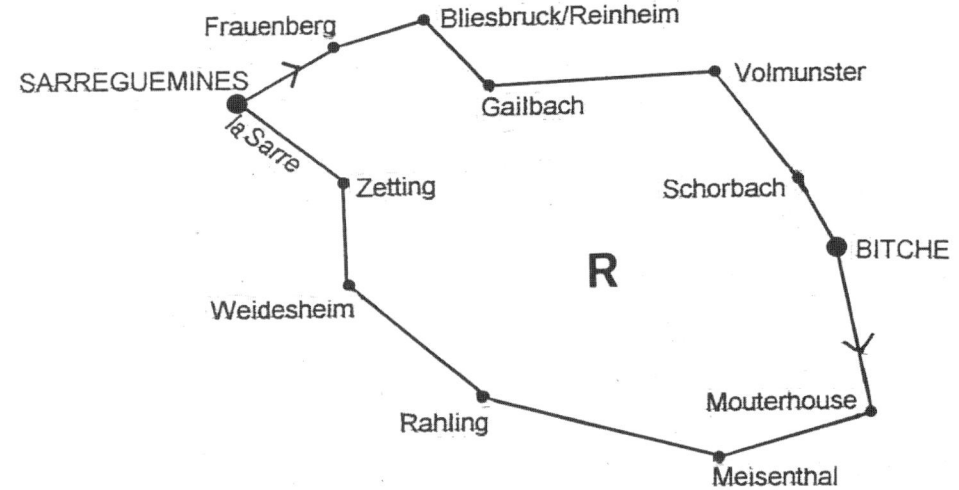

Die 2. Etappe von Bitche zurück nach Sarreguemines verlangt schon etwas mehr Kondition, denn es gilt, etwa 65 km zu bewältigen. In Bitche nimmt man für ein kurzes Stück bis zum Ortsende die N 62 in Richtung Lemberg. An der Rechtskurve am südlichen Ortsausgang von Bitche biegt man links in den mit gelb-weiß-gelbem Strich markierten, asphaltierten Wanderweg ein, der zunächst zum „Wolfsgarten" führt. Dann beginnt der Wald, und auf dem Waldsträßchen radelt man in Kurven durch den erholsamen Forst, überquert die Bahnlinie Bitche-Sarreguemines und erreicht nach etwa 11 km ohne Anstrengung die kleine gotische Kapelle mit der Sonnenuhr und der Schutzmantelmadonna bei **Mouterhouse**. Dort fährt man entlang dem langgestreckten Weiher bis zur D 36b, dann - wie bei der Autotour - im Tal des Breidenbachs nach Althorn und beim 12-Apostel-Stein über die Höhe und nach etwa 600 m nach links hinunter nach **Meisenthal***. Der weitere Weg entspricht der Autotour bis nach Sarreguemines, zunächst im beschaulichen Waldtälchen nach **Rahling**, dann über die fruchtbaren Ackerlandhöhen ins Saartal. Bei Wittring gelangt man direkt an den Saar-Kohle-Kanal (Canal des Houillères de la Sarre*), auf dessen mehr oder weniger gut ausgebautem Leinpfad man zur ebener Erde und vorbei an etlichen Schleusen nach **Sarreguemines** zurückkehrt. Die Fahrt auf dem Leinpfad ist zwar nicht gestattet, da es zum Wasser hin kein Geländer gibt, sie wird aber toleriert. Deshalb Vorsicht bei Dunkelheit und Nebel! Ebenso verläuft auf dem Leinpfad der Wanderweg mit dem Zeichen „blaues Andreaskreuz".

Wanderung:

Wanderung im Falkensteiner Felsenland (8 km)

Ein ideales Wandergebiet liegt in der Umgebung von Philippsbourg und Baerenthal. Die Landschaft ist waldreich; Felsen aus Buntsandstein, trockene Sandböden mit Fichten- und Kiefernwäldern, geringe Höhenunterschiede machen das Wandern zu einem Erlebnis der Natur.

Man fährt mit dem Auto von Bitche aus auf der N 62 bis zum Ortseingang von **Philippsbourg**. Dort, am Weiher, biegt man nach links ab zu dem kleineren Weiler Mambach und folgt der schmalen Straße D 87a (Vorsicht bei Gegenverkehr!) Richtung Stürzelbrunn bis zum Parkplatz der Ruine Falkenstein. Dort stellt man den Wagen ab. Man folgt im Wald etwa 200 m der Markierung „blaues Dreieck" und biegt dann nach rechts ab auf den Blauer-Ring-Weg. Der Weg führt im Kreis durch Waldungen und an Felsen vorbei zum **Petit Steinberg** und unterhalb des Grand Steinberg bis zu einer Wegegabelung. Dort wandert man scharf links abwärts auf einem vom Vogesenclub selbst angelegten schmalen Weg bis hinunter zum Westufer des Biotop-**Étang de Lieschbach**. Man folgt dem Zeichen über den Damm des aufgestauten Sees und dann steiler aufwärts zur Ruine **Château de Falkenstein**, auf 382 m Höhe gelegen. Die Burg war in einen gewaltigen Buntsandsteinfelsen hin-

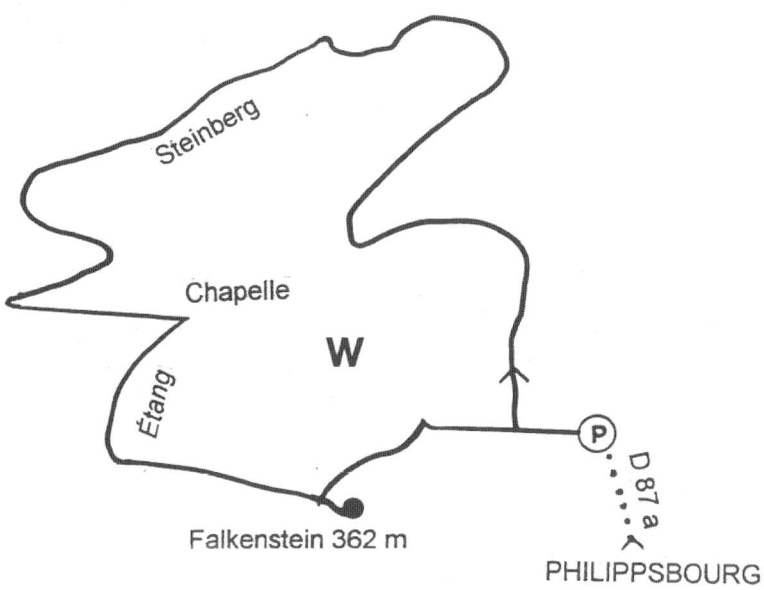

eingebaut. Einige Mauern und Höhlen künden noch von den Zeiten, als hier ritterliches Leben herrschte. Ein Schild verbietet den Aufstieg zum Felsplateau, da die Sicherheit nicht gewährleistet ist. Der Felsen ist imposant, genauso wie die kleinen Säulen und Löcher, die durch Winderosionen entstanden sind und dem Sandstein ein bizarres Muster verleihen. Auf dem Blauen-Ring-Weg geht man wieder zurück zum Parkplatz.

Weitere Möglichkeiten zum Wandern ergeben sich vom landschaftlich sehr schön gelegenen Étang de Hanau aus, wo auch Informationstafeln angebracht sind, u. a. um den Weiher herum, zur Ruine Waldeck mit dem hohen, einsturzgefährdeten Turm oder zur Ruine Ramstein und nach Baerenthal.

(Siehe auch Carte des Vosges, Vosges du Nord, 1:50 000, hrsg. vom Club Vosgien im Institut Géographique National, 136 bis, rue de Grenelle, 75007 Paris, oder Club Vosgien, 4, rue de la Douane, 67000 Strasbourg)

ÉMILE GALLÉ (1846-1904)

In Nancy* als Sohn eines Glasfabrikanten geboren, wandert der junge, vielseitig begabte Émile Gallé nach Weimar, London und Venedig, um sich in der Lehre als Goldschmied und Kunstschreiner fortzubilden. Er kommt auch nach Meisenthal*, wo er sich mit neuen Formen der künstlerischen Glasmanufaktur beschäftigt. Gallé kehrt zurück nach Nancy und entwickelt seinen neuen Stil, der später als „Art Nouveau" bezeichnet wird. Gemeinsam mit dem Kunsttischler Louis Majorelle, dem Architekten und Bildhauer Victor Prouvé und den späteren Konkurrenten Auguste und Antonin Daum legt er die Grundlagen zur „École de Nancy", die für den Jugendstil in Frankreich und Europa prägend wird. Das Gesamtkunstwerk, die künstlerische Abstimmung der Einrichtungen werden in den Ateliers entworfen und in den Projekten verwirklicht, denen man heute noch auf Schritt und Tritt in Nancy, in Lothringen und in ganz Europa begegnen kann. Die dekorativen Formen und Farben seiner kunstvollen Gläser haben – wie Gallé betont – in den Nordvogesen in der Umgebung von Meisenthal ihre „Wurzeln tief im Walde" (Blätter, Pflanzen, Blüten, Tiere: Libellen, Käfer, Schmetterlinge). In Meisenthal ist im „Maison du verre et du cristal" noch der Brennofen zu sehen, mit dem Émile Gallé erfolgreich experimentiert hat. Auch heute noch kann man im Museum Glasbläsern bei ihren kunstvollen Arbeiten zuschauen.

6. REGION: SARREBOURG

Von Sarrebourg* (Saarburg) geht die Tour im weiten Tal der Saar zuerst zum historisch gut erhaltenen Fénétrange*. Vorwiegend durch agrarwirtschaftlich geprägte Landschaft fährt man nun nach Osten und gelangt über Lixheim* zur ehemaligen Festungsstadt Phalsbourg*. Von hier ab beginnt der landschaftlich schönere Teil der Tour durch die westlichen Vogesen. Bei Lutzelbourg erlebt man das technische Wunderwerk des Plan Incliné de Saint-Louis* (Schiffshebewerk des Rhein-Marne-Kanals), im waldreichen Vallée de la Zorn gelegen. Nächste Station ist das malerische Dabo* (Dagsburg) mit dem Rocher de Dabo. Die Ortschaften, die nun durchfahren werden, Walscheid, St- Léon, Abreschviller*, Vasperviller* und Saint-Quirin*, sind beliebte Ausflugs- und Ferienorte mit religiöser Tradition. Auf dem Rückweg nach Sarrebourg empfiehlt sich der Besuch der romanischen Abteikirche von Hesse*. (110 km)

Strecke:
Sarrebourg* - Sarraltroff - Oberstinzel - Bettborn - Berthelming - Romelfing - Fénétrange* (15 km)
Fénétrange - Kirrberg - Rauwiller - Vieux Lixheim – Lixheim* - Hérange - Mittelbronn - Phalsbourg* (23 km)
Phalsbourg - Lutzelbourg - Plan Incliné de Saint-Louis* - Soarsbrod - Haselbourg - Hellert - La Hoube - Dabo* (25 km)
Dabo - Galgental - Schaeferhof - Vallerysthal - Sitifort - Walscheid – Saint-Léon - Eigenthal – Abreschviller* - Lettenbach – Saint-Quirin* (28 km)
Saint-Quirin - Vasperviller* - Marcarerie - Nitting - Hesse* - Sarrebourg*(18 km)

Verkehrsverbindungen:
AUTO: N 4, D 27, D 43, D 44, D 45
BAHN: F 4, 25010 / 25004
KARTEN: IGN 1:100 000 Nr. 12 Strasbourg-Forbach, IGN 1:255 000 RO1-15 Alsace-Lorraine. IGN 1:25 000 Nr. 3614 ET Sarre-Union-Phalsbourg- Sarrebourg. Michelin 1:200 000 Nr. 242 Alsace et Lorraine.

Informationen:
SARREBOURG:Office de Tourisme, chapelle des Cordeliers, 57400 Sarrebourg, T 03 87 03 11 82, F 03 87 03 05 19
FÉNÉTRANGE: Office de Tourisme, Au Château, 57930 Fénétrange, T 03 87 07 53 78

PHALSBOURG: Office de Tourisme, 4, place d'Armes, 57370 Phalsbourg,
T 03 87 24 42 42, F 03 87 24 13 56
LUTZELBOURG: Bureau de Tourisme, Hôtel de Ville, 57820 Lutzelbourg,
T 03 87 25 30 19, F 03 87 25 33 76
SAINT-LOUIS/PLAN INCLINÉ: Association Touristique, rue du Plan-Incliné, 57820 Saint-Louis, T 03 87 25 30 69, F 03 87 25 41 82
DABO: Office de Tourisme, 10, place de l'Eglise, 57850 Dabo, T 03 87 07 47 51,
F 03 87 07 47 73
WALSCHEID: Office de Tourisme, place Général-de-Gaulle, 57870 Walscheid,
T 03 87 25 19 03
ABRESCHVILLER: Office de Tourisme, 78, rue Jordy, 57560 Abreschviller, T 03 87 03 77 26
SAINT QUIRIN: Syndicat d'Initative, Hôtel de Ville, 57560 Saint-Quirin,
T 03 87 08 60 34, F 03 87 08 66 44.

Autotour

Man verlässt **Sarrebourg** auf der D 43 im Saartal, fährt durch Sarraltroff, vorbei am (privaten) Château Sarreck, verlässt kurz das Tal der Saar und tourt über eine leichte Anhöhe nach Oberstinzel und Bettborn. Dann geht die Fahrt wieder hinab ins Saartal nach Berthelming und Romelfing, und bald danach erreicht man **Fénétrange*** (Finstingen), das in der Historie dieser Gegend eine bewegte Rolle gespielt hat.

Von Fénétrange geht die Reise auf den langgestreckten Straßenzügen der D 38 durch hügeliges lothringisches Ackerbauland zunächst nach Kirrberg und Rauwiller und nach Lixheim*, wo sich ein Priorat der Benediktiner befand. An Bourscheid vorbei fährt man durch Mittelbronn zur ehemaligen Festungsstadt **Phalsbourg***.

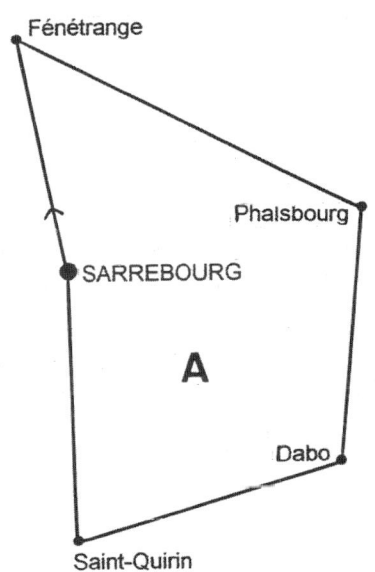

Nach der Stadtbesichtigung von Phalsbourg fährt man wieder zurück zum westlichen Ortseingang, dort nach links auf die D 38 und hinunter in das Tal der Zorn nach Lutzelbourg. Nun nach rechts im Tal auf der D 98 bis zum Wegweiser „Plan Incliné", dem man kurz bergauf folgt bis zum Parkplatz vor dem Schiffshebewerk **Plan Incliné de Saint-Louis*** (Besichtigung). Wieder zurück zur D 98, nach rechts talaufwärts im Vallée de la Zorn bis Soarsbrod, dort nach links hoch auf der schmalen D 98d und zunächst gerade, dann in Serpentinen nach Haselbourg, weiter nach Hellert und auf der Hochstraße im Wald nach La Hoube, einem Hufendorf in einer Rodungsinsel, auf 500 m Höhe gelegen. Am Ende gelangt man, rechts abbiegend, auf die D 45, der man bis nach **Dabo*** folgt, überragt von dem gewaltigen Felsmassiv des Rocher de Dabo, auf den man auch mit dem Auto hinauffahren kann, um die herrliche Aussicht zu genießen.

Die Abfahrt aus dem bekannten Vogesenort erfolgt auf der kurvenreichen D 45 nach Schaeferhof und in das Zorntal, dem man etwa 500 m folgt, um dann nach links, weiter auf der D 45, in einem Seitentälchen aufwärts bis zum Beginn der D 96 nach Vallerysthal (Cristallerie) zu fahren. Dort biegt man nach links in die D 96 ein und gelangt über Sitifort in das reizvolle Tal der Bièvre zum Ausflugsort Walscheid. Am Ortsausausgang auf der D 96 nach rechts bis hinauf nach Saint-Léon. Über einen Höhenzug geht die Reise hinunter nach Eigenthal und von dort nach rechts weiter nach **Abreschviller***, im Tal der Roten Saar gelegen. Der Ort ist ein Touristenzentrum, und viele Menschen kommen hierher, um auf der Schmalspurbahn an Sandsteinfelsen vorbei nach Grand Soldat zu dampfen. Am Ortseingang von Abreschviller wendet man sich nach links und fährt wieder auf der D 96 nach Lettenbach und in zwei Serpentinen über die waldreiche Höhe (420 m) zum Wallfahrtsort **Saint-Quirin***, im gleichnamigen Tal gelegen.

Das Schiffshebewerk von Saint-Louis

Von Saint-Quirin nun im Tal weiter auf der D 96 nach Vasperviller* mit seiner interessanten modernen Kirche und durch den Weiler Marcarerie zur D 44, die im flachwelligen Vogesenvorland über Nitting (in der Nähe fließen die Sarre Rouge und die Sarre Blanche zusammen) nach Hesse* mit seiner romanischen Abteikirche führt. Vor Hesse wird auch der Canal de la Marne au Rhin überquert. Von Hesse sind es nur noch wenige Kilometer zurück nach **Sarrebourg**.

MARC CHAGALL (1887-1985)
    „Schon allein wegen des Fensters ist Sarrebourg eine Reise wert", schreibt Uwe Anhäuser in seinem Lothringen-Buch. Gemeint ist das von Marc Chagall künstlerisch gestaltete Fenster der ehemaligen Franziskanerkirche von Sarrebourg*. Das Kirchenschiff wurde wegen starker Kriegsschäden abgerissen. Die freigelegte Öffnung zum Chor hin erhielt durch das monumentale Fenster, das 1977 von Chagall gestaltet wurde, einen neuen Abschluss. „La Paix" heißt das Motiv des Fensters. Es stellt einen riesigen Lebensbaum dar, mit der Szene der Schöpfung von Adam und Eva im Mittelpunkt. Biblische Motive bis hin zur Kreuzigung und Erlösung durch Christus auf vielfältig blauem Hintergrund beeindrucken den Betrachter. In der Dunkelheit wird das Fenster von innen her beleuchtet, so dass der alles umfassende Friede in die vom Krieg stark in Mitleidenschaft gezogene Stadt ausstrahlt. Marc Chagall ist noch weiter mit Lothringen verbunden, und zwar durch seine Fenster in der Kathedrale von Metz* (1960, 1963, 1970), die auf Gelb-, Grün-, Rot- und Blautönen als Hintergrund „Schöpfung", „irdisches Paradies" und „Sündenfall" behandeln. Und immer wieder ist es der Hahn (gallus), das kreativ-erotische Motiv, das Chagall zu seinen künstlerischen Arbeiten inspiriert hat.

Fahrradtour:
DIE LOTHRINGISCHE SEENPLATTE - EIN PARADIES FÜR RADFAHRER (55 KM)
    In der Region von Sarrebourg eignet sich das Gebiet des Naturparks Lothringen Ost - Parc Naturel Régional de Lorraine-Est* - , die „Lothringische Seenplatte", zum Fahrradfahren und zum Wandern besonders gut, da fast alle Wege flach sind. Abwechslungsreiche Landschaft mit Wald und Wasser (Seen, Kanäle), Freizeit-Sportparks, wohltuende Ruhe, kaum Verkehr, kein Lärm und gesunde Luft sind Charakteristika dieses Naturparks, der zum Entspannen einlädt.
    Mittersheim* ist ein beliebter Ausgangspunkt für Radtouren und Wanderungen. Am westlichen Ortsausgang von Mittersheim, am Hotel-Restaurant L'Escale neben der Straßenbrücke, beginnt die Radtour am Leinpfad (Rad- und Wanderweg) des Saar-Kohlenkanals/Canal des Houillères de la Sarre*. Er führt entlang dem Kanal durch mächtige Auenwälder und vorbei an Seen und Wiesen. Das Landschaftsbild wird geprägt vom Kanal mit den zahlreichen Schleusen (Ecluses), durch die

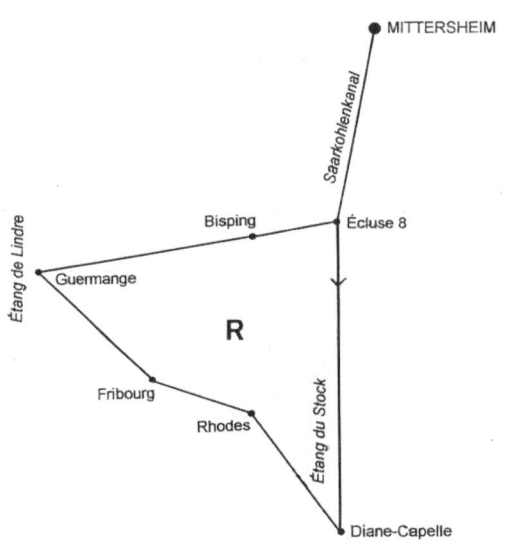

früher die Kohlen- und Erz-
kähne und heute die Freizeit-
boote geschleust werden.
Zwar stehen Schilder am
Kanalweg, die das Befahren
untersagen, aber es handelt
sich eher um eine Rechtsvor-
schrift der persönlichen Haf-
tung, da es zum Kanal hin
kein Geländer gibt. Bei star-
kem Radverkehr oder Gegenverkehr sollte man daher Vorsicht walten lassen. So fährt
man dann den Kanal am
Etang de Mittersheim ent-
lang, unter der Bahnlinie
Metz-Strasbourg hindurch,
passiert den **Étang du Stock**
und gelangt nach **Diane-
Capelle**. Im Ort fährt man
nach rechts über die Kanalbrücke und radelt geradeaus
auf der Route forêstière de Diane-Capelle bis zum Ende, dann nach rechts und wieder nach links im Verlauf des markierten Hauptwanderweges Grande Route (GR 5
oranges Quadrat) südlich des Étang du Stock bis zum Gehöft Les Bachats, wo man
kurz danach rechts abbiegt zum Segel- und Bootzentrum **Rhodes** am Stockweiher.
Von Rhodes aus, nun auf der D 95, tourt man nach **Fribourg** und weiter auf
ruhiger Straße in welliger Agrarlandschaft, jetzt auf der D 91, nach Desseling. Bei
Guermange wird der **Étang de Lindre** erreicht, der im Gegensatz zum Étang du
Stock ein unter Naturschutz stehender See ist. Zurück nach Mittersheim radelt man
nun in östlicher Richtung auf der D 93 zur Ferme Nolweiler und nach **Bisping**. Weiter auf der D 93 bleibend kommt man im Wald zur Brücke über den Saar-Kohlenkanal, die man bei der Écluse Nr. 8 passiert, um dann nach links, wie gekommen,
zurück nach **Mittersheim** zu fahren (vgl. auch Radtour 91ff).

1. Wanderung:

WANDERUNG IM FORÊT DE FÉNÉTRANGE (16 KM)

Die Wanderung beginnt, wie die Radtour, in **Mittersheim***. Zunächst wandert
man am Kanal entlang bis zur Schleuse (Écluse Nr. 8) und zur Brücke der D 93 über
den Kanal. Dort biegt man rechts ab und folgt der sehr wenig befahrenen D 93 bis
zum zweiten Weg links. Diese **Tranchée de Bambach** führt schnurgerade durch
den üppigen Wald, dann über die Brücke der Eisenbahnlinie Sarrebourg-Metz geradeaus bis zur fünften Abzweigung. Sie führt von Berthelming nach Mittersheim. Man
folgt ihm nach links auf leicht welligem Waldweg geradeaus in Richtung

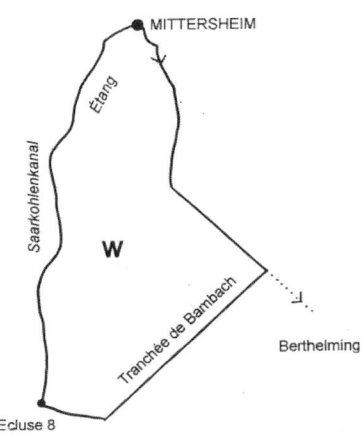

Mittersheim, das man in der Rue de Berthelming erreicht.

Tipp: Die Wanderung eignet sich auch als eine kleine Radtour.

2. Wanderung:

WANDERUNG AM ROCHER DE DABO (6 KM)

Wer in den Vogesen in der Region Sarrebourg wandern möchte, kann das im Raum von Dabo*, Saint-Quirin*, Abreschwiller*, Walscheid und Lutzelbourg in harmonischer Landschaft unternehmen. Der Club Vosgien hat dort viele Wanderwege markiert, so zum Beispiel eine Wanderung, die in Dabo beginnt. Sie führt auf dem mit einem gelben Kreuz markierten Weg von der Kirche in **Dabo*** aus zum Ten-nisplatz und weiter im Ab-stand zur Straße D 45. Beim Aufstieg zum **Rocher**, teilwei-se auf Treppenstufen, über-quert der Wanderweg zweimal die Autostraße, bis man das Felsplateau erreicht. Dort bie-tet sich bei gutem Wetter eine herrliche Aussicht über die westlichen Vogesen. Die Kapel-le, die sich dort erhebt, stammt aus dem 19. Jahrhundert und ist dem Papst Leo IX, geboren

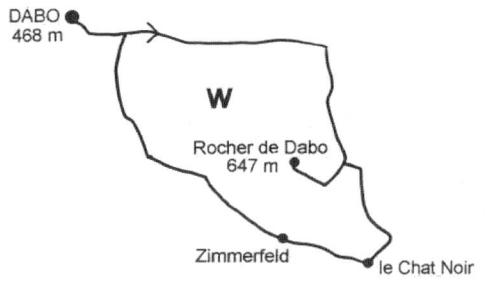

1002, unter dem Namen Bruno ehemals Bischof von Toul, gewidmet. Auf dem Wander-rundkurs geht es abwärts, zunächst wie gekommen, dann nach rechts zum Gasthof **Le Chat Noir** und dort rechts nach **Zimmerfeld** und auf der Forststraße zurück nach **Dabo**. (Carte IGN 1:25 000, 3715-OT. Weitere Wanderungen in dieser Gegend: Balades à pied en Lorraine, Nancy et Strasbourg 1996)

7. REGION: SAINT-DIÉ

Von Saint-Dié*, dem kulturellen und wirtschaftlichen Mittelpunkt der westlichen Vogesen, geht die Fahrt im Tal der Meurthe zu ihrem landschaftlich reizvollen Quellgebiet am Col de la Schlucht. Entlang dem Vogesenkamm fährt man im Parc Naturel Régional des Ballons des Vosges* auf der "Route des Crêtes"* in der Höhenlage von 1200 m durch einsame, von großen Wäldern bestandene und von Hochmooren bedeckte Landschaften zum Col du Bonhomme. Durch das bergige waldreiche Vogesenvorland tourt man zurück nach Saint-Dié. (95 km)

Strecke:
Saint-Dié* – Anozel – St- Léonard – Anould – Fraize – Plainfaing – Noirgoutte les Graviers – Habeaurupt – le Rudlin – le Valtin – Le Collet - Col de la Schlucht (36 km)-
Abstecher: Jardin d'Altitude* (4 km)
Col de la Schlucht – Route des Crêtes* - Col du Calvaire – Col du Louschbach – Col du Bonhomme (21 km)
Col du Bonhomme – Plainfaing – Fraize – La Croix-aux-Mines – Verpellière – Ban-de-Laveline – Raves – Sainte-Marguerite – Saint-Dié (36 km)

Verkehrsverbindungen:
AUTO: N 59, N 159, N 415, N 420, D 49.
BAHN: 25013, 25014
KARTEN: IGN 1:100 000 Nr. 31 Saint-Dié-Mulhouse-Bâle, IGN 1:255 000 RO1-15
           Alsace-Lorraine, IGN 1:25 000 Nr. 3617 OT Saint-Dié. Michelin 1:200 000
           Nr. 242 Alsace et Lorraine.

Informationen:
SAINT-DIÉ: Office de Tourisme, 8, quai Maréchal-Lattre de Tassigny, 88100 Saint-Dié, T 03 29 42 22 22, F 03 29 42 22 23
FRAIZE: Office de Tourisme, 4, place Jean-Sonrel, 88230 Fraize,
            T + F 03 29 50 35 43
PLAINFAING: Office de Tourisme, 11, place de la Mairie, 88230 Plainfaing
            T + F 03 29 50 30 30

Autotour
Saint-Dié* verlässt man auf der N 415 und fährt im Tal der Meurthe auf schnurgerader Straße über Anozel, St- Léonard, Anould und Fraize nach Plainfaing. Dort

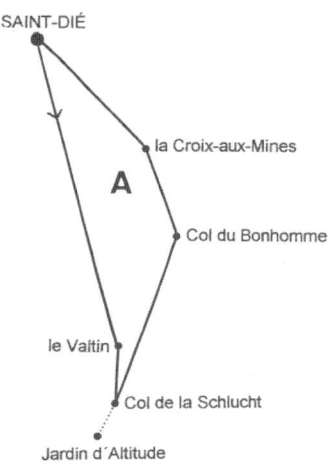

beginnt das reizvolle Hochtal der Meurthe*, durch das die D 23 führt. Die Berge rechts und links erreichen bereits Höhen über 1000 Meter. Die zunächst noch zahlreichen Siedlungen weichen hinter Habeaurupt in Richtung **Le Valtin** und Le Collet ruhiger Beschaulichkeit, bis man auf stärker befahrener Straße (Géradmer-Colmar) den **Col de la Schlucht** (1139 m) und damit den Kamm der Vogesen erreicht.

Zu den Höhepunkten einer Reise in den Vogesen zählt die Route des Crêtes (D 61), an der Grenze zwischen Lothringen und Elsass auf dem Höhenzug des Vogesenkamms gelegen. Wälder wechseln mit Hochmooren, die gleichzeitig Naturschutzgebiete sind. Die Straße verläuft zwischen Col de la Schlucht, Col du Calvaire (978 m), Col du Louschbach (1144 m) und dem Col du Bonhomme (949 m). Sie bietet auch gute Ausgangspunkte für Wanderungen auf den Sentiers des Roches, den Felsenwegen. Für Pflanzenfreunde lohnt der Besuch des **Jardin d'Alti-tude** du Haut Chitelet*.

Im letzten Teil der Tour fährt man auf der N 415 in Richtung Saint-Dié zunächst auf kurvenreicher Hochstraße, dann hinab in das Tal der Meurthe nach Plainfaing und Fraize, die bereits am Anfang durchfahren wurden. Jetzt wird ein „Achter" gebildet, und so fährt man in der Ortsmitte von Fraize rechts ab auf der D 23 hinauf zum Col de Mandray (694 m) und weiter nach **La Croix-aux-Mines** im Tal der Morthe, nach Verpellière und Ban-de-Laveline. Kurz hinter dem Ort mündet die D 23 in die N 59, die dann hinter Raves auf die N 159 trifft. Die Fahrt geht weiter in Richtung **Saint-Dié**, nach etwa 3 km auf die D 420 nach Sainte-Marguerite und zurück nach Saint-Dié.

Tour de la liberté

LA TOUR DE LA LIBERTÉ

"Stellen Sie sich die Freiheit vor: weiß, leicht wie das Ideal könnte sie dahinfliegen. Sie gleicht einem Überseedampfer, einer Rauchwolke. Dies alles ist der Freiheitsturm. Ein Traum aus Stahl, Kabeln und Leinen, Schiff, Vogel, Flugzeug. Sie wurde im Pariser Tuilerie-Garten errichtet, um der Zweihundertjahrfeier der Französischen Revolution zu gedenken. Und seine Erschaffer Jean-Marie Hennin und Nicolas Normier haben folgende Widmung gegeben: ´All diese Anstrengung, die für diese Freiheitseroberung verausgabte Energie, widmen wir denjenigen, die stets obdachlos sind, für die jede Hoffnung auf Fortschritt auf Unverständnis und Furcht vor Fremden stößt, den körperlich und geistig Gelähmten, den Asylanten und Vergessenen," (Zitat aus dem Prospekt des Office de Tourisme, Saint-Dié des Vosges). Der so "ganz andere Turm" beeindruckt auch in der Dunkelheit, wenn er angestrahlt wird. Im Turm befindet sich eine Schmucksammlung, die der Designer und Goldschmied Henri-Edouard de Loewenfeld nach Motiven von Georges Braque gestaltet hat.

Fahrradtour:

IM LANDE DER GRAFEN VON SALM (45 KM).

Die Radtour führt in das Gebiet nördlich von Saint-Die* zu drei ehemals bedeutenden Abteien, Etival*, Moyenmoutier* und Senones*. Die Rückfahrt geht durch ein abwechslungsreiches Hochland im Gebiet einst keltischer Bergsiedlungen. - Man verlässt **Saint-Dié** durch die Rue de la Bolle und die Rue d'Épinal, fährt dann auf der N 420 nach Les Tiges und von dort geradeaus weiter auf der D 82 nach **Herbaville**. Dort biegt man rechts ab in die Rue de Haut de Chénot, die im Tal der Meurthe nach la Féotte (Saint-Michel-sur-Meurthe) führt. Am Bahnhof biegt man in einem Links-Rechts-Schwenk ein in die Rue des Envers-Côtes (C4). In Bourmont biegt man links ab (Schild 5 t) und radelt auf dem Sträßchen über leicht welliges Terrain nach Deyfosse und weiter nach

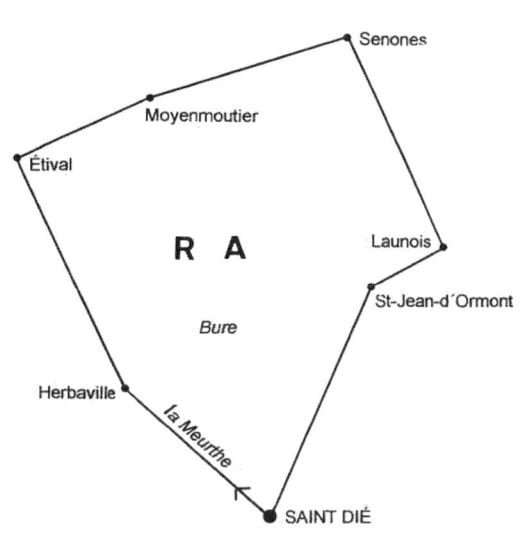

Étival*-Clairfontaine.

In der Ortsmitte von Étival, an der Basilika, nimmt man rechts die Straße zum Bahnhof im Ortsteil Clairefontaine, fährt an diesem vorbei, dann unter der Schnellstraße hindurch auf dem Radweg nach Le Rabodeau, gleichnamig mit dem Fluss. Am Ende des Radweges biegt man links ab auf eine ruhige Straße nach Ravines, dann im Kreisel rechts in die Rue des Aiguisettes nach **Moyenmoutier*** mit der ehemals schönsten barocken Benediktinerabtei Lothringens. Von dort benutzt man nicht die Hauptstraße D 424, sondern links die alte, wenig befahrene Straße im Tal des Rabodeau über la Prelle und la Poterosse nach **Senones***, der einstigen berühmten Abtei und dem Residenzstädtchen der Grafen von Salm.

Nun beginnt der gebirgige Teil der Vélotour auf der wenig befahrenen D 49 aufwärts (Höhenunterschied ca. 250 m) zunächst nach la Fontenelle (Commune-de-Bande-Sapt). In Launois trifft man auf die D 32, auf die man rechts nach Bourras abbiegt, um im Tal der Hure zum regionalen Mittelpunkt **St-Jean-d'Ormont** zu fahren. Dort, wieder auf der D 49, bergan auf einen kleinen Pass (540 m) (rechts ab kann man zur Keltensiedlung la Bure wandern) und danach abwärts nach La Culotte und weiter abwärts über Le Pont des Raids und Robache im Tal der Robache wieder zurück nach Saint-Dié, das man bei der Kathedrale erreicht.

Tipp: Diese Fahrradtour ist auch eine wunderbare kleine Autorundfahrt! Mit dem Auto fährt man von Saint-Dié auf der N 59 direkt nach Étival, und im Rabodeau-Tal auf der D 424 nach Senones, ohne die ruhigen Nebenstraßen der Radfahrerpisten zu benutzen.

Wanderungen:

Für die Wanderungen in der Region Saint-Dié steht gutes Wanderkartenmaterial zur Verfügung: Club Vosgien, 1:50 000 Carte No 4/8 und Carte No 6/8 éditée par la Fédération du Club Vosgien, 16, rue Sainte-Hélène, 67000 Strasbourg, T 03 88 32 57 96, F 03 88 22 04 72

1. Wanderung:

AUF DEN SPUREN DER KELTEN (RUND-WANDERUNG, CA. 14 KM)

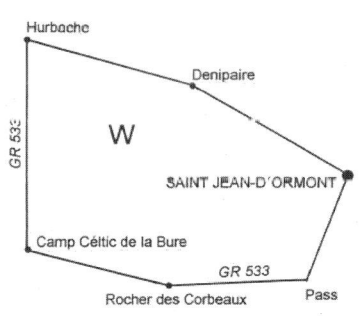

Ausgangsort ist **Saint-Jean-d'Ormont** (Ortsmitte). Die Wanderung ist ein Angebot des Club Vosgien, Sections des Cantons Senones et Saint-Dié. Die Markierungen tragen die Nummer 15 (gelber Kreis, bzw. gelb-weiß-gelbes Rechteck) und weisen den Weg zunächst hinauf zu dem kleinen Pass, dann rechts quer über die Straße D 49 zum Reservoir. Von jetzt an wird man auch mit der GR 533 (grüner

Strich) in herrlicher Felsenlandschaft zum **Rocher des Corbeaux** (Rabenfelsen, 689 m) geführt, wo man eine schöne Aussicht über den Steilhang des Massivs hinunter nach Saint-Dié genießen kann. Die Wanderung führt weiter durch das Gebiet der Keltensiedlung **Camp Celtique de la Bure**, besiedelt von Menschen im Neolithikum (3500–2000 v. Chr.). Man spürt hier die Situation des historischen Ortes, wenn auch kaum noch Spuren der einstigen Anlagen vorhanden sind (sehr schön nachempfunden in einem Modell, das sich im Museum von Saint-Dié befindet). Weiter dem gelben Kreis (Nr. 15)/grünen Strich folgend steigt man nach **Hurbache** hinunter, das im Tal der Hure liegt. Dort wandert man nach rechts der Nr. 15 nach im Tal nach Denipaire und zurück nach **Saint-Jean-d'Ormont**. (Club Vosgien, Carte Nr. 4/8)

Man kann auch von St-Dié (350 m) aus von der Kathedrale/Museum zum Camp Celtique de la Bure wandern, indem man dem GR 533 (grüner Strich) durch die nördlichen Stadtteile folgt, dann zum Roche des Fées (630 m) aufsteigt und weiter zum Roche des Cailloux (892 m), zum Roche du Sapin Sec (899 m) und durch den Gemeindewald von Saint-Jean-d'Ormont wandert. Immer dem grünen Strich nach gelangt man zum Forsthaus des Molières, überquert dann die Straße D 49 und erreicht über den Roche des Corbeaux schließlich das Camp Celtic de la Bure.

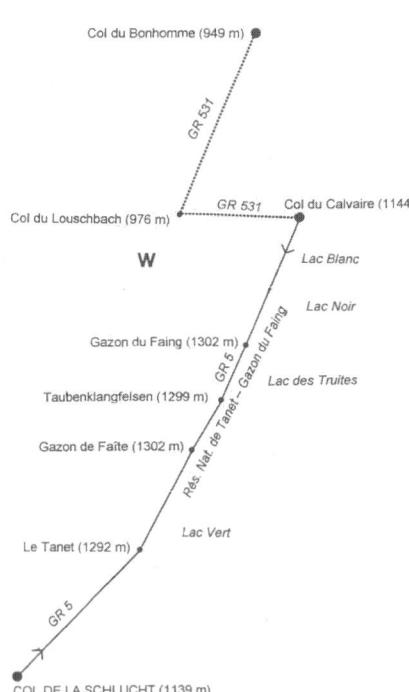

2. Wanderung:

AUF DEM KAMM DER VOGESEN (20 KM)

Im Parc Naturel Régional des Ballons des Vosges* wandert man vom **Col de la Schlucht** auf dem Hauptwanderweg GR 5 (rotes Rechteck) entlang der lothringisch-elsässischen Grenze zum Nationalreservat **Le Tanet et Gazon du Faing** und am Steilhang der Ostvogesen auf 1200-1300 m Höhe mit Blick auf die vorgelagerten eiszeitlichen Seen (Lac Vert, Lac Blanc, Lac Noir) zum **Col du Calvaire**. Man kann von hier aus wieder zurück zum Col de la Schlucht wandern oder in westlicher Richtung, dem Hauptwanderweg GR 531 (blauer Strich) folgend, zum **Col du Louschbach**. In nördlicher Richtung führt der Weg GR 531 durch den Hochwald zum **Col du Bonhomme**. (Carte Club Vosgien Nr. 6/8)

8. REGION: GÉRARDMER

Gérardmer* mit dem Lac de Gérardmer, den umgebenden Wäldern und Felsen, ist die "Perle" der westlichen Vogesen. Die Stadt ist der Ausgangsort in den südlichen Zipfel Lothringens, der größtenteils im Parc Naturel Régional des Ballons des Vosges* liegt. Die Fahrt geht zunächst durch die enge Vallée des Granges nach Champ-le-Duc* mit seiner stilreinen romanischen Kirche. Von Bruyères* aus führt die Tour durch wechselnde Landschaften zum oberen Moseltal. In Saint-Maurice-sur-Moselle beginnt die kurvenreiche Auffahrt zum Ballon d'Alsace* (1247m). Auf dem höchsten Punkt Lothringens kann man auf einem Entdeckungspfad Natur, Landschaft und herrliche Aussicht rundum genießen. Die Rückfahrt führt über La Bresse* und durch die reizvolle Vallée de Vologne zum Lac de Longemer nach Gérardmer zurück. (150 km)

Strecke:

Gérardmer* - Granges-sur-Vologne – Aumontzey - Laveline-devant-Bruyères - Champ-le-Duc* - Bruyères* (23 km)

Bruyères – Laval-sur-Vologne – Lépanges-sur-Vologne – la Neuveville-devant-Lépanges – Tendon – le Tholy (22 km)

Le Tholy – la Forge – Julienrupt – Saint-Amé – Franould – Dommartin-lès-Remiremont – la Poirie – Vecoux – les Faigneux – les Meix – Rupt-sur-Moselle (23 km)

Rupt-sur-Moselle – Saulx – Ferdrupt – Remanvillers – le Thillot – Fresse-sur-Moselle – Saint-Maurice-sur-Moselle – Ballon d'Alsace* (27 km)

Ballon d'Alsace – Saint-Maurice-sur-Moselle – (Bussang*)- Fresse-sur-Moselle – Le Thillot – Le Pré – le Ménil – Cornimont – Chermémil – La Bresse* (34 km)

La Bresse – Xonrupt-Longemer – Gérardmer (22 km)

Verkehrsverbindungen:

AUTO: D 8, D 69, D 417, D 423, D 486

KARTEN: IGN 1:100 000 Nr. 31 Saint-Dié-Mulhouse-Bâle, IGN 1:255 000 RO1-15 Alsace-Lorraine, IGN 1:25 000 Nr 3618 OT Le Hohneck Gérardmer, Nr 3619 OT Bussang-La Bresse-Ballon d'Alsace-Parc Naturel Régional des Ballons des Vosges. Michelin 1:200 000 Nr. 242 Alsace et Lorraine.

Informationen:

GÉRARDMER: Office de Tourisme, Place des Déportés, 88400 Gérardmer, T 03 29 27 27 27, F 03 29 27 23 25

BRUYÈRES: Office de Tourisme, Hôtel de Ville, 88600 Bruyères, T 03 29 50 51 33

Ballon d'Alsace: Grand Hôtel Restaurant du Sommet, Ballon d'Alsace,
90200 Lepuix-Gy, T 03 84 29 30 60, F 03 84 23 95 60
La Bresse: Office de Tourisme, 2a, rue des Proyes, BP 42, 88250 La Bresse,
T 03 29 25 41 29
St-Maurice-sur-Moselle: Syndicat d'Initiative, 28b, rue de la Gare, 88560 Saint-Maurice-sur-Moselle, T 03 29 25 12 34, F 03 29 25 80 43
Bussang: 8, rue d'Alsace, 88540 Bussang T 03 29 61 50 37, F 03 29 61 58 20.

Autotour

Gérardmer[*] verlässt man auf dem Faubourg de Bruyères und dem Boulevard des Granges und fährt durch die langezogene, enge Vallée des Granges auf der D 423 nach Granges-sur-Vologne. Dort weitet sich das Tal der Vologne. Nach Laveline darf man links die Abfahrt nach Champ-le-Duc[*] nicht versäumen, um in den Ort mit seiner romanischen Kirche zu gelangen. Auf der D 50 fährt man weiter nach **Bruyères**[*], den touristischen Mittelpunkt einer harmonischen Landschaft.

Man bleibt zunächst im Tal der Vologne und fährt auf der D 44 über Laval-sur-Vologne nach Lépanges-sur-Vologne. Dort überquert man den Fluss, um auf der D 30, später auf der D 11d zur D 11 und nach Tendon zu fahren. Über einen niedrigen Pass, den Col de Bonne Fontaine, in dessen Nähe auch die gleichnamigen Wasserfälle zu finden sind, geht es nun abwärts nach **Le Tholy**, dem „Blumendorf" Lothringens, malerisch am Berghang gelegen.

Im Tal der Cleurie, jetzt auf der D 417, fährt man nach La Forge, um bei Saint-Amé die breite Talebene der Moselotte, der kleinen Mosel, zu erreichen. Von hier führt die D 23

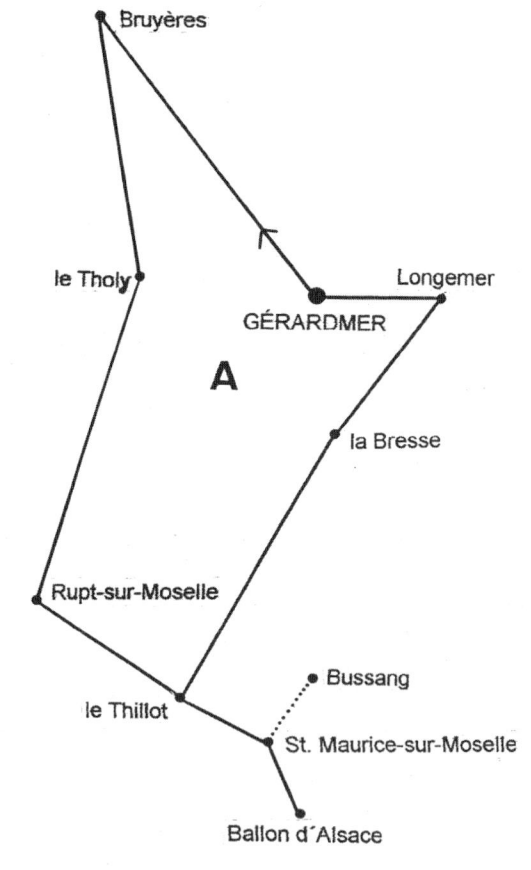

nach Dommartin-lès-Remiremont. Dort fährt man auf der D 35 weiter, um nun im Tal der Mosel durch die Talauen an den Berghängen entlang über Vecoux, zuletzt auf der N 66, nach **Rupt-sur-Moselle** zu fahren.

Moselaufwärts tourt man nun auf der stark befahrenen N 66 (Épinal-Mulhouse) über **Le Thillot** und Fresse nach Saint-Maurice-sur-Moselle. Dort beginnt die kurvenreiche Auffahrt durch den Hochwald zum **Ballon d'Alsace***, der die Touristen mit seinem kahlen Kopf (Ballon) empfängt. Hier oben treffen die drei Départements Vosges (Lorraine), Haut-Rhin (Elsass) und Haute-Sâone und das Territoire de Belfort zusammen.

Nach dem Rundgang auf dem Entdeckungspfad „Sentier de Découverte" im Parc Naturel Régional des Ballons des Vosges geht es zurück nach **Saint-Maurice-sur-Moselle**. Ein Abstecher nach **Bussang*** zum Théâtre du Peuple und zur Moselquelle am Col de Bussang ist zu empfehlen. Man fährt im Moseltal zurück nach Thillot. Dort schlägt man rechts die D 486 ein, um im Tal der Ménil nach Le Ménil zu fahren. Nächster Ort ist Cornimont im Tal der Moselotte. Durch viele Streusiedlungen geht es nun zum Hauptort **La Bresse***.

Im Tal der Moselotte geht die Fahrt weiter, jetzt auf der D 34 und D 34d durch das landschaftlich sehr schöne Vallée de Vologne im Quellgebiet der kleinen Mosel im Wald von La Bresse. Über den Col des Faignes (954 m) fährt man abwärts auf der D 67 zum kleinen Lac de Retournemer und weiter zum Lac de Longemer, an dessen nördlicher Uferstraße man nach Xonrupt-**Longemer** gelangt. Von hier aus ist es auf der D 417 nicht mehr weit nach **Gérardmer***, das man im Vorort le Cercenée auf dem Boulevard de Colmar erreicht.

LE THÉÂTRE DU PEUPLE

Für Theaterfreunde ist es ein Geheimtipp, das Théâtre du Peuple, das Volkstheater von Bussang* in den Hochvogesen. Im Juli und August strömen die Kenner in das Sommertheater, das 1895 von Maurice Pottecher begründet und heute noch in der vierten Generation von der Familie betrieben wird. Die räumliche Atmosphäre wird inspiriert von der umgebenden Natur. Die Gebäude sind aus dem Holz der Vogesenwälder gestaltet. Die Naturbühne gibt die Szene in die Landschaft frei. Zweimal am Tag wird gespielt. In den Pausen lagern die Besucher auf den Wiesen vor dem Gebäude, picknicken aus dem Korb oder besuchen das kleine Museum, das über die mehr als 100jährige Geschichte des Theaters informiert. Im Sommer 2000 standen "Le Théâtre ambulant Chopalovitch" von Lioubormir Simovitch und "Le Pupille veut être Tuteur" (Das Mündel will Vormund sein) von Peter Handke sowie Johann Sebstian Bachs "Magnificat" auf dem Programm. Weiterhin gibt es Ballettaufführungen und Lesungen von Schriftstellern. (Info: Théâtre du Peuple, 88540 Bussang, T 03 29 61 50 48)

Wanderungen:

In den Regionen Gérardmer, La Bresse, Ballon d'Alsace gibt es viele Angebote zum Wandern. Der Club Vosgien hat sie seit Jahrzehnten in seinen Karten aufgezeichnet und die Wanderwege markiert: Carte Nr. 6/8, 1:50 000 Colmar-Munster-Hohneck-Gérardmer, les Ballons des Vosges. In Gérardmer gibt es bei der Tourist-Information einen „Kleinen Praktischen Führer im Tal der Seen" mit 17 Rundwanderwegen in der Umgebung von Gérardmer. Wer es noch genauer wissen möchte, kann die Karten des IGN 1:25 000 Nr. 3618 OT Le Hohneck-Gérardmer und Nr. 3619 OT Bussang-La Bresse-Ballon d'Alsace zu Rate ziehen.

1. Wanderung:

ZU DEN WASSERFÄLLEN VON CHANONY UND MÉRELLE (CA. 9 KM)

Ausgangsort ist der Parkplatz (mit Informationstafel) am Stadion von Gérardmer-**Ramberchamp**, an der Südseite des **Lac de Gérardmer**. Man folgt zunächst dem Weg „Gelber Punkt" in der Nähe des Sees, umgeht dabei ein eingezäuntes Privat-

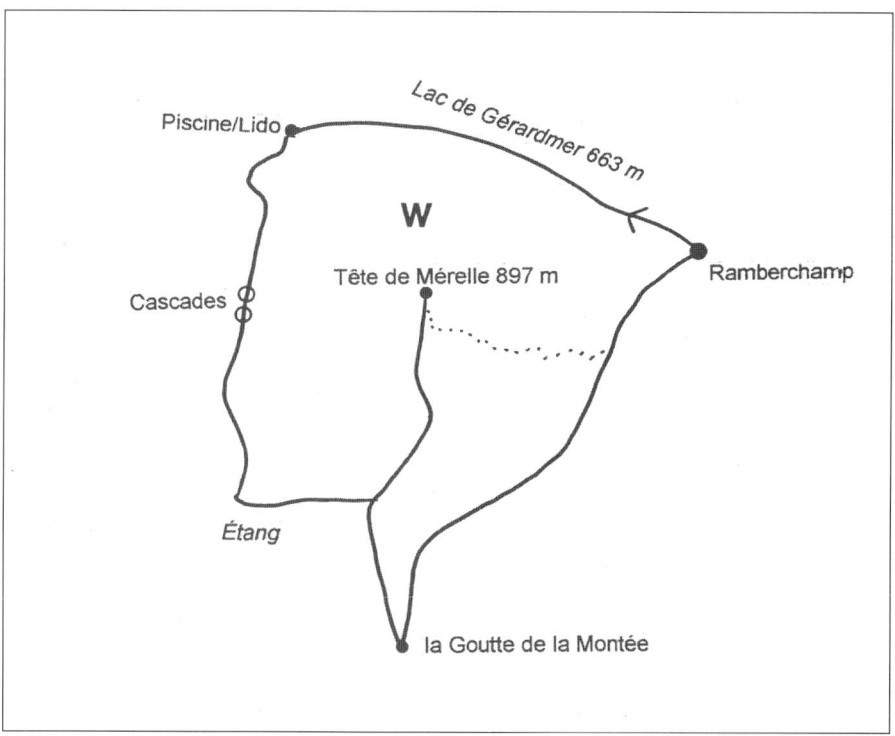

grundstück und gelangt nach ca. 30 Minuten zum **Schwimmbad (Lido)** an der Süd-westecke des Sees. Dort wechselt man nach links über die Straße zur Markierung „Blauer Punkt". Jetzt beginnt der steile Anstieg auf einem Pfad, der hinaufführt zu den imposanten **Wasserfällen (Cascades) Chanony und Mérelle**, eingebet-

tet in romantisch-idyllische Waldlandschaft. Man kann die rauschenden und sprü-
henden Wassermassen von den Holzbrücken aus bewundern. Der Aufstieg dauert
insgesamt ca. 45 Minuten. Oben angelangt kommt man an einen Teich (**L'Étang**) auf
einer kleinen Lichtung. Hier trifft man auf das Zeichen „Grüner Punkt", dem man
(nach links) auf schönen Wanderwegen folgt bis zur **Tête de Mérelle** (897 m) mit
Aussichtsturm und Blick über den See von Gérardmer und die Vogesen (ca. 30 Minuten). – Der Abstieg von der Tête des Mérelle bietet zwei Möglichkeiten: 1. Auf dem
Grünen-Punkt-Weg steil hinab mit schönen Felspartien zum Parkplatz am Stadion
(ca. 20 Minuten), oder 2.: Man geht gemächlich den schmalen Fahrweg mit schönen
Aussichten in Kurven über **La Goutte de Montée** hinunter zum Parkplatz am
Stadion (ca. 40 Minuten).

2. Wanderung:

Auf dem Entdeckungspfad des Ballon d'Alsace (4 km)

Ausgangspunkt ist einer der Parkplätze an der Höhenstraße beim **Hôtel du
Sommet**. Der Rundweg ist gut ausgeschildert, und es gibt zehn Hinweistafeln, die
die herrliche Gegend erklären. Auf dieser Route wird der Wanderer nicht durch Biker
oder Landrover gestört, denn das Areal des Gipfels ist ein Naturschutzgebiet, vor
allem wegen der einzigartigen Population von gelbem Enzian auf den Weiden. Zu-

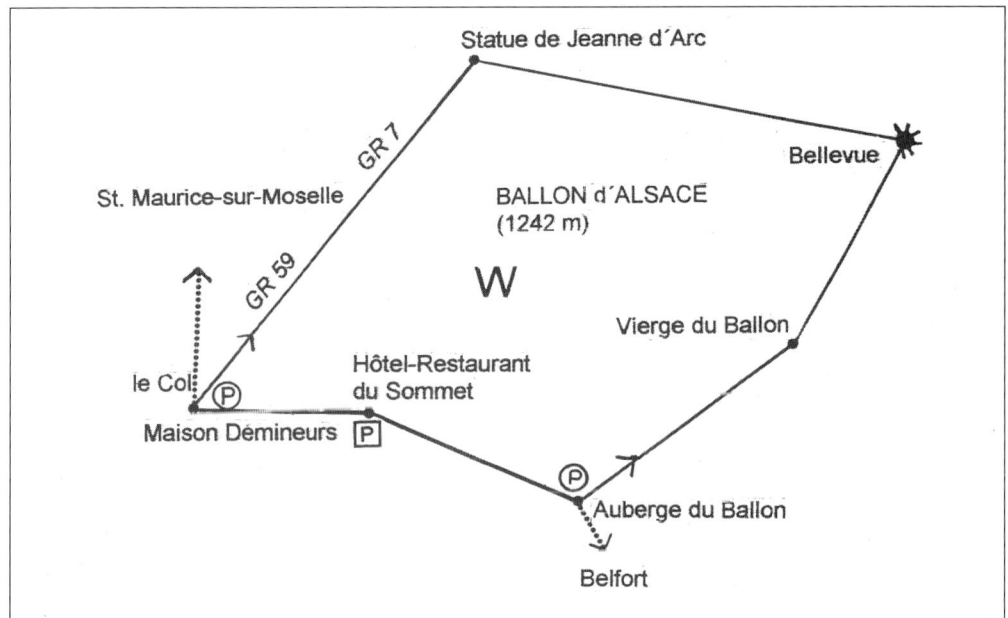

nächst führt der Weg entlang der Straße bis zum Wirtshaus Ferme **Auberge du
Ballon**. Dort biegt er links ein, und man wandert hinauf zur „**Vierge du Ballon**",
die seit 1860 hier als fromme Stiftung steht. Sehr beeindruckend ist der Weg entlang

dem steilen Ostabhang des Elsässer Belchen, wo man die umgebende Flora und Fauna betrachten und beobachten kann. Der Blick geht hinunter ins Tal und auf den verbleibenden See aus der Eiszeit, den Lac d'Alfeld, eingebettet in die Steilhänge des Belchen-Massivs, und weiter in das Tal der Doller. Vom Gipfel schweift der Blick weit zu den anderen Vogesenbergen, über die Täler bis zum Südschwarzwald, dem Jura und zu den Alpen. Stimmungen zu den verschiedenen Tages- und Jahreszeiten gilt es einzufangen. Der Belchen strahlt eine magische Kraft aus, die bereits die Kelten spürten und eine Kultstätte auf dem Gipfel errichteten, von der aus sie den Stand der Sonne, des Mondes und der Gestirne beobachteten. Die Kelten gaben dem Berg auch seinen Namen und nannten ihn nach Bel, ihrer höchsten Gottheit, Belchen. Auf der höchsten Erhebung ist der topografische Messpunkt in einer Steinplatte eingelassen, hier besonders wichtig für die Landvermessung, weil vier Départements und

Territoires zusammentreffen. Der Belchen ist gleichzeitig die Wasserscheide zwischen Rhein- und Moseltal und Doubs-Saone-Rhonetal und damit auch zwischen Nordsee und Mittelmeer. Es regnet hier sehr ergiebig und so können bis zu 2300 mm Niederschlag pro Jahr fallen. Weiter auf dem Entdeckungspfad kommt man zu den nördlichen Schluchten, wo der Schnee besonders lange liegen bleibt. Dann wandert man – an einem Almbauernhof vorbei – zum **Denkmal für Jeanne d'Arc**, die, angetan mit einer Rüstung und mit wehender Fahne auf sich aufbäumendem Ross, in den Kampf für Frankreichs Freiheit reitet. Kurz ist dann der Weg hinunter zu den Parkplätzen an der Straße.

(Weitere Infos am Kiosk „Ballon d'Alsace, Entdeckungspfad". SIMBA, Syndicat Mixte Interdépartmental du Ballon d'Alsace, 30, rue Gaston Deferre, 90000 Belfort, T 03 84 28 12 01)

Denkmal Jeanne d'Arc

9. REGION ÉPINAL

Von Épinal*, der Hauptstadt des Départements Vosges, geht die Reise zunächst im Tal der Mosel in südlicher Richtung nach Remiremont*. Landschaftlich sehr reizvoll mit großen Wäldern, Schluchten und Wasserfällen ist die südwestlich gelegene Vallée des Roches. Vom Mittelpunktsort Le Val d'Ajol* aus überquert man auf einer serpentinenreichen Straße den Gebirgszug nach Plombières-les Bains*, ein seit der Römerzeit sehr beliebtes Bad. Nordwärts führt die Tour durch welliges Bauernland nach Mirecourt*, der Stadt der Instrumentenbauer. In östlicher Richtung nach Poussay* tourt man weiter ins Moseltal nach Charmes* mit einem Abstecher nach Chamagne*, wo das Geburtshaus von Claude Gellée (Claude Lorrain), des genialen Landschaftsmalers des 17. Jahrhunderts, zu einem Besuch einlädt. Zurück im breiten Tal der Mosel gelangt man wieder nach Épinal. (154 km)

Strecke:
Épinal* – Dinozé –St-Laurent –N 2057 / N 57– Remiremont* (24 km)
Remiremont – Vallée des Roches – Faymont – Les Chênes – Le-Val d'Ajol* – Plombières-les-Bains* (26 km)
Plombières-les-Bains – Xertigny – Rasey – Charmois-l'Orgueilleux – Le Ménil – Longeroye – La Rue – Ville-sur-Illon – Gelvécourt-et-Adompt – Begnécourt – Valleroy-aux-Saules – Hymont – Mattaincourt* – Mirecourt* (55 km)
Mirecourt – Poussay* – Bettoncourt – (Vomécourt-sur-Madon)* - Charmes* – Chamagne* (23 km)
Chamagne – Charmes – N 57 / N 2057 – Épinal (26 km)

Verkehrsverbindungen
AUTO: N 57 / E 23, N 420, N 420, N 2057, D 11, D 12, D 42, D 36, D 46, D 51, D 166, D 434, D 460.
BAHN: 25013, 25015
KARTEN: IGN 1:100 000 Nr. 30 Besançon-Épinal, IGN 1:100 000 Nr. 23 Nancy-Bar-le-Duc. IGN 1:255 000 RO1-15 Alsace-Lorraine, IGN 1:25 000 Nr. 3519 OT, Remiremont-Plombières. Michelin 1:200 000, Nr. 242 Alsace et Lorraine.

Informationen:
ÉPINAL: Office de Tourisme, 13, rue de la Comédie, 88008 Épinal, T 03 29 82 53 32, F 03 29 35 26 16.
REMIREMONT:Office de Tourisme, 2, rue Charles-de-Gaulle, 88200 Remiremont, T 03 29 62 23 70, F 03 29 23 96 79.

Le Val-d'Ajol: Office de Tourisme, 17, rue de Plombières, 88340 Le Val-d'Ajol,
T 03 29 30 61 55.
Plombières-les-Bains: Office de Tourisme, 14, rue Stanislas, 88700 Plombières-les-Bains,
T 03 29 66 01 30, F 03 29 66 01 94.
Mirecourt: Office de Tourisme, 40, rue du Général Leclerc, 88500 Mirecourt,
T 03 29 37 01 01, F 03 29 37 52 24
Charmes: Office de Tourisme, place Henri-Breton, 88130 Charmes, T 03 29 38 17 09.

Autotour

Auf der Autotour in den Süden verlässt man **Épinal*** in der Rue d'Alsace, die in die Rue de Remiremont einmündet, in Fahrtrichtung rechts der Mosel, und auf der N 2057, die zur N 57 führt. Ohne Ortsdurchfahrt geht die Tour auf dieser Straße im Tal der Mosel direkt nach **Remiremont***.

In Remiremont verlässt man das Moseltal auf der D 23, die durch eine der schönsten Landschaften Lothringens führt. In engen Waldtälern und über sanfte Höhen, vorbei an einzelstehenden Bauernhöfen gelangt man nach der Durchfahrt der bizarren, engen Vallée des Roches nach Faymont. Hier lohnt sich ein kleiner Abstecher nach rechts zu den Wasserfällen von Faymont, etwa 1 km von der Straße entfernt. In Richtung **Val d'Ajol*** weitet sich das Tal der Combeauté. Im Ort biegt man rechts ab auf die D 20, die sich in Serpentinen durch den Bois Chanot hinauf zur Feuillée Nouvelle und dann hinunter nach **Plombières-les-Bains*** schwingt, dem geschichtsträchtigen Badeort im engen Tal der Augronne, umgeben von ausgedehnten Wäldern.

Nach einem Rundgang durch den Badeort wird die Tour bergauf fortgesetzt (D 20) zur Ermitage und auf der Höhe mit der D 63 geradewegs nach **Xertigny**. Dort wechselt man nach

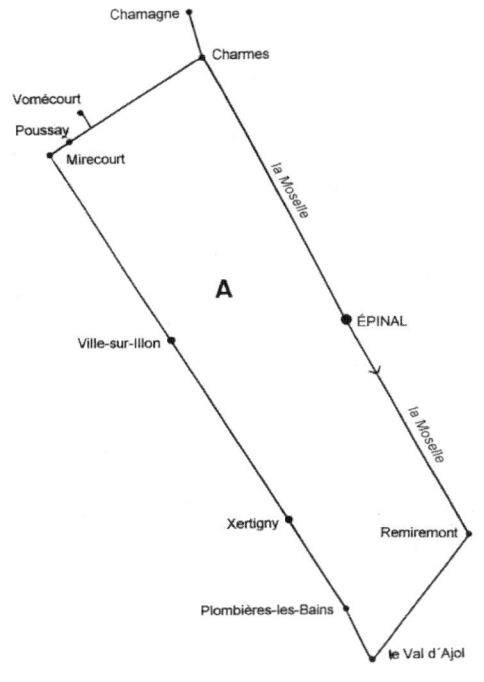

links auf die D 3 und fährt durch abwechslungsreiche Acker- und Waldlandschaft nach Rasey. Bei La Moye überquert man den Canal d l'Est* (Branche Sud), und wieder geht es auf der D 3 leicht hinauf und hinunter, jetzt nach Charmois l'Orgueilleux, wo man auf die D 4 einbiegt, um über Le Ménil, Longroye und La Rue nach **Ville-sur-Illon**, das ein Renaissanceschloss hat, zu touren. Die D 4 führt nun weiter im Tal des Illon über Gelvécourt-et-Adompt, Begnécourt und Valleroy-aux-Saules zur D 429 in Hymont, um kurz nach Mattaincourt* Mirecourt* im Madon-Tal anzusteuern.

Auf der Weiterfahrt kommt man zuerst nach **Poussay*** mit den Häusern ehemaliger Stiftsdamen. Dann führt die D 55 nach Bettoncourt. Kurz hinter dem Ort ist links ein Abzweig nach **Vomécourt-sur-Madon*** zu empfehlen. Dort kann man die romanisch-gotische Kirche Saint-Martin mit seltener Bauplastik besichtigen. Zurück auf der Hauptstraße ist Charmes*, das im Tal der Mosel liegt, das nächste Ziel. Man fährt über die Moselbrücke, dann links auf der D 9 moselabwärts nach Chamagne* zum Geburtshaus des lothringischen, in Rom arbeitenden Malers Claude Gellée, genannt Lorrain.

Ein kleines Museum informiert über sein Leben und Wirken. Von Chamagne fährt man wieder zurück nach Charmes, wechselt das Moselufer und gelangt dann auf der vierspurigen D 33 / N 57 / N 2057 ohne Ortsberührung zurück nach **Épinal**.

CLAUDE LORRAIN (1600-1682)

Eigentlich heißt er Claude Gellée und ist in dem Dörfchen Chamagne* bei Charmes* im Moseltal geboren. In seinem Geburtshaus kann man das provinzielle, aber liebenswerte Umfeld seiner Zeit gut studieren. Den Maler, der in Freiburg im Breisgau zunächst als Intarsienschreiner tätig war, zog es schon früh in das Land des Lichtes und der antiken Szenerie, nach Italien, nach Rom. Wie kein Maler vor und nach seiner Zeit vermochte er das Licht in der Landschaft und in der Natur auf seinen Bildern zu beleben. Die Berge und Täler der antikisierenden Szenen vor römischen und griechischen Tempeln und Ruinen, die Ausfahrt der Schiffe, die Tier- und Hirtenidylle, die zitternden Blätter der Bäume, die wehenden Gräser der Wiesen umgibt ein Zauber des Lichtes und der Stimmungen im Tagesablauf vom ersten Morgenrot über das gleißende, silbrige Tageslicht am Mittag und das farbige Abendrot bis zum fahlen Licht des Vollmondes in der nächtlichen Landschaft. Besonders gut gelangen ihm die gelben, rötlichen und goldenen Töne der herbstlichen Landschaft. Lorrain kannte keine Geldsorgen, denn die Auftraggeber, Könige und Päpste, Kardinäle, wohlhabende Bürger und reiche Kaufleute, bezahlten gut. Im Musée Départemental des Vosges in Épinal* befindet sich sein Bild „L'Embarquement de Saint Paul à Ostie". Die anderen Lorrain-Gemälde findet man in den großen Museen der Welt. Sein Heimatort Chamagne besitzt leider keines seiner Gemälde – viel zu teuer für die karge Gemeindekasse. Vielleicht findet sich noch ein hochherziger Stifter?

Fahrradtouren:

Im Tal der Mosel kann man auf den weniger befahrenen, landschaftlich schönen Straßen (mit Felspartien) von Épinal auf der D 42 über Archette nach Remiremont* (ca. 30 km) mit dem Rad fahren (Rückfahrt mit der Bahn). Ab Remiremont gibt es

Radwege auf stillgelegten Bahntrassen im Moseltal Richtung Bussang und im Tal der Moselotte, die mehr Sicherheit bei der Vélotour bieten können. Épinal liegt auch an der Route Verte, der Grünen Straße, einer Radwanderstraße von Titisee nach Freiburg-Colmar-Gérardmer-Épinal und weiter nach Vittel (Broschüre bei der Tourist-Information).

Wanderungen:

Für Wanderungen bietet sich die Landschaft um Plombières-les-Bains* an: ruhig, waldreich, gebirgig. Auf dem Platz vor der Kirche von Plombières gibt es eine Tafel mit Informationen über die Wandermöglichkeiten, oder man kann sie in der Tourist-Information einholen. Es werden vier Rund-Wanderungen zwischen 6 km und 16 km angeboten: grüner, gelber, roter und blauer Kreis sind die Markierungszeichen. Die IGN 1:25 000 Nr. 3519 OT Remiremont-Plombières-les-Bains gibt ebenfalls viele Anregungen zum Wandern in dieser Gegend.

10. REGION: NEUFCHÂTEAU

Von Neufchâteau* aus, im westlichen Teil des Départements Vosges gelegen, gilt der erste Besuch der Jungfrau von Orleans, Jeanne d'Arc, die in Domrémy-la-Pucelle* geboren und zu deren Ehren die Basilika im nahegelegenen Bois-Chenu errichtet wurde. Der zweite Besuch führt in die Römerzeit nach Grand*, wo die stattlichen Überreste der Römerstadt (Amphitheater, Mosaik) zu sehen sind. Eine Kette von romanischen und gotischen Dorfkirchen mit zum Teil hervorragenden Steinmetzarbeiten (Pompierre*) laden bei der Weiterfahrt zum Betrachten ein. Den renommierten Weltbädern Contrexéville* und Vittel* gilt der dritte Besuch. (132 km)

Strecke:

Neufchâteau* – Coussey – Domrémy-la-Pucelle* – Basilique du Bois-Chenu – Sionne – Midrevaux – Grand* (34 km)
Grand – Liffol-le-Grand – Harréville-les-Chanteurs – Pompierre* – Sartes – Outremécourt – Médonville – Urville – St-Quen-lès-Parey – Saulxures-lès-Bulgnéville - Bulgnéville - Contrexéville* – Vittel* (62 km)
Vittel – Houécourt – la Neuveville-sous-Châtenois – Châtenois – Rouvres-la-Chétive – Neufchâteau (36 km)

Verkehrsverbindungen:
AUTO: N 74, D 1, D 74, D 164, D 166.

BAHN: F6, 25 003
KARTEN: IGN 1:100 000, Nr. 23 Nancy-Bar-le-Duc, IGN 1:255 000 RO1-15 Alsace-
             Lorraine. Michelin 1:200 000 Nr. 242 Alsace et Lorraine.

Informationen:
NEUFCHÂTEAU: Office de Tourisme, 3, parking des Grandes Écuries, 88300 Neufchâteau,
             T 03 29 94 10 95, F 03 29 94 10 89
DOMRÉMY-LA-PUCELLE: Mairie, T 03 29 06 95 86
GRAND: Musée, 4, rue de la Mosaique, 88350 Grand,
             T 03 29 06 77 37, F 03 29 06 69 85
BULGNÉVILLE: Syndicat d'Initiative, rue Gustave-Deleris, 88140 Bulgnéville,
             T 03 29 09 14 67
CONTREXÉVILLE: Office de Tourisme, rue du-Shah-de-Perse, 88140 Contrexéville,
             T 03 29 08 08 68, F 03 29 08 25 40
VITTEL: Office de Tourisme, avenue Bouloumié, 88800 Vittel,
             T 03 29 08 08 88, F 03 29 08 37 99.

Autotour
   Neufchâteau* verlässt man auf der Avenue de Herringen und der Avenue Divi-
sion Leclerc und fährt auf der D 164 im breiten Tal der Maas zunächst nach Coussey
mit seinem markanten romanischen Kirchturm der Kirche Notre-Dame. Die Straße
geleitet weiter zwischen Meuse und Vair geradewegs nach **Domrémy-la-Pucelle***
mit dem Geburtshaus (Museum) der Jeanne d'Arc. Die Fahrt wird auf der D 53 in
südlicher Richtung zu der am Berghang gelegenen Basilique du Bois-Chenu (19./20.
Jh.) fortgesetzt,
dem Wallfahrtsort
zu Ehren der Hei-
ligen Johanna.
Weiter auf Süd-
kurs, gelangt man
zu einer Straßen-
gabelung. Dort
fährt man nach
rechts auf der D 3
nach Sionne bis
zur Abzweigung
nach rechts in
Richtung Mid-
revaux. In dem
kleinen, waldrei-
chen Tal zieht die
Straße D 71E auf
die Hochebene,
auf der einst die

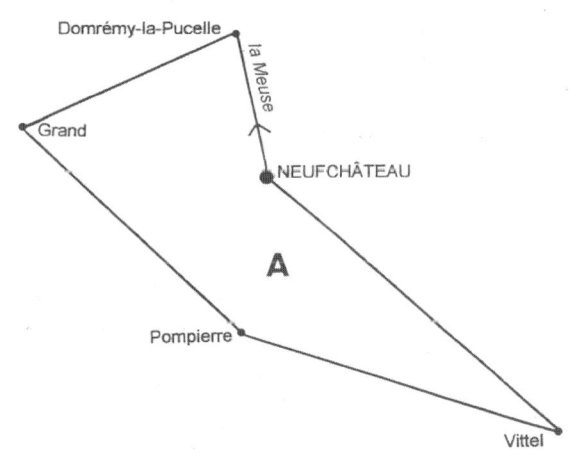

Kelten siedelten und die Römer ein mauerumwehrtes, mächtiges Castrum / Oppidum, also ein Militärlager mit Stadt, errichtet hatten und wo heute **Grand*** liegt.

Auf der D 71 und danach auf der D 427, die sich einsam durch den Hochwald (les Hauts Bois) schlängeln, fährt man zuletzt abwärts in die breite Ebene der Saônelle nach Liffol-le-Grand und durch den Ort mit seinen Kunstschreinereien hindurch, dann kurz nach rechts auf der N 74, und gleich wieder nach links auf der D 202 durch den Wald nach Harréville-les-Chanteurs, im Tal der Meuse gelegen. Im Ort werden die D 74 und die Maas überquert, dann geht es nach links auf einem schmalen Sträßchen über den Bergrücken nach **Pompierre***. Dort, an der Brücke über den Mouzon, steht die gotische Kirche St-Martin mit ihrem wertvollen Portal. Im Tal des Mouzon geht es nun aufwärts nach Sartes zur lothringischen Grenze, wo die D 1 zur D 5 wird, danach links auf der D 148 nach Outremécourt und nach Médonville im Anger-Tal, das wieder in Lothringen liegt. Die D 2, im Ort nach rechts abbiegend, führt dann über Urville und unter der Autobahn Nancy-Dijon hindurch nach Quen-lès-Parey. Beide Dörfer haben wie Médonville sehr schöne romanisch-gotische Kir-

chen, die sich harmonisch in die Dörfer und die Landschaft einfügen. Im fruchtbaren Acker- und Wiesenland, jetzt auf der D 17, erreicht man über Saulxures-lès-Bugnéville nun Bulgnéville*. Die gotische Kirche birgt die einzigartige Darstellung der hl. Sippe. Nach der kurvenreichen Überquerung des waldreichen Höhenzuges auf der D 164, werden die beiden weltweit bekannten Staatsbäder Contréxeville* und **Vittel*** erreicht.

Der letzte Abschnitt der Tour führt von Vittel auf der D 18, später D 13, im Tal des Vair als Ortsumgehungsstraße direkt nach Houécourt. Dort trifft man auf die D 166, die in Richtung Neufchâteau zunächst nach La Neuveville-sous-Châtenois und über die Brücke der A 31 / E21 nach Châtenois führt, dessen Kirche schon von weitem zu sehen ist. Die D 166 zieht dann im waldreichen Tal der Frézelle aufwärts nach Rouvres-la-Chétive, überquert eine niedrige Passhöhe, um dann

Das Geburtshaus von Jeanne d'Arc in Domremy

nach **Neufchâteau** zurückzukehren, das man in der Avenue du Général Henrys erreicht.

JEANNE D'ARC (1412-1431)

In Domrémy-la-Pucelle*, unweit von Neufchâteau*, befindet sich das Haus, in dem Johanna geboren wurde. Die französische Nationalheilige befreite Frankreich im 15. Jahrhundert von den Engländern. In einem kirchlichen Prozess wurde sie wegen Ketzerei und Zauberei verurteilt und als Ketzerin verbrannt. 1920 wurde sie heilig gesprochen.

Theodor Fontane besuchte 1870 Domrémy und schrieb in sein Tagebuch: "In einem Stück Gartenland lag das ehrwürdige Gemäuer. Ich zog die Glocke an einem sauberen, drahtgeflochtenen Gittertor, das den Garten von der Straße schied. Eine ´Religieuse, öffnete und machte die Führerin. Und siehe da, als ich erst in der Nische über der niedrigen Eingangstür das in Stein gemeisselte Bild der gewappneten Jungfrau, innerhalb des Hauses selbst aber den alten eichenen Wandschrank sah, der ihr jahrelang als Truhe gedient hatte, fiel alles Mißtrauen wieder von mir ab, und ich fühlte mich ganz dem Zauber dieser Stunde hingegeben. Ich machte meine Notizen, trat dann zurück in den Garten und versenkte mich noch einmal in den Anblick dieses in Geschichte und Dichtung gleich gefeierten Ortes" (Fontane: Kriegsgefangen, Insel Taschenbuch 1437, S. 27/28). Und das ist auch der Ort, an dem Fontane als preußischer "Spion" verhaftet wurde. Das Andenken an die Heilige Johanna wird in ganz Frankreich und besonders in Lothringen in großen und kleinen Denkmälern gefeiert. Auf Plätzen und in den Kirchen ist die gewappnete Jungfrau noch heute gegenwärtig. Eine mutige und starke Frau!

Fahrradtour:

ZU DEN RÖMERN NACH LE GRAND UND ZU JEANNE D'ARC NACH DOMRÉMY (58 KM)

Die weite Radtour führt in das Gebiet westlich von Neufchâteau, durchwegs auf ruhigen Straßen, verbunden mit einer kleinen Anstrengung hinauf zum lohnenswerten Etappenziel Grand*. Die Fahrt beginnt an der Touristik-Information am Bahnhof von **Neufchâteau***. Zunächst geht es auf der verkehrsreichen Avenue de la 1ère Armée Française und auf der Avenue du Président Kennedy entlang, durch den Kreisel und über die Maas zum Viadukt nach rechts unter der Bahn hindurch. Danach links durch das Gewerbegebiet, und die Straße mündet in die D 71, die flach nach **Mont-lès-Neufchâteau** zieht. Im Ort biegt man links ein auf die asphaltierte Ortsverbindungsstraße (nicht als offizielle Straße ausgewiesen), die im Anblick der schönen Berg- und Waldkulisse zur Rechten nach **Fréville** und zum größeren Ort **Liffol-**

le-Grand führt. Im Ort folgt man der Straße nach rechts und steigt dann zunächst auf der D 427, später rechts abbiegend auf der D 71, in der Waldlandschaft hinauf auf das Plateau nach **Grand*** mit seinen römischen Altertümern.

Am östlichen Ortsende (Richtung Amphitheater), fährt man an der Kapelle nach links auf das nicht klassifizierten beschaulich-ruhige Sträßchen nach **Avranville**, dann rechts auf der D 3 nach **Chermisey**, im Ortskern nach links auf der zum Radfahren idealen Straße D 19 nach **Seraumont**. Nun radelt man abwärts in einem idyllischen Tälchen nach **les Roises**, dann nach rechts auf der D 166 nach **Greux.** Von hier ist es nicht mehr weit nach **Domrémy-la-Pucelle***. Nach dem Besuch des einfach wirkenden Geburtshauses der Jungfrau radelt man in südlicher Richtung auf der D 53 zur monumentalen Basilique du Bois Chenu, der Wallfahrtskirche zu Ehren der französischen Nationalheldin Jeanne d'Arc. Am Berg- und Waldrand fährt man weiter auf der D 53, kurzzeitig nach rechts auf die D 3, dann nach links nach **Frébécourt** und auf der letzten Flachstrecke geradewegs wieder durch das Bahn-Viadukt nach **Neufchâteau**.

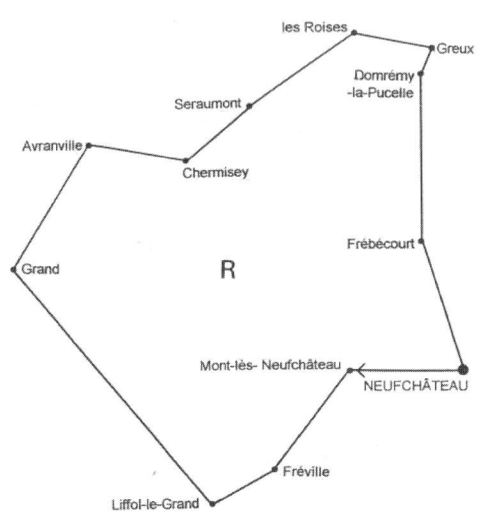

Tipp: Wer gern mit dem Mountainbike fährt, kann auch von Mont-lès-Neufchâteau in großen Serpentinen über den bewaldeten Höhenzug nach Pargny-sous-Mureau fahren; zunächst geradeaus durch den Ort und dann links in das Tälchen biken, wo man zu den Ruinen der ehemaligen Abtei Mureau gelangt. Talaufwärts - auf steinigen Waldwegen – fährt man durch den großen Wald, um vor Grand auf die D 71E zu gelangen, die zum Amphitheater und nach Grand* hineinführt.

Wanderungen:

Vittel* und Contrexeville* bieten als Kurorte ein ausgedehntes Wander- und Radwanderwegenetz an: In Vittel ab Kurpark 13 markierte Wanderwege zwischen 4 km und 27 km Länge, beispielsweise zu den Ruinen der Burg Montfort, oder nach Mandres-sur-Vair, ab Contréxeville 7 markierte Wanderwege zwischen 5 km und 23 km ab Kurpark, zum Beispiel zum Lac de la Folie im Wald oder nach Suriauville. Dazu gibt es noch spezielle Wege wie den „Parcours de santé" und „Les Tours des Lacs". Ebenso lockt ein „Parcours cyclo-loisirs". In Vittel stehen am Kurhaus kostenlos Räder zur Verfügung. Eine genaue Karte 1:20 000 mit den aufgezeichneten Wander- und Radwandervorschlägen (IGN Vittel-Contréxéville, 1998) ist in den Offices de Tourisme der beiden Städte erhältlich.

Die Tour führt durch die Landschaften des Barrois rund um Bar-le-Duc*, einst Herzogssitz und seit Napoleon Verwaltungsstadt des Départements Meuse. Im Norden und Nordwesten ist es das fruchtbare Hügelland mit seltenen gotischen Kirchen, im Westen das liebliche Val de Saulx* und im Süden das breite Tal des Ornain – zugleich Canal de la Marne au Rhin* – welche die Reise kennzeichnen. (115 km)

Strecke:

Bar-le-Duc* – Naives-Rosières – Vavincourt – Marat-la-Grande – Marat-la-Petite – Rembercourt-aux-Pots* (19 km)
Rembercourt-aux-Pots – Lisle-en-Barrois – Vilotte-devant-Louppy – Laheycourt* – Sommeilles – Nettancourt* - Vroil – Rancourt-sur-Ornain* - Revigny-sur-Ornain* (35 km)
Revigny-sur-Ornain – Contrisson – Mognéville* - Couvonges* - Beury-sur-Saulx – Robert Espange – Château-Jean-d'Heurs – Lisle-en-Rigault – Ville-sur-Saulx – Haironville – Rupt-aux-Nonains – Bazincourt-sur-Saulx – Lavincourt – Stainville – Ligny-en-Barrois* (46 km)
Ligny-en-Barrois – Velaines - Tronville-en-Barrois – Longeville-en-Barrois – Bar-le-Duc (15 km)

Verkehrsverbindungen:

AUTO: N 35 (Voie sacrée), N 135, D 1, D 116, D 146, D 152, D 994.
BAHN: F4, F7, 25 000, 25 010
KARTEN: IGN 1: 100 000 Nr. 10 Reims-Verdun, IGN Nr. 23 Nancy-Bar-le-Duc, IGN 1:255 000 RO1-15 Alsace-Lorraine. Michelin 1:200 000 Nr. 242 Alsace et Lorraine.

Informationen:

BAR-LE-DUC: Office de Tourisme, 5, rue Jeanne d'Arc, 55000 Bar-le-Duc, T 03 29 79 11 13, F 03 29 79 21 95.
LIGNY-EN-BARROIS: Syndicat d'Initiative, 7, rue de l'Espace St-Charles, 55500 Ligny-en-Barrois, T + F 03 29 78 06 15.
REVIGNY-SUR-ORNAIN: Office de Tourisme, rue du Stade, 55800 Revigny-sur-Ornain, T + F 03 29 78 73 34.

Autotour

Bar-le-Duc*, die Préfecture des Départements Meuse, verlässt man durch die Unterführung beim Bahnhof in der Rue de St-Mihiel, die in die „Voie Sacrée" (N 35) mündet, den „heiligen Weg", die im 1. Weltkrieg so genannt wurde, weil sie die einzige Nachschubstraße zur Versorgung der Festung Verdun war. Man folgt dieser Straße bis Naives-devant-Bar. Im Ort biegt man links ab, um auf der D 28 nach Vavincourt zu fahren. Schnurgerade geht es nun weiter, jetzt auf der D 116, einer Berg- und Talbahn im fruchtbaren Hügelland bis Marat-la-Grande. Im Dorf biegt man links auf die D 148 nach Marat-la-Petite ein und erreicht bald darauf **Rembercourt-aux-Pots***, wo bei der Einfahrt auf der rechten Seite die wie eine Kathedrale wirkende ehemalige Wallfahrtskirche Saint-Louvent grüßt.

In der Ortsmitte biegt man rechts ab auf die D 902 und fährt an einem der vielen Soldatenfriedhöfe in dieser Gegend vorbei nach Lisle-en-Barrois und weiter im Ackerbauland nach Vilotte-devant-Louppy. Die Tour führt weiter durch Laheycourt* mit seinen regelmäßig ausgerichteten, schönen Brunnen am Rand der Straße nach Sommeilles. Vor dem Ort biegt man links ab und erreicht auf der D 27 Nettancourt*, dessen Kirche Saint-Remy schon von weitem zu erkennen ist. Von hier aus fährt man auf der D 27/D 314 nach Vroil (bereits in der Champagne gelegen) und über Rancourt-sur-Ornain*, jetzt auf der D 64, zum Mittelpunktsort **Revigny-sur-Ornain*** im breiten Tal des Ornain.

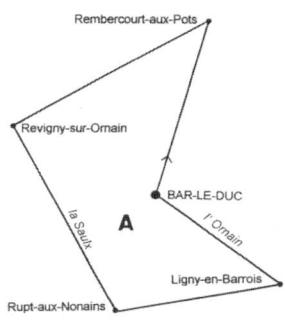

Mit der D 995 überquert man nach der Kaserne Maginot den Rhein-Marne-Kanal und gelangt nach Contrisson. Am Ortsende schlägt man links die D 997 ein und kommt nach Mognéville* mit seiner imposanten Benediktinerkirche Saint-Remy. Couvonges* ist der nächste Ort. Am Ortseingang links liegt auf einem Hügel die spätromanische Kirche Saint-Brice. Auf der D 997 geht die Tour weiter in südlicher Richtung, zunächst nach Beury-sur-Saulx und Robert Espagne. Die Reise erreicht beim Château de Jean d'Heurs ihren landschaftlichen Höhepunkt, denn von hier aus windet sich das mitunter enge Tal der **Saulx*** über Lisle-en-Rigault, Ville-sur-Saulx und Haironville nach **Rupt-aux-Nonains**, wo einst Benediktinernonnen lebten. Nächster Ort ist Bazincourt-sur-Saulx mit einer bemerkenswerten Kirche mit Fenstern im Flamboyant-Stil. Der folgende Ort im Tal der Saulx heißt Lavincourt und hat nur 80 Einwohner. Bald darauf wird das idyllisch gelegene Stainville erreicht. Jetzt verlässt man das liebliche Tal, um auf der vierspurigen N 4 in östlicher Richtung nach **Ligny-en-Barrois*** im Ornain-Tal zu fahren.

Vor Ligny wechselt man auf die N 135 und fährt nun durch die Stadtmitte im Tal des Ornain, parallel zum Canal de la Marne au Rhin*, zunächst nach Velaines, dann nach Tronville-en-Barrrois, um über Longeville-en-Barrois in der Hauptstadt der Region, **Bar-le-Duc**, anzukommen.

PIERRE (1813-1883) UND ERNEST (1842-1882) MICHAUX

Das Fahrrad als alltägliches, touristisches und sportliches Mittel der Fortbewegung genießt größte Popularität. Seit der Erfindung der Laufmaschine durch Carl Friedrich Freiherr Drais von Sauerbronn im Jahre 1817 wird am Fahrrad „getüftelt". Zu diesen Tüftlern gehören auch die Wagenbauer Pierre und Ernest Michaux – Vater und Sohn – aus Bar-le-Duc*. Sie erfinden die Tretkurbel samt Pedal am Vorderrad. Auf diese Weise wird es möglich, statt mit den Füßen abzustoßen, das Rad anzukurbeln und sich damit schneller fortzubewegen – in der Bewegungs- und Technikgeschichte ein exemplarischer Vorgang. In Paris geht die Michauline, wie das Vélociped jetzt genannt wird, in Produktion. Nur reiche Bürger können sie sich leisten, denn sie kostet 500 Goldfrancs. Beim ersten Straßenrennen 1869 von Paris nach Rouen, an dem sich 193 Fahrer und 5 Fahrerinnen beteiligen, gewinnen die Michaulinen die ersten drei Plätze. In England und in den USA werden die Michaulinen nachgebaut und verbessert. Die Konkurrenz ist hart, und die Michaux' müssen – ähnlich wie Drais – darunter leiden und verarmen schließlich. 1882 und 1883 sterben Ernest und Pierre. Die Stadt Bar-le-Duc errichtet ihnen zu Ehren 1894 vor dem von König Stanislaus gestifteten Brunnen ein imposantes Denkmal. Zwei hübsche „Michaulinen" stehen im Foyer des Museums von Bar-le-Duc.

Fahrradtour:

VON BAR-LE-DUC INS VAL DE SAULX (CA. 50 KM)

Eine Gedenkfahrt zu Ehren der Wagner und Schlosser Pierre und Ernest Michaux aus Bar-le-Duc, die 1861 das Fahrrad-Pedal erfunden haben (Denkmal in der Unterstadt).

Ausgangspunkt der Radtour ist die Oberstadt von **Bar-le-Duc*** am Hôtel du Département in der Rue de la Résistance, die links zur Avenue des Tilleuls, der D 146, führt. Diese Straße überquert die N 35 in Richtung Véel und steigt durch den Wald nach **Véel** an. Im Ort befindet sich die attraktive gotische Kir-

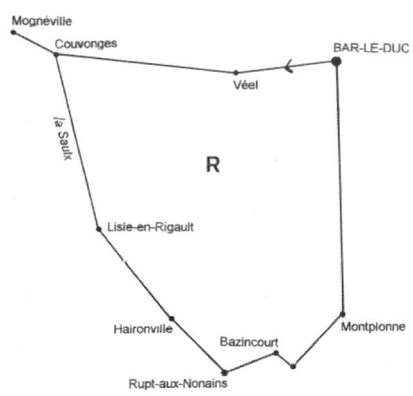

che Saint-Martin, die einen Holzturm hat. Die wenig befahrene D 146 bringt die Radtouristen in abwechslungsreicher Landschaft nach **Couvonges*** und nach **Mognéville*** mit ihren bemerkenswerten romanisch-gotischen Kirchen. Man radelt zurück nach Couvonges und auf der D 997 in das Tal der **Saulx***. Die Straße schlängelt sich durch das romantische Tal und seine Dörfer (siehe Tourenbeschreibung Auto) bis nach **Bazincourt-sur-Saulx.** 1 km nach dem Ort biegt man links, leicht ansteigend, auf die D 152 ein, um nach **Montplonne** zu fahren. Jetzt steigt die Straße steiler an, dann kann man auf der Hochfläche durch Feld und Wald zurück auf **Bar-le-Duc** zu radeln, das wieder in der schönen Ville-Haute erreicht wird.

Wanderungen:

In Bar-le-Duc, der alten Herzogstadt, treffen sich zwei große, gut markierte Wanderwege, die GR 14 und die GR 714, auf denen sich in die Ferne, zum Beispiel durch die Argonnen oder in die Champagne, wandern lässt. Für die nähere Umgebung gibt es in der Tourist-Information eine kleine Broschüre mit einem Wandervorschlag rund um Bar-le-Duc „Randonnée en Vallée de l´Ornain, de village en village :...". Die große Rundtour ist 46 km lang (Drei-Tage-Tour). Die folgenden Ortschaften werden erwandert: Longeville-en-Barrois, Savonnièrre-davant-Bar, Combles-en-Barrois, Véel, Fains-les-Sources, Behonne, Naives-devant-Bar, Resson. In jedem Ort ist der "Einstieg" in die Rundwanderung möglich. Aber auch kürzere Wandervorschläge werden gemacht: Circuit 3 „des Trois Bois" = 16 km, Circuit 4 „du Haut Juré" = 12 km, Circuit 5 „du Varinot à la Voie Sacrée" = 17 km. Genaue Orientierungstafeln sind zudem in den einzelnen Ortschaften aufgestellt.

Denkmal für die Erfinder des Fahrradpedals, Pierre und Ernest Michaux, in Bar-le-Duc.

Die Tour findet zum großen Teil im westlichen Naturpark Lothringen statt (Parc Naturel Régional de Lorraine-Ouest*). Von Saint Mihiel* im Tal der Maas führt die Reise über die bewaldeten Höhen (Côtes de Meuse*) zur Woëvre-Hochebene, auf die Butte de Montsec*, einem „Zeugenberg", von dem man einen weiten Blick über die Landschaft und den Lac de Madine genießen kann. In einem Bogen, von Osten her, nähert man sich über Thiaucourt* und das Schloss Jaulny* dem Lac de Madine*, der einen breiten Strand und viele Wassersportarten zu bieten hat. Dann geht die Fahrt hinauf nach Hattonchâtel*, einem hübschen Ort auf einem markanten Bergsporn der Côtes de Meuse, der am weitesten in die Ebene vorragt. Auf der alten Militärstraße erreicht man wieder das Tal der Maas bei Génicourt-sur-Meuse*, dessen Kirche beachtliche kunsthistorische Schätze (Fenster) aufzuweisen hat. Im breiten Maas-Tal, wo noch viele Kühe weiden, fährt man nach Dugny-sur Meuse* mit seiner bekannten Wehrkirche im Friedhof und dann zurück nach Saint-Mihiel. (105 km)

Strecke:
Saint-Mihiel* – Aprémont-la-Forêt – Loupmont – Montsec – Butte-de-Montsec* (18 km)
Butte-de-Montsec – Montsec – Richecourt – Lahayville – Essey-et-Maizerais – Bouillonville –Thiaucourt-Regniéville* (20 km)
Thiaucourt-Regniéville – Jaulny (Château)* – Xammes – Beney-en-Woëvre – Pannes – Nonsard-Lamarche – Lac de Madine* (Base de Loisirs) (19 km)
Lac de Madine – Vigneulles-lès-Hattonchâtel – Hattonchâtel* (10 km)
Hattonchâtel – (Tranchée de Calonne) – Mouilly - Rupt-en-Woëvre – Génicourt-sur-Meuse* – Dieue-sur-Meuse – Ancemont* - Dugny-sur-Meuse* (10 km)
Dugny-sur-Meuse – Ancemont - Château Monthairon* - Villers-sur Meuse – Tilly-sur-Meuse – Bouquemont – Woimbey – Bannoncourt - Dompcevrin – les Paroches - Saint-Mihiel (28 km)

Verkehrsverbindungen:
AUTO: D 34, D 119, D 901, D 907, D 964
KARTEN: IGN 1:100 000 Nr. 11 Nancy-Metz-Luxembourg, Nr. 10 Reims-Verdun, IGN 1:255 000 RO1-15 Alsace-Lorraine. Michelin 1:200 000 Nr. 242 Alsace et Lorraine.

Informationen:

SAINT-MIHIEL: Office de Tourisme, rue du Palais de Justice, 55300 Saint-Mihiel,
   T 03 29 89 06 47
THIAUCOURT: Mairie de Thiancourt, 54470 Thiaucourt, T 03 83 81 91 69
JAULNY: Château, 54470 Jaulny, T 03 83 81 93 04 F 03 83 83 51 60
LAC DE MADINE: Maison de Madine, 55210 Nonsard, T 03 29 89 32 50, F 03 29 89 35 60
HATTONCHÂTEL: Office de Tourisme, place Taylor, 55210 Vigneulles-lès-Hattonchâtel,
   T 03 29 89 31 71, F 03 29 90 01 06

Autotour

Die Tour beginnt an der ehemaligen Benediktinerabtei **Saint Mihiel***. Man fährt durch das Gebäudetor der Rue du Palais de Justice. Es geht weiter durch die Rue du Docteur Thiéry, Rue Larzillière Beudant, Rue Porte-à-Nancy und die Rue de Sénarmont zur D 907. Aus dem Tal der Maas geht es nun aufwärts in den Höhenwald und dann an den Côtes de Meuse in einer Serpentine steil abwärts nach Aprémont-la-Forêt. Hinter dem Ort fährt man an der Kreuzung nach links kurz auf die D 908, dann vor dem Berg nach rechts auf die D 12 nach Loupmont. Die Route führt entlang des markanten Höhenzugs „le Mont" nach **Montsec***, unterhalb der beherrschenden Butte de Montsec gelegen. Vor dem Ort Montsec schlägt man links die breite Straße ein, die

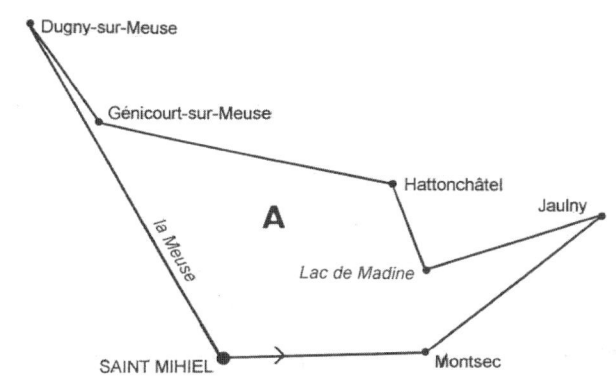

zuerst durch Mirabellen-Haine, dann durch Fichtenwald zum Parkplatz vor dem amerikanischen Denkmal auf der Spitze der Butte de Montsec* (381 m) hinaufführt. Hier oben hat man durch die Säulen des Rundtempels einen herrlichen Rundblick auf die umliegende Landschaft mit den Höhenzügen der Côtes de Toul*, den entfernten Moselbergen und auf den Lac de Madine.

Von der Butte wieder zurück nach dem Dörfchen Montsec, dann auf der D 119 nach Richemont, dort links auf die D 33 abbiegen. Im oberen Tal des Mad wird Lahayville erreicht. Die Straße berührt bei Saint-Baussant die Bahnlinie Metz–Bar-le-Duc (Frankfurt–Paris) und führt dann nach links zu dem Ort Essey-et-Maizerais.

Dort geht es nach links für ein kurzes Stück auf der D 904, dann fährt man am Orts-ende nach rechts auf der D 28 über einen Hügel hinab in das tiefer und enger wer-dende Tal des Mad zu dem idyllisch gelegenen Straßendorf Bouillonville, dann wie-der leicht an- und absteigend nach Thiaucourt-Regniéville*, einem geschäftigen Mittelpunktsort. Nun biegt man nach links kurz auf die D 3, dann am Ortsausgang nach rechts wieder auf die D 28 ein, fährt über eine Anhöhe und dann wieder ab-wärts mit schöner Aussicht auf die Vallée du Rupt de Mad und auf das pittoreske, auf der anderen Talseite liegende Schloss **Jaulny***. Nach dem Aufenthalt wieder – wie gekommen – zurück, bergauf bis zur Abzweigung nach Xammes. Dort schlägt man links die Verbindungsstraße zur D 67 ein, um dann nach rechts weiter nach Beney-en-Woëvre zu fahren. Am Ortsende links abbiegen, und auf der schnurgera-den D 904 geht die Fahrt flott nach Pannes. Nach der großen Kurve in der Ortsmitte biegt man rechts ab, um auf der D 48 wieder über die Départementsgrenze Meurthe-et-Moselle / Meuse und dann auf der D 133 nach Nonsard-Lamarche* zu touren. Weiter geht die Fahrt zur vorzüglich ausgestalteten Base de Loisirs du **Lac de Madine*** (Freizeit- und Sportgelände), wo man sich nach anstrengender Fahrt ausruhen, ba-den und segeln kann.

Zurück nach Nonsard, dort nach links auf die D 179 einbiegen, und man fährt auf der ebenen Straße schnurstracks zu den von weitem sichtbaren Steilhängen der Côtes de Meuse, zunächst nach Vigneulles-lès-Hattonchâtel. Dort fährt man die zweite Stra-ße rechts in einer langezogenen Serpentine hinauf nach **Hattonchâtel***, zu einem

Hattonchâtel: Altes Waschhaus

der schönsten Punkte in Lothringen („lothringische Provence"), auf einem weit in die Woëvre-Ebene ragenden Bergsporn gelegen.

Nach dem Rundgang durch den historischen Ort fährt man geradewegs auf der Höhe mit der DS 3a, einer schmalen Straße entlang der Tranchée de Calonne, viele Kilometer durch den Wald. Im 1. Weltkrieg gab es hier Grabenkämpfe, von denen heute noch Granattrichterhügel zu sehen sind. An der Kreuzung mit der D 113 fährt man auf der D 113 links hinab in einem Tälchen nach Mouilly und nach Rupt-en-Woëvre, dann weiter hinunter in das breite Tal der Maas, das man bei **Génicourt-sur-Meuse*** erreicht (zur sehenswerten Kirche rechts ab in den Ort). Nun fährt man zur D 964 im Tal der Maas abwärts nach Dieue-sur-Meuse. Dort biegt man links ab und überquert den Canal de l'Est* (Branche Nord) und die mäandernde Maas hinter dem Ort Ancemont*. Hier biegt man rechts ab und fährt in Richtung Verdun auf der D 34 links der Maas nach **Dugny-sur-Meuse***. Dort fährt man zum alten Friedhof am Nordende von Dugny, um die sehenswerte Wehrkirche zu besuchen.

Von Dugny-sur-Meuse fährt man wieder zurück nach Ancemont und geradeaus weiter zu dem herrlichen Schloßpark von Château Monthairon*, das man wegen seiner vorzüglichen Gastronomie in den Reiseplan einbeziehen sollte. Auf der D 34 geht dann die Autotour zurück im Tal der Maas mit den großen Kuhherden auf den Maaswiesen über les Monthairons – Villers-sur-Meuse – Tilly-sur-Meuse – Bouquemont – Woimbey – Bannoncourt – Dompcevrin – und Les Paroches wieder nach **Saint-Mihiel**.

LIGIER RICHIER (1500-1567)

Zu den bedeutendsten Bildhauern und Gestaltern Frankreichs gehört Ligier Richier, geboren in Saint-Mihiel*. Seine Werke sind in Lothringen zu finden, so in Saint-Mihiel, Bar-le-Duc*, Hattonchâtel*, Génicourt-sur-Meuse*, Briey*, Étain* und Nancy*. In Saint-Mihiel sind von ihm 13 überlebensgroße Figuren der Grablegung Christi in der ehemaligen Kollegiatskirche Saint-Étienne zu sehen. Sie zeichnen sich durch einen bewegten, empfindsamen Stil aus. In der Abteikirche ist die Skulptur des Johannes, der die tief erschütterte Maria unter dem Kreuz ihres Sohnes stützt, zu betrachten. Einflüsse der späten Gotik und der neue Stil der Renaissance bestimmen die Arbeiten Ligier Richiers, der – wie so oft in den Biographien der Künstler – zu Lebzeiten seinen Ruhm nicht auskosten kann. Als man hört, dass er Calvinist geworden ist, muss er aus Saint-Mihiel fliehen und nach Genf ins Asyl gehen. Erst im 19. Jh. setzt die Stadt auf dem nach ihm benannten Platz Ligier Richier ein Denkmal. „Ligier Richier findet heute die gleiche Bewunderung wie im 16. Jh.. Dank Ligier Richier erfährt Lothringen ein verfeinertes und erregendes Bild im Einklang mit der Entwicklung des Abendlandes während der Renaissance". (Catharine Bourdieu: Ligier Richier, Sculpteur Lorrain, Paris 1988, p. 48)

Fahrradtour:

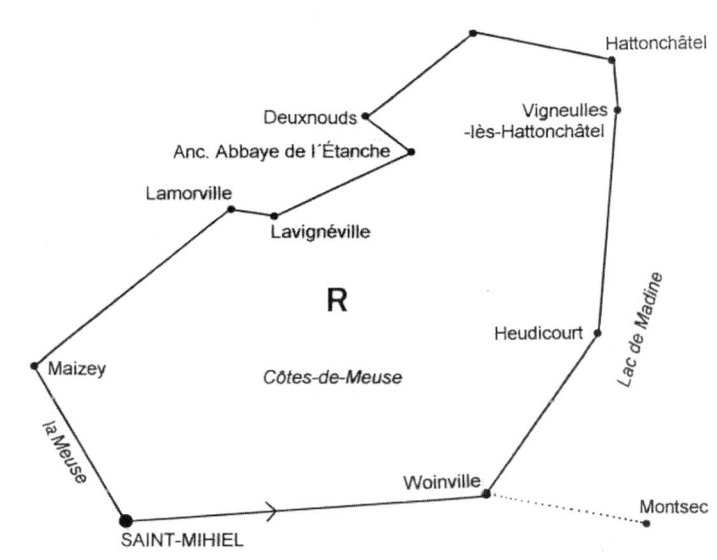

VOM TAL DER MAAS ZUM LAC DE MADINE" (54 KM)

Ausgangspunkt der Radtour ist **Saint-Mihiel***, am besten vom Place Ligier Richier aus. Man fährt die Rue des Tisserands, die Rue du Faubourg Saint-Christophe und die Route de Woinville auf der D 119 zur Stadt hinaus und radelt auf einer schönen Alleestraße im Wiesen- und Waldtal zunächst ohne große Steigungen im lieblichen Tal der Marsoupe, später in Serpentinen stärker ansteigend hinauf auf die Maashöhen Côtes de Meuse*. Dann beginnt die (be)rauschende Abfahrt (auch innehalten, der schönen Aussicht wegen!) durch die Mirabellenbaumhänge hinunter nach **Woinville**. (Wer möchte, kann geradeaus weiter auf der D 119 zur Butte de **Montsec*** fahren, der markant aus der Woëvre-Ebene ragt, Abstecher hin- und zurück 14 km). Von Woinville fährt man gemütlich auf der ruhigen D 908 nach Buxerulles und weiter entlang dem bewaldeten Höhenzug nach Buxières-sous-les-Côtes und nach **Heudicourt-sous-les-Côtes**. Die „Weinstraße" ist einer „Mirabellenstraße" gewichen, denn es gibt hier kaum noch Weinberge, dafür um so mehr Mirabellenplantagen. (Zur Zeit der Mirabellenreife sollte man die „besten Mirabellen der Welt" einmal probieren!). Nach Heudicourt biegt man rechts ab auf die D 133, die zum Freizeit- und Sportgelände am **Lac de Madine*** führt (ein geringer Eintritt ist zu entrichten). Hier kann man sich von den (eventuellen) Anstrengungen der Radtour gut erholen und übernachten. Zurück zur Straße und nach rechts weiter zur D 179, der man nach links geradewegs nach **Vigneulles-lès-Hattonchâtel** folgt. In Serpentinen fährt man von dort steiler aufwärts (Höhenunterschied ca. 100 m) nach **Hattonchâtel***, wo man für den Aufstieg durch einen wunderbaren Ausblick entschädigt wird.

Nach der Rundfahrt durch das idyllische Bergdorf radelt man geradeaus auf der DS 3a, der Tranchée de Calonne, der alten Forst- und Militärstraße in Richtung Verdun, durch den Wald bis zur Abfahrt der D 101 links ab nach **Deuxnouds-aux-**

Bois. Im Ort links abbiegen, im Berggang zur bewaldeten Höhe aufsteigen (Höhenunterschied ca. 80 m) und dann in einer Serpentine abwärts zur ehemaligen **Prämonstratenserabtei von l'Étanche**, deren Kirchenruine und ehemaligen Konventsgebäude (jetzt Bauernhof) sich lieblich in das Aviaux-Tal einfügen. Talabwärts – vorbei an Fischweihern – führt nun ein einfacher Weg, markiert mit einem gelben Dreieck, durch die anmutige Landschaft über einen kleinen Höhenrücken nach **Lavignéville**. Hier trifft man wieder auf die D 101, die nach **Lamorville** führt. Weiter auf dieser ruhigen Straße erreicht man im Tal des Creué-Baches das Dorf Spada und bald danach das Tal der Maas. Dort nimmt die stark befahrene D 964 die Radtouristen auf, die kurz links einbiegen (Vorsicht!) und dann nach ca. 200 m rechts abbiegen auf die ruhige Straße (wieder die D 101) nach **Maizey**, in das man über die Brücke des Canal de l'Est (Branche Nord) hineinrollt. Im Ort wendet man sich nach links, folgt dem Weg am Kanal entlang bis zur nächsten Brücke und fährt auf der anderen Seite des Kanals weiter bis wieder zur D 964 (Vorsicht!), die unterhalb der Felswände zurück nach **Saint-Mihiel** zurückführt. (Ausweichmöglichkeit am Uferpfad des Kanals).

Wanderungen:

In der Umgebung von Saint-Mihiel* und Hattonchâtel* gibt es viele Wanderwege, die markiert sind. In Saint-Mihiel werden fünf Wanderungen angeboten mit rotem Rechteck und gelben, roten und weißen Kreisen zwischen 7 km und 16 km Länge. Ausgangspunkt ist die Place des Moines in Saint-Mihiel (Informationstafel). Wegbeschrei-bungen in Deutsch „La Grolle de Saint-Mihiel" bei der Tourist-Information. – Es gibt ferner eine Rundwanderung um den **Lac de Madine*** (19 km), markiert mit dem Schild „Tour du Lac", auf der man die Flora und Fauna der ruhigen, ebenen Seenlandschaft erleben kann. – Von Hattonchâtel und von anderen Orten der Côtes de Meuse aus sind ebenfalls 37 abwechslungsreiche Wanderungen zu empfehlen. Sie sind beschrieben auf der Karte IGN 1:25 000 Côtes et Val de Meuse, Parc Naturel Régional de Lorraine, Carte Sud.

Am Lac de Madine

13. REGION: VERDUN

Die Tour führt durch eine Landschaft, die im 1. Weltkrieg (1914-1918) viel zu leiden hatte. Die zweijährigen Grabenkämpfe um Verdun haben mehr als eine halbe Million Menschen das Leben gekostet und Häuser, Gehöfte, Kirchen, Klöster und Schlösser zerstört. Die Spuren dieser schlimmen Zeit finden sich auch heute noch. 13 Dörfer wurden nicht mehr aufgebaut. Die vielen Soldatenfriedhöfe mahnen vor weiteren Kriegen. Das wird schon auf dem ersten Streckenabschnitt deutlich: Verdun*, Fort Douaumont*, Fort Vaux in den Côtes de Meuse, die Zerstörungen in Étain*, die vielen Schlachtfelder* im Tal der Maas und in den Argonnen, Montfaucon d´Argonne*, Varennes-en-Argonne*, die ehemalige Zisterzienserabtei Lachalade* im Tal der Biesme, sie alle haben schwer gelitten. Clermont-en-Argonne*, gelegen in der strategisch wichtigen Durchgangspforte zwischen Verdun und Reims, hat zudem im 2. Weltkrieg schwerste Zerstörungen hinnehmen müssen. Man wird bei dieser Tour sehr nachdenklich werden. (150 km)

Strecke:
Verdun* – Belleville-sur-Meuse – Ossuaire, Nécropole National de Fort Douaumont*– Mémorial de Fleury – Damloup – Abaucourt – Étain*(30 km)
Étain – Morgemoulin – Gincrey – Maucourt-sur-Orne – Gremilly – Azannes-et-Soumazannes – Wavrille – Damvillers* (30 km)
Damvillers – Étraye – Consenvoye – Gercourt-et-Drillancourt – Montfaucon-d´Argonne* - Cheppy – Varennes-en-Argonne* (35 km)
Varennes-en-Argonne – Lachalade* – Le Claon – Le Neufour – Les Islettes – Clermont-en-Argonne* (26 km)
Clermont-en-Argonne – Vraincourt – Parois – Récicourt – Dombasle-en-Argonne – Blercourt – Verdun* (28 km)

Verkehrsverbindungen:
AUTO: A 4 / E 50, N 3, D 34, D 38, D 112, D 903, D 964
BAHN: 25003
KARTEN: IGN 1:100 000 Nr. 10 Reims-Verdun, Nr. 11 Nancy-Metz-Luxembourg, IGN 1:255 000 RO1-15 Alsace-Lorraine. Michelin 1:200 000 Nr. 241 Cham pagne Ardennes. Nr. 242 Alsace et Lorraine.

Informationen:
VERDUN: Verdun: Office de Tourisme, place de la Nation, 55100 Verdun, T 03 29 86 14 18, F 03 29 84 22 42

ÉTAIN: Office de Tourisme, 31, rue Raymond Poincaré, 55400 Étain,
T + F 03 29 87 20 80

DAMVILLERS: Syndicat d'Initiative, 23, rue Carnot, 55120 Damvillers, T 03 29 85 57 01

VARENNE-EN-ARGONNE: Mairie, 55270 Varennes-en-Argonne, T 03 29 80 71 01

CLERMONT-EN-ARGONNE: Office de Tourisme, 6, place de la République, 55120 Clermont-en-Argonne, T 03 29 88 42 22, F 03 29 88 42 43.

Autotour

Auf der Avenue de Luxembourg, der D 964, verlässt man **Verdun*** auf dem rechten Ufer der Maas. Als erster Ort taucht Belleville-sur-Meuse auf. Nach etwa 2 km wird die D 964 und das Maastal verlassen, und es geht auf der neuen D 913b hinauf in das Gebiet der Schlachtfelder* des 1. Weltkrieges (Champs des Batailles de Verdun). Rechts und links der Straße ist Wald, dessen Untergrund – wie überall in diesen Gebieten – durchfurcht ist von Granat- und Bombentrichtern, durchzogen von zahlreichen Schützengräben des Kampfes um Verdun 1916-1918. Zuerst erreicht man

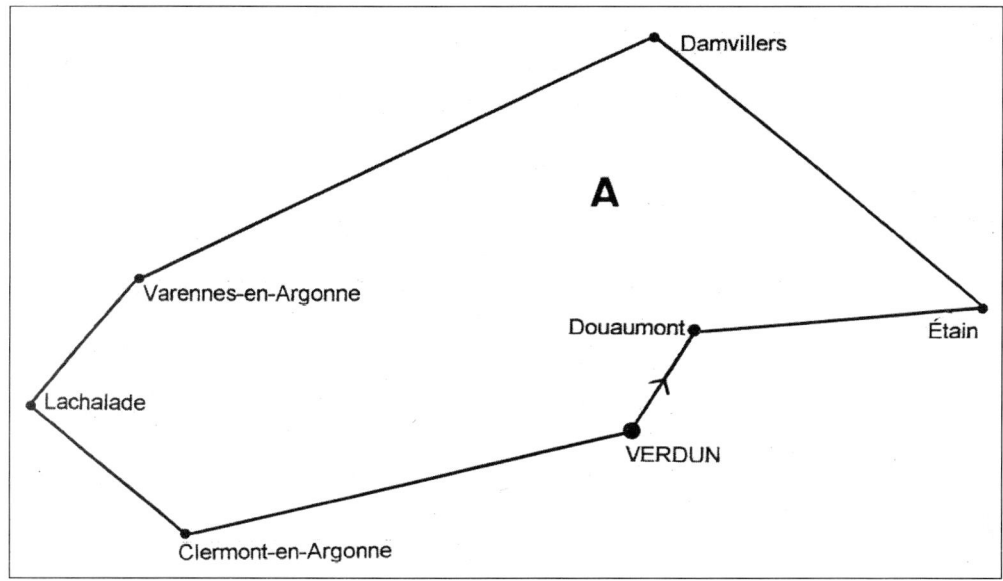

das weithin zu sehende Denkmal, das Beinhaus (Ossuaire) mit dem großen französischen Soldatenfriedhof, in der Nähe des Fort **Douaumont***. Zurück zum Kreisverkehr, kommt man links auf der Straße D 913 zum Mémorial de Verdun an den Ort, wo einst das Dorf Fleury lag. Bald danach biegt man in die Straße links, die D 912 ein, auf der man in einem Tälchen die Bergkette der Côtes de Meuse durchfährt. Nach der Bergkette biegt man rechts auf die D 24 ab, um in die Woëvre-Ebene nach Damloup zu fahren. Geradeaus weiter, unter der Bahn hindurch, trifft man auf die N 3, in die

man links einbiegt. Auf langer gerader Strecke tourt man durch Abaucourt nach **Étain***
mit seiner beeindruckenden Martinskirche.

Von Étain aus fährt man nun in nordwestlicher Richtung auf der D 65 durch die
weite Woëvre-Ebene mit ihren großen Ackerflächen und erreicht zunächst
Morgemoulin, Gincrey und Maucourt-sur-Orne. Die D 65 biegt hier im rechten Win-
kel durch den Wald ab nach Gremilly und Azannes-et-Soumazannes. Von dort fährt
man weiter, zunächst noch auf der 65, dann auf der D 905 über Warville nach
Damvillers*, das im Tal der Thinte liegt.

Nach der Ortsbesichtigung geht es wieder zurück zum Ortseingang. Man biegt
dort rechts ab auf die D 19 nach Étraye und fährt weiter durch den Bois d'Étraye
hinunter in das Tal der Maas nach Consenvoye. Dort wird die Maas samt Canal de
l'Est (Branche Nord) überquert. Am gegenüberliegenden Berghang fährt man nun
rechts auf der D 123 noch etwa 1 km bis zur Abzweigung in die D 19, die dann über
die Höhe nach Gercourt-et-Drillancourt und weiter nach Montfaucon-d'Argonne*
zieht, mit der weithin sichtbaren Butte de Montfaucon (336 m) und dem amerikanischen Freiheits-Denkmal zur Erinnerung an die Gefallenen des 1. Weltkrieges. Die
Route D 19 ist weiterhin Begleiterin nach Cheppy und nach **Varennes-en-Argonne***,
das im Hochtal der L'Aire liegt.

Von Varennes aus fährt man nun auf der D 38 durch den auf den Trümmern des 1.
Weltkrieges angepflanzten Wald hinunter in das Tal der Bièsne und im Tal links auf

Das Beinhaus auf dem Soldatenfriedhof von Douaumont

der D 2 nach **Lachalade*** mit der ehemaligen Abtei der Zisterzienser. Weiter tourt man im lieblichen Argonnental auf der D 2 – hart an der Grenze zwischen Lothringen und der Champagne - nach Le Claon, Le Neufour und nach Les Islettes. Hier trifft man auf die N 3, in die man links abbiegt, um durch einen Engpass in dem Höhenzug der Argonnen nach **Clermont-en-Argonne*** zu fahren.

Man verlässt hier die Argonnen. Auf der letzten Etappe der Rundfahrt benutzt man in der Ebene wieder die N 3, die durch Vraincourt, Parois, Récicourt, Dombasle-en-Argonne und Blercourt führt, und kehrt von hier aus auf der jetzt vierspurigen N 3 zurück zum Zielort Verdun.

Fahrradtour:

AUF DEN SPUREN DER KÄMPFE UM VERDUN (31 KM)
Der Start zur Radtour beginnt in **Verdun*** am Office de Tourisme an der Place de

---

LE CENTRE MONDIAL DE LA PAIX

Zwischen den beiden Weltkriegen und bis heute hat sich eine Art „Kriegstourismus" um die Schlachtfelder von Verdun* entwickelt. Die Kriegsschauplätze des 1. Weltkrieges sind an den betreffenden Orten rund um Verdun und in den Museen umfassend dokumentiert. Die Schrecken und Zerstörungen des unseligen Krieges lassen uns heute noch erschauern und bangen. Aber dabei soll man nicht stehen bleiben. Es gilt, die Gräben des Krieges, des Nationalismus, des Hasses zuzuschütten und dem alles übergreifenden Frieden den Weg zu bahnen. Deswegen wurde 1994 für die Jugend und den Tourismus im ehemaligen bischöflichen Palais neben der Kathedrale von Verdun das "Centre Mondial de la Paix, des Libertés et des Droits de l´Homme" eingerichtet und Verdun als Friedensstadt der Welt proklamiert. Der Präsident Frankreichs, Francois Mitterand, und der Bundeskanzler Deutschlands, Helmut Kohl, haben 1984 den Grundstein zu diesem Zeichen der Versöhnung gelegt. Themen wie „Europa", „Vereinte Nationen", „Menschenrechte" und „Frieden stiften" sind medial aufgearbeitet und werden in Seminaren diskutiert und weiterentwickelt.

---

la Nation. Man folgt zunächst dem Schild „Toutes Directions" und an der Ampel dem Richtungsweiser Douaumont-Vaux, bis zu den letzten Häusern und auf der D 112 – jetzt steiler aufwärts – in den Wald von Verdun. Man gelangt zum Monument André Maginot, dem Erbauer der Festungsanlagen. Weiter geht die Radtour zum im 1. Weltkrieg umkämpften **Fort de Vaux** (Hinweisschild). Nun wieder zurück auf die Straße zum Mémorial de Verdun und zum Gedenkstein des verschwundenen Dorfes **Fleury**. Nächste Ziele sind das Beinhaus/Ossuaire, der große französische Friedhof und das **Fort Douaumont*** (Hinweisschilder). Die D 913b führt von hier oben aus den Feldern des Krieges und der Toten wieder hinab in das Tal der Maas,

---

zunächst links nach **Belleville-sur-Meuse** und auf der stärker befahrenen D 964 zurück nach **Verdun**.

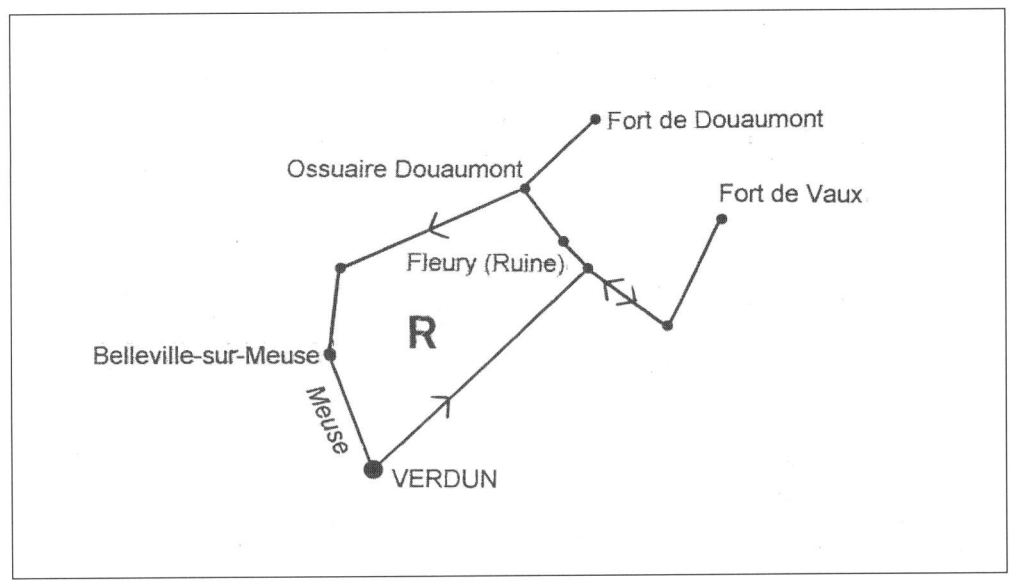

Wanderungen:

Die Argonnen eignen sich wegen der Wälder und der geringen Höhenunterschieden gut zum Wandern. Von Clermont-en-Argonne* und Varennes-en-Argonne* aus gibt es mehrere Wandervorschläge auf gekennzeichneten Wegen. Auch vom Denkmal der Côte / Höhe 304 (Endpunkt der D18 / D18a) und vom Denkmal des Mort-Homme (Endpunkt der D 38 / D 38a) kann man Wanderungen unternehmen, teilweise entlang der früheren Schützengräben. (Näheres: Wanderkarte IGN 3615 1:50 000, Plein-Air Pays d'Argonne. Diese Karte enthält auch Vorschläge für Fahrradtouren, Mountain Bike Touren und Reitwege.)

Diese Tour findet im Norden von Lothringen, nahe der luxem-
burgisch/belgischen Grenze, statt. Die alte Festungsstadt Longwy*
ist der Ausgangspunkt. Im waldreichen, lieblichen Tal des Chiers
geht die Fahrt zunächst nach Longuyon* und nach Montmédy*,
dessen Zitadelle von weitem zu sehen ist. Avioth* mit seiner einzigartigen gotischen Kirche ist Wallfahrtsziel seit Jahrhunderten.
Stenay*, Mont-devant-Sassey* und Dun-sur-Meuse* mit ihren Kirchen aus der Gotik und Renaissance, im sanften Tal der Maas gelegen, sind die westlichsten Orte der Tour. Das verträumte Bergstädtchen Marville* spielte in der Renaissance eine Rolle, die man
beim Besuch heute noch erahnen kann. Im hügeligen Land zwischen Maas und Mosel fährt man über Saint-Pierrevillers* mit seiner Wehrkirche zurück nach Longwy, wo man nicht versäumen
sollte, den Nachbarort Mont-Saint-Martin* wegen seiner auf dem
Hügel liegenden rein romanischen Martinskirche und des Aus-
blicks auf die umgebende (Industrie-) Landschaft zu besuchen. (170 km)

Strecke:
Longwy* – Cons-la-Grandville* – Montigny-sur-Chiers – Viviers-sur-Chiers –
Longuyon* (19 km)
Longuyon – Colmey – Vilette – Charency – Vezin – Vélosnes – Villécloye – Montmédy*
(23 km)
Montmédy – Fresnois – Verneuil-Petit – Thonne-la-Long – Avioth* - Thonnelle –
Thonne-les-Près – Chauvency-le-Château – Baâlon – Stenay* (31 km)
Stenay – Laneuville-sur-Meuse – Wiseppe – Villefranche – Montigny-devant-Sassey
– Mont-devant-Sassey* – Sassey-sur-Meuse – Doulcon – Dun-sur-Meuse* (21 km)
Dun-sur-Meuse – Milly-sur-Bradon – Murvaux – Louppy-sur-Loison* - Remoiville –
Jametz – Marville* (30 km)
Marville – Saint-Laurent-sur-Othain – Pillon – Châtillon-l'Abbaye – Rouvrois-sur-
Othain – Saint-Pierrevillers* (22 km)
St-Pierrevillers – Han-devant-Pierrepont – Pierrepont – Baslieux – Laix – Chenières –
Cité-d'Heumont – Rehon - Longwy (24 km) (Mont-Saint-Martin* 3km)

Verkehrsverbindungen:
AUTO: A 28, N5/E44, N18/E44, N 52, D 18, D 25, D 26, D 196, D 171a
BAHN: 25902

KARTEN: IGN 1:100 000 Nr. 11 Nancy-Metz-Luxembourg, Nr. 10 Reims-Verdun,
              IGN 1:255 000 RO1-15 Alsace-Lorraine. Michelin 1:200 000 Nr. 241 Cham-
              pagne Ardennes, Nr. 242 Alsace et Lorraine.

Informationen:

LONGWY: Office de Tourisme, Hôtel de Ville, 54400 Longwy, T 03 82 24 27 17,
              F 03 82 24 77 75
LONGUYON: Office de Tourisme, place S. Allende, 54260 Longuyon, T 03 82 39 21 21,
              F 03 82 26 44 37
MONTMÉDY: Office de Tourisme, Citadelle, 55600 Montmédy, T 03 29 80 15 90,
              F 03 29 80 05 79
STENAY: Office de Tourisme, 5, place Poincaré, 55700 Stenay, T 03 29 80 64 22
              F 03 29 80 62 59
DUN-SUR-MEUSE: Office de Tourisme, rue de la Meuse, 55110 Dun-sur-Meuse,
              T 03 29 80 90 48, F 03 29 80 81 19.

Autotour

Die Tour beginnt in **Longwy-Haut*** am zentralen Place du Colonel Darche der ehemaligen Festung. Man verlässt die Stadt auf der Rue Mercy/N 18 in Richtung Longuyon. Nach etwa 3 km biegt man von der Nationalstraße links ab auf die D 172, um hinunter in das Tal des Chiers nach Cons-la-Grandville* mit seinem Renaissance-Schloss zu fahren. Die Fahrt geht jetzt auf der D 17 im landschaftlich lieblichen, kurvenreichen Chiers-Tal weiter, zunächst nach Montigny-sur-Chiers und über Viviers-sur-Chiers zum Eisenbahnknotenpunkt **Longuyon***, das man unterhalb der ehemaligen gotischen Stiftskirche Sainte Agathe erreicht.

Von Longuyon tourt man weiter im Chiers-Tal, zunächst mit der D 29c auf der rechten Flussseite die weitausgreifenden Kurven des Chiers abschneidend, nach Colmey mit dem Château de Martigny, und weiter über Villette nach Charency und von dort über die Brücke nach Vezin auf der linken Seite des Flusses. Kurz auf die D 291 über die Départementsgrenze (Meurthe-et-Moselle – Meuse), dann gelangt man auf der D 118 nach Vélosnes, wo sich das Tal weitet, und über Villécloye nach **Montmédy***, deren Citadelle mit Oberstadt von weitem zu sehen ist und deren Besichtigung sich lohnt.

In der Festungsstadt Montmédy fährt man auf der D 981 bis zum Ortsende, dort links unter der Bahn hindurch, hinauf nach Frenois und weiter auf der D 198 durch ein Tälchen nach Verneuil-Petit. Vorbei an großräumigen Acker- und Wiesenflächen gelangt man über die Höhe nach Thonne-la-Long. Dort biegt man links ab und erreicht **Avioth*** mit seiner kostbaren Kirche, dem Heiligtum der christlichen Lothringer und Wallonen.

Von Avioth im kleinen Tal der Thonne geht es über Thonnelle kurz auf die N 43, dann nimmt man links die D 110 und erreicht Thonne-les-Près bei Montmédy. Dort mündet die Thonne in den wasserreichen Chiers. Zunächst fährt man in dessem breiten Tal auf der schnellen D 947 nach Chauvency-le-Château, dann, das Tal verlassend, über einen Höhenrücken mit großen Landwirtschaftsflächen nach Baâlon und weiter in die Bierbrauerstadt **Stenay*** im Tal der Maas.

In Stenay geht es auf der D 947 geradeaus über die Maas samt Canal de l'Est (Branche Nord) nach Laneuville-sur-Meuse, wo man links auf die D 30 einbiegt, die westlich der mäandernden Maas nach Wiseppe und Villefranche führt. Dort geht die Fahrt nach rechts hinüber zur Bergkette und nach Montigny-devant-Sassey. Im Ort links abbiegend, erreicht man entlang der Osthänge und durch Obstbaumwiesen **Mont-devant-Sassey***, wo man rechts abbiegt und zur bildschön gelegenen Kirche Notre-Dame hinauf fährt. Dort hat man eine beschauliche Aussicht über das Tal der Maas. Zurück ins Dorf und auf der kleinen Verbindungsstraße nach Sassey-sur-Meuse, von dort rechts auf der DS 13, hart zwischen Maas und Berghang, nach

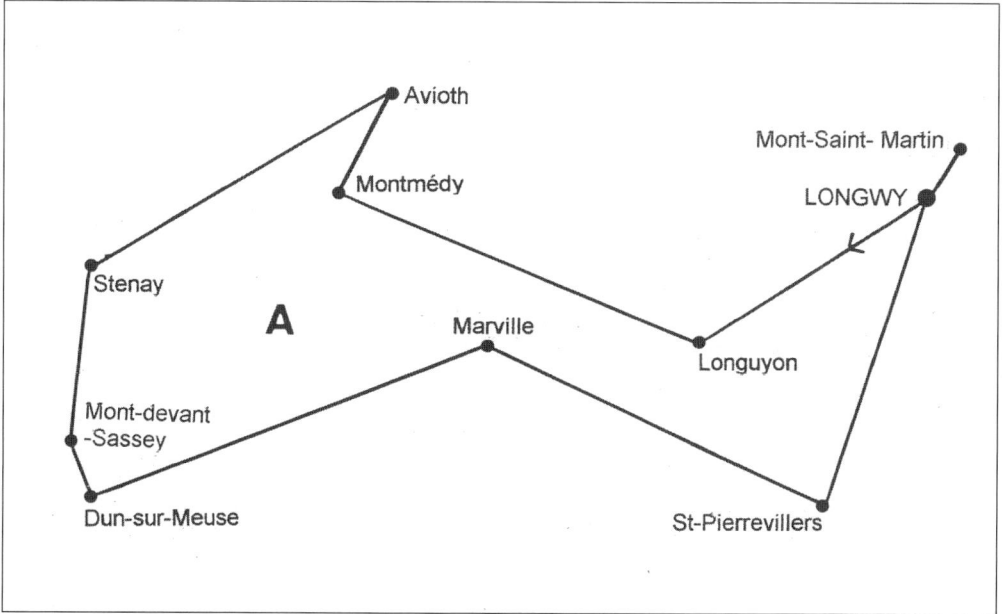

Doulcon. Jetzt geht die Fahrt links über die Brücke der Maas nach **Dun-sur-Meuse*** und hinauf zur Kirche Notre-Dame. Auch hier bietet sich ein entzückender Ausblick auf das Maastal.

Zurück, wie gekommen, und durch die Baumallee zur Bergstraße, in die man links einbiegt und bis zum östlichen Ortsrand von Dun fährt. Dort wendet man sich nach rechts über die D102c nach Milly-sur-Bradon. Von hier geht die Fahrt weiter nach Murvaux, später auf der D102a/D110 durch ein Waldstück nach Louppy-sur-Loison* mit seinem hochragenden Renaissance-Schloss. Dort biegt man nach rechts auf die D 69 ein, die nach Remoiville und Jametz im breiten Tal der Thinte führt. Vor Jametz fährt man links auf die D 905, die am Militärflugplatz vorbei zur N 43 führt. Rechts einbiegend gelangt man mit der Nationalstraße direkt nach **Marville***, rechts hinein in den Stadtkern mit den Gebäuden aus der Renaissance-Zeit und links auf den beschilderten Weg zum historisch-kulturell bedeutsamen Friedhof und Karner Saint-Hillaire.

Von Marville fährt man in südlicher Richtung auf der D 14 durch die Agrarlandschaft nach Saint-Laurent-sur-Othain bis nach Pillon, wo die D 66 erreicht wird, in die man links einbiegt. Man berührt den Weiler Châtillon-l'Abbaye, fährt über den Bach Othain und biegt danach rechts ab nach Rouvrois-sur-Othain. Im Ort führt die D 2 links nach **Saint-Pierrevillers***, dessen Wehrkirche die wenigen Häuser des Ortes schützt.

Der letzte Tourenabschnitt führt vom Ortsausgang von Pierrevillers nach links auf die D 105 und durch die typische lothringische Felderlandschaft zunächst nach Han-devant-Pierrepont, dann auf der D 125c nach Pierrepont selbst, das erhöht über dem Tal der Crusne liegt. Vor der Bahnunterführung rechts kurz auf die N 43 und vor dem Anstieg links auf die D 125 einbiegen, die durch das anmutige Tälchen nach Baslieux und weiter nach Laix führt. Dort nimmt man links die D 25 und erreicht auf der Hochfläche Chenières und den Vorort von Longwy, die Cité d'Heumont. Jetzt geht es in Serpentinen hinunter in das Tal des Chiers und nach Rehon mit seinen Eisenerzminen und Hüttenwerken und von dort talaufwärts über Longwy-Bas hinauf nach **Longwy-Haut**. (Wer nach **Mont-Saint-Martin*** möchte, fährt durch Longwy-Haut geradeaus weiter auf der D 918 – im Ort rechts abbiegend - auf den von der romanischen Martinskirche bekrönten Gipfel.)

SÉBASTIEN LE PRESTRE DE VAUBAN (1633-1707)
In Lothringen hat der französische Marschall und Festungsbaumeister Ludwigs XIV. überall seine massiven Spuren hinterlassen: die Festungsanlagen von Verdun*, Montmédy*, Longwy*, Sierck-les-Bains*, Metz*, Toul*, Marsal*, Bitche*, Sarrebourg*, Phalsbourg* - ein langer Festungsgürtel als Verteidigungssystem gegen Osten – und an weiteren 110 Orten in Frankreich und in besetzten Gebieten in Deutschland (Saarlouis, Montclair und Montroyal an Saar und Mosel, Landau in der Pfalz). „Eine reichgegliederte Sternform prägt die Grundrisse der typischen Vauban-Festungen. Keilförmig springen ihre Schanzen, Halbmonde und Kontreskarpen aus den massiven Baukörpern hervor; winkelige Bastionen sind durch Wehrgänge miteinander verbunden ..." (Uwe Anhäuser: Lothringen, Dumont-Kunstreiseführer 1998, S. 100). Ein Rundgang durch die Fortifikationen Vaubans vermittelt das Erlebnis der "besonderen" Baukunst, verbunden mit weiten Aussichten von den Wällen aus in die umgebende Landschaft.

1. Fahrradtour:

Vom Place de la République in **Stenay*** aus führt die Radtour zunächst auf der D 947 über die Maas nach **Laneuville-sur-Meuse**. Dort biegt man links ab, um im breiten Tal westlich der Maas auf der wenig befahrenen D 30 über **Wiseppe** und **Villefranche** nach Saulmory zu radeln. Vor **Sassey-sur-Meuse** biegt man rechts ab auf die Landstraße, die nach **Mont-devant-Sassey*** führt. Schon bei der Anfahrt sieht man die harmonisch in die bewaldete Hügelkette hineinkomponierte gotische Kirche Notre-

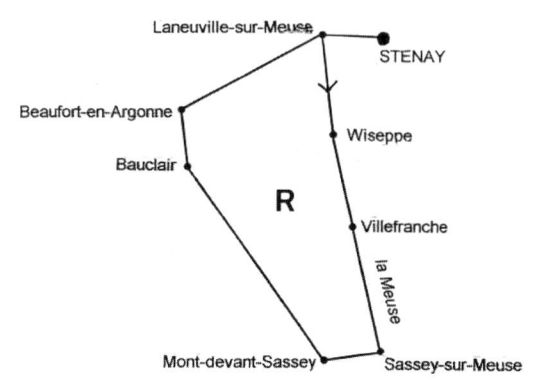

Dame. Ein letzter Kraftakt führt dann die restlichen 300 m vom Ort hinauf zur Kirche, wo man gut rasten und einen schönen Ausblick genießen kann. Nun fährt man bergab zurück zur Straße, die als D 30c entlang der Bergkette mit ihren Mirabellenhainen nach Montigny-devant-Sassey führt. Das Dorf wurde, wie so viele in dieser Gegend, im 1. Weltkrieg zerstört und dann wieder aufgebaut. Man radelt geradeaus weiter auf der leicht hügeligen Straße nach Halles-sous-les-Côtes, einem Wallfahrtsort. Dann geht die Fahrt nach **Bauclair** und - die D 947 in einem Rechts-Links-Schwenk kreuzend - nach **Beaufort-en-Argonne**. In der Ortsmitte schlägt man in östlicher Richtung die Zufahrtsstraße (D 30c) zur D 947 ein. Stärker belebt, führt die Straße durch den Wald und über einen leichten Höhenzug zum Maastal nach Laneuville und über die Maasbrücke nach Stenay zurück.

2. Fahrradtour:

Man verlässt die Festungsstadt **Montmédy*** vom Ortsmittelpunkt aus auf der D 981, am Bahnhof vorbei, und fährt dann kurz hinter dem Ortsende nach links durch den Viadukt hinauf nach **Fresnois**. Nach der Ortsdurchfahrt führt die Straße bergan und dann hinunter in ein Tälchen, in dem **Vermeuil-le-Petit** liegt. Auf der D 198 geht es dann wieder bergauf nach **Thonne-la-Long**. Vor dem Ort biegt man links ab nach **Avioth**, dem Ziel der Rad-Wallfahrt. Nach der Ruhepause fährt man dann erleichtert im Tal der Thonne abwärts nach **Thonnelle** und dort in südlicher Richtung ein kurzes Stück auf der N 43 bis zum Abzweig nach rechts auf die ruhige D 110, die

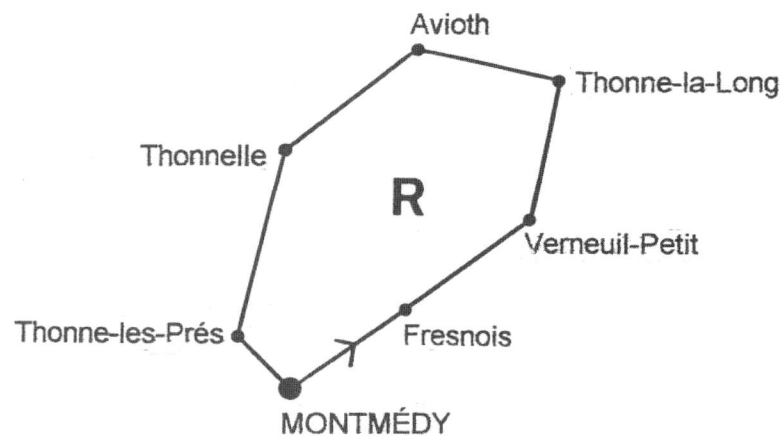

Avioth

Thonne-la-Long

Thonnelle

R

Verneuil-Petit

Thonne-les-Prés

Fresnois

MONTMÉDY

im Tal abwärts nach **Thonne-les-Près** führt. Von hier aus ist es auf der Orts-verbindungsstraße über einen Hügelzug nicht mehr weit zurück nach **Montmédy**.

„Tour-de-France-Fahrer" in Montmédy

15. REGION:
SIERCK-LES-BAINS

Bald nach dem Start in Sierck-les-Bains* ist Château de Mensberg (Meinsberg, Marlborough, Marlbrouck)* bei Manderen der Höhepunkt der Tour im Norden von Lothringen. Zur Ruine verkommen, wurde die Burg aus EU-Mitteln im Dreiländereck historisch rekonstruiert. Hier kann man Burgengeschichte und –romantik erleben. Nicht weit entfernt gibt es den Europäischen Skulpturenpark "Menhirs de l'Europe"* bei Launstroff. Die Tour führt durch ein altes Bauernland nach Hombourg-Budange*, wo noch ein ehemaliges Schloss der Grafen von Hunolstein zu sehen ist. Das geschäftige Thionville* (Diedenhofen) ist das nächste Ziel, bevor das malerische Rodemack* zum Besuch einlädt. Dann geht es wieder hinunter in das Moseltal nach Schengen* (Lux.), dem Drei-Länder-Eck und über die Mosel zurück nach Sierck-les-Bains*. (90 km)

Strecke:
Sierck-les-Bains* - Apach (Ortseingang) – Kitzing – Manderen - Stiesling – Château de Mensberg* (10 km)

Château de Mensberg* – Stiesling – Manderen – Ritzing – Launstroff (Menhirs de l'Europe*) – Gongelfang – Waldwisse – Halstroff – Hargarten – Lacroix – Monneren – Kemplich – Dalstein – Hombourg sur Canner* (33 km)

Hombourg-sur-Canner* – Kédange-sur-Canner – Metzervisse – Stuckange – Yutz – Thionville* (15 km)

Thionville – Hettrange-Grande – Soetrich – Boust – Parthe – Breistroff-la-Grande – Rodemack* (11 km)

Rodemack – Puttelange-lès-Thionville – Beyren-lès-Sierck – Gandren – Haute-Kontz – Contz-lès-Bains – Schengen(Lux)* – Apach - Sierck-les-Bains (20 km)

Verkehrsverbindungen:
AUTO: N 153, D 64, D 956, B 419, B 407
BAHN: 25901, DB 692 bis Perl.
KARTEN: IGN 1:100 000, Nr. 11 Nancy-Metz-Luxembourg, IGN 1:255 000 RO1-15 Alsace-Lorraine, IGN 1: 25 000 3411 E Sierck-les-Bains, Michelin 1:200 000, Nr. 242 Alsace et Lorraine.

Informationen:
SIERCK-LES-BAINS: Office de Tourisme, rue du Château, 57480 Sierck-les-Bains, T 03 82 83 74 14, F 03 82 83 22 10

THIONVILLE: Office de Tourisme, 16, rue du Vieux-Collège, 57100 Thionville, T 03 82 53 33 18, F 03 82 53 15 55
RODEMACK: Office de Tourisme, place de Baillis, 57570 Rodemack, T 03 82 51 25 50
CHÂTEAU DE MARLBROUCK: 57480 Manderen, T 03 82 82 42 92, F 03 82 83 72 33.

Autotour

Aus der Stadtmitte von **Sierck-les-Bains*** fährt man – zunächst auf der stärker frequentierten N 153 ansteigend – bis zum Ortsanfang von Apach, dort nach rechts auf die D 64, für kurze Zeit weiter bergan, über Kitzing am Rande des Apachbach-Tälchens nach Manderen, wo man schon von weitem die trutzige Burg sehen kann. Im Ort fährt man nach links hinunter zur Brücke über den Bach zum Ortsteil Stiesling. Am Hotel-Restaurant Au Relais du Château Mensberg steigt dann die Zufahrtsstraße zur Burg steil an (20 %).

Links liegt ein großer Parkplatz, von dem aus man auf einem Weg hinauf zur Burg wandern kann, oder man fährt weiter zum oberen, großen Parkplatz vor dem **Château de Mensberg***, wo man am Eingang zur Burg vom früheren Burgherrn bereits erwartet wird.

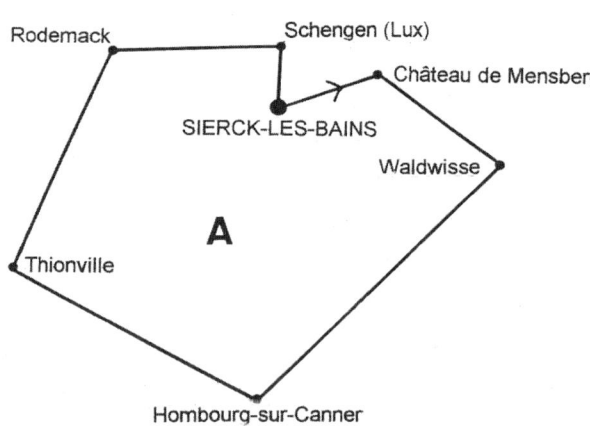

Zurück vom Château nach Manderen und dort auf die D 64, die sich in Serpentinen (Aussichtspunkt!) auf die Hochfläche schwingt und weiter nach Ritzing und Launstroff führt. Man kann einen Abstecher zu den „Menhirs de l'Europe" und zu einem ca. 2 km entfernt liegenden Parkplatz mit Informationstafel machen und dort wandern (siehe Wanderungen).

Auf der D 64 geht die Fahrt weiter über Flatten (Ortsrand) und Gongelfang nach **Waldwisse**. Dort biegt man rechts ab, bleibt für etwa 1 km auf der D 855 und nimmt dann links die D 60. Diese führt – wenig befahren – sehr abwechslungsreich bergab-bergauf durch das nordöstliche lothringische Agrar- und Waldland zunächst nach Halstroff, dann nach Hargarten, berührt Lacroix und erreicht dann Monnern (von dort eventuell Abstecher nach Veckring mit dem Museum Hackenberg-Maginot-Bunker usw.). In Monneren nimmt man links die D 60a nach Kemplich und biegt dort links auf die D 118 nach Dalstein ab, wo man dann auf die breitere D 918 trifft. Dieser folgt man nach rechts über einen bewaldeten Höhenzug nach Hombourg-Budange

---

und zum Ortsteil **Hombourg-sur-Canner***, im Angesicht des Hunolsteiner Schlosses.

Die Fahrt geht weiter nach Kédange-sur-Canner, im Tal der Canner gelegen. Die Straße D 918 führt nun aufwärts zur Hochfläche, berührt Metzerwisse, gelangt nach Stuckange, führt durch den Wald abwärts nach Yutz und erreicht auf der anderen Seite der Mosel **Thionville***.

Nach dem Stadtaufenthalt benutzt man die N 53 in nördlicher Richtung nach Hettange-Grande. Kurz hinter Soetrich schlägt man rechts die D 57 ein, die nach Boust führt. Von Ferne sieht man den Clocher d'Ussel aufragen, den Überrest einer romanischen Kirche. In gleicher Richtung weiter am Horizont ragen die vier gewaltigen Kühltürme des umstrittenen Kernkraftwerkes Cattenom auf, die auch von anderen Stellen dieses lothringischen Landes wie rauchende Vulkane in die Landschaft greifen. Auf der D 57 geht die Fahrt über Breistroff-la-Grande weiter nach dem malerischen **Rodemack***.

Von Rodemack fährt man auf der D 57 in der welligen Agrarlandschaft nach Puttelange-lès-Thionville und von dort geradeaus weiter bis zur D 1, in die man rechts abbiegt. Der nächste Ort ist Beyren-lès-Sierck. Am Ortseingang biegt man links in die Straße ein, die über einen Hügel nach Gandren führt. Dort geht die Fahrt im idyllischen Altbachtal auf der D 64a weiter nach Haute-Kontz, wo man im Moseltal auf die D 64 trifft. Links in die D 64 einbiegend gelangt man nach dem zwischen Weinbergen am Hang liegenden Contz-les-Bains.

Im Moseltal führt die D 64f landschaftlich sehr schön nach **Schengen***(Lux). Über die Brücke geht die Fahrt nach Deutschland (Perl) und zurück über Apach nach **Sierck-Les-Bains***.

DREI-LÄNDER-ECK-EUROPAS

An der Westgrenze Deutschlands gibt es vier Drei-Länder-Ecken. Eines davon findet sich bei Sierck-les-Bains* (Frankreich), Schengen* (Luxembourg) und Perl (Deutschland). Dieser „Treffpunkt Europas" fügt sich harmonisch in das Tal der Mosel ein, das von Weinbergen mit erlesenen Weinen bestimmt wird. Politisch sorgt das „Schengener Abkommen" (1985, 1990) für die weitere Annäherung Europas. Das altertümliche Sierck-les-Bains* mit seiner Festung über Altstadt und Mosel, das wieder aufgelebte Château de Mensberg / Marlbrouck*, die Menhirs de l'Europe*, eine Schiffsfahrt mit der „Princesse Marie-Astrid", eine Vélotour auf dem schönen Radweg entlang der Mosel von Thionville* aus oder eine Wanderung im Drei-Länder-Eck vermitteln Begegnungen von Mensch zu Mensch, von Land zu Land: Begegnungen mit Europa.

Fahrradtour:

MIT DEM STAHLROSS DIE BURG MENSBERG ERSTÜRMEN (24 KM)

Der erste Etappe der Radtour von Sierck-les-Bains* entlang der N 143 zum Ortseingang von Apach ist mit einem Anstieg bis hinter die Abzweigung nach Manderen

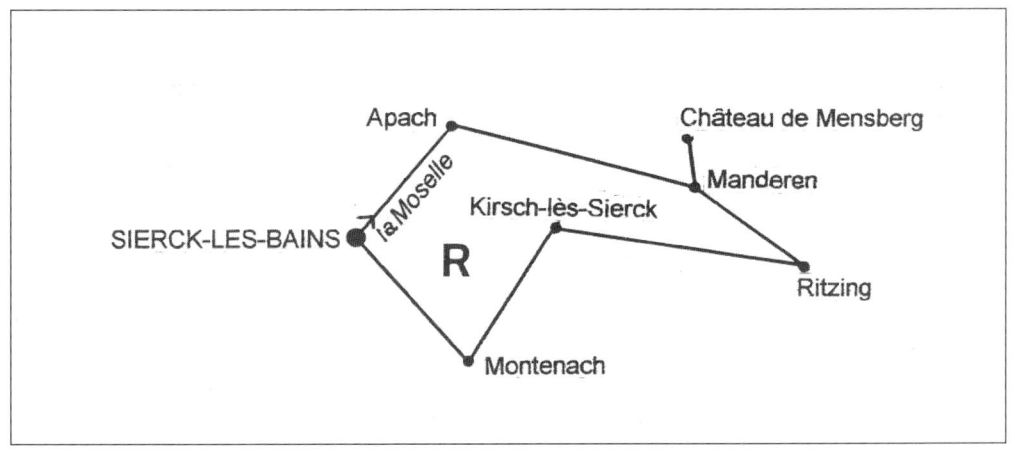

Vor dem Denkmal zum Schengener Abkommen.

verbunden, aber mit einem 18-, 21- oder 24-Gang-Rad gut zu bewältigen. Die D 64 führt in das Tal des Apachbaches und in östlicher Richtung zunächst nach Kitzing, dann nach Manderen. Von weitem kann man Burg/Schloss Mensberg liegen sehen. In Manderen links hinunter zum Bach, dann durch den Ortsteil Stiesling steil hinauf (20 %) zum Château de Mensberg*. Es ist keine Schande, wenn man auf diesem Steilstück das Rad schiebt. Oben belohnt die Aussicht, aber vor allem die Burg selbst die Mühsal (die Besichtigung kostet Eintritt, Kinder sind frei, dienstags geschlossen).

Nun in sausender Fahrt (bremsen!) wieder zurück ins Tal nach Manderen und mit der D 64 auf der anderen Seite in Serpentinen (mit Aussichtspunkt!) bergan zur Hochfläche und nach Kitzing. In der Dorfmitte biegt man rechts ab in die Rue de la Croix, die sich auf einem schönen, asphaltierten Feldweg nach Kirsch-lès-Sierck hinschlängelt. In der Mitte des Dorfes fährt man nach links, dann abwärts in ein Tälchen nach Montenach. Dort stösst man auf die D 956, der man nach rechts durch das Tal des Montenachbaches folgt, bis man unterhalb der Festung Sierck-les-Bains erreicht.

1.Wanderung:
WANDERN IM DREI-LÄNDER-ECK (CA. 15 KM)

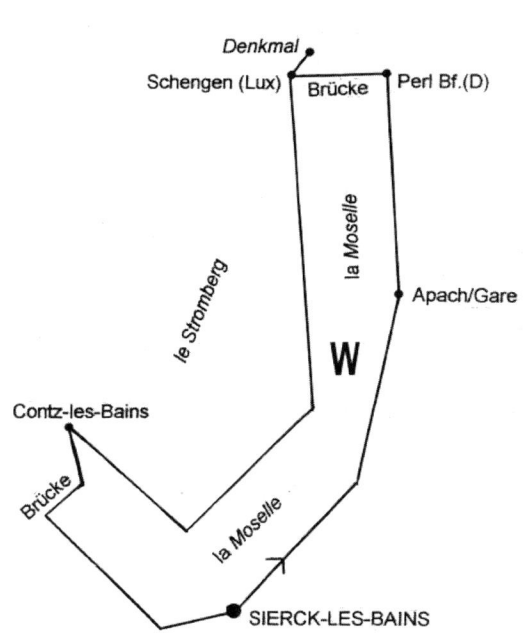

Am Moselufer vor **Sierck-les-Bains***, zwischen Mosel und Bahn, wandert man auf dem ausgewiesenen Rad- und Wanderweg moselabwärts. Am Ende der „Uferpromenade" geht es durch eine kleine Unterführung auf die andere Seite der Bahnlinie und später am Zaun des Güterbahnhofes entlang zum Bahnhof **Apach**. Weiter in Richtung Perl, dann mit einem kurzen Schwenk zu einem Gedenkstein, der auf den Ausbau des Rad- und Wanderweges hinweist. Über die Grenze läuft man nun nach Deutschland in Richtung Bahnhof **Perl** und biegt ab zur Brücke, die ihren Bogen über die Mosel nach **Schengen*** (Lux.) spannt. Am Ortseingang rechts am Moselufer ist das dreiteilige eiserne **Denkmal** zum „Schengener Abkommen" zu sehen. Im Ort nimmt man links die Straße in Richtung Bad Mondorf, dann die erste Straße links zum Europaplatz, der die drei Länder Luxemburg-Frankreich-Deutschland symbolisiert. Leicht ansteigend wandert man auf halber Höhe geradeaus durch die Schengener Elbling-Weinberge, danach durch ein kurzes Waldstück und dann durch die Weinberge auf französischer Seite nach **Contz-les-Bains*** mit schöner Aussicht auf das hier enge felsige Moseltal und auf Sierck-les-Bains samt Festung am gegenüberliegenden Moselufer. (Wer einen noch schöneren Ausblick haben möchte, kann von der Ortsmitte des hübschen Weinortes Contz aus auf einem Weg, rechts an der außerhalb liegenden Kirche vorbei, hinauf durch den Wald zum Plateau und dem Point de Vue de Stromberg wandern. Abstecher etwa 5 km.) Unterhalb von Contz-les-Bains wird die Moselbrücke überquert, und man geht auf dem Trottoir im Angesicht der Festungsanlage zurück nach **Sierck-les-Bains**.

2. Wanderung:

PARCOURS MENHIRS DE L'EUROPE (CA. 6 KM)

Im Verlauf der Grenze zwischen Lothringen und dem Saarland gibt es den Skulpturenpark „Menhirs de l´Europe"*, der aus ca. 30 Objekten aus den 80er und 90er Jahren besteht, die von namhaften, ausgewählten Steinmetzen bearbeitet wurden; das Thema war: Grenzen, Überwindung der Grenzen, Frieden. Die Steine beleben die lothringisch-saarländische Agrarlandschaft und setzen je nach Jahreszeit ihre besonderen Akzente. Es lohnt sich, eine meditative Wanderung zur Thematik und zum künstlerischen Ausdruck der „Menhire" durchzuführen. Am besten beginnt man die Wanderung in **Launstroff**, folgt dem Sträßchen nach Scheuerwald bis zur Grenze und geht dann nach rechts entlang dem Grenzweg bis zum Parkplatz, um sich auf der Informationstafel noch weitere Anregungen zur Beschäftigung mit den Skulpturen zu holen. So führt ein kurzer Abstecher weiter entlang dem Grenzweg bis zum Parkplatz in Richtung Büdingen. Zurückgekehrt zum ersten Parkplatz wandert man auf der kleinen Apfel- und Birnbaumchaussee mit vier weiteren Skulpturen wieder zum Ausgangspunkt Launstroff. (Man kann die Wanderung auch in **Scheuerwald** oder am Parkplatz beginnen)

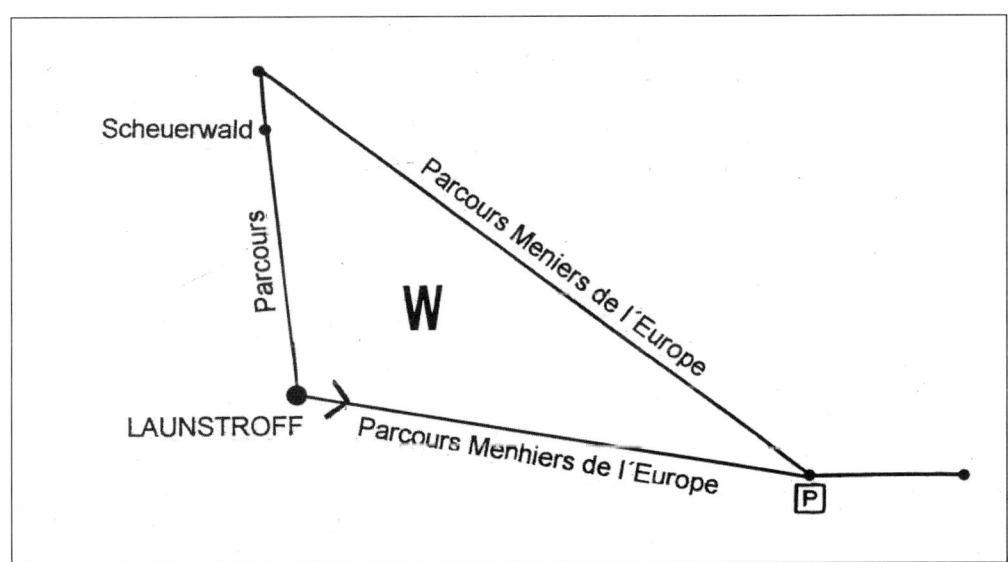

Im Osten Lothringens bietet sich von Saint-Avold* aus eine Tour an, die nach Faulquemont* und in den Fôret de Remilly führt. Dann wird das breite, kaum auffällige Tal der Nied (Nied Allemande, später vereint mit der Nied Française) angesteuert. Im Tal gelangt man nach Boullay-Moselle*, etwas abseits nach Valmunster*, einen "magischen Ort" mit einem Kirchlein aus dem 10. Jahrhundert. Bouzonville* mit seiner ehemaligen Abtei ist der Hauptort im Tal der Nied. Auf Europa-Tour wird die Grenze zu Deutschland passiert, um das Europäer-Denkmal* bei Berus zu besuchen. Nach Creutzwald ist das einst befestigte Bergstädtchen Hombourg-Haut* die letzte Station der Tour. (114 km)

Strecke:

Saint-Avold* - Valmont – Folschviller – Teting-sur-Nied – Faulquemont* (15 km)

Faulquemont – Mainvillers – Many – Arriance – Hemilly – Guinglange – Fouligny - Bionville-sur-Nied – Morlange – Bannay – Varize – Helstroff – Macker – Boullay-Moselle* (34 km)

Boullay-Moselle – Roupeldange – Eblange – Valmunster* - Velving – Téterchen – Brettnach – Alzing – Bouzonville* (22 km)

Bouzonville – Schreckling – Ittersdorf (D) – Sankt Oranna Kapelle (D) – Europäerdenkmal* (D) (16 km)

Europäerdenkmal – Berus* (D) – Bisten (D) – Überherrn (D) – Creutzwald* - Carling – Merlebach – Hombourg-Bas – Hombourg-Haut* - Moulin Neuf – Saint-Avold (27 km)

Verkehrsverbindungen:

AUTO:	A 4-E25-E50, N 3, N 33, N 56, D 20, D 22, D 910
BAHN:	F6, F7, F8, 25000, DB 682
KARTEN:	IGN 1:100 000 Nr. 11 Nancy-Metz-Luxembourg, Nr. 12 Strasbourg-Forbach, IGN 1:255 000 RO1-15 Alsace-Lorraine. Michelin 1:200 000 Nr. 242 Alsace et Lorraine.

Informationen:

SAINT-AVOLD: Office de Tourisme, Hôtel de Ville, 57500 Saint-Avold, T 03 87 91 30 19

PAYS DE NIED: Hôtel du Département, 57036 Metz, T 03 87 91 30 19

CREUTZWALD: Office de Tourisme, Mairie, 57150 Creutzwald, T 03 87 81 89 83

HOMBOURG-HAUT: Office de Tourisme, 1, rue de la Gare, 57470 Hombourg-Haut, T 03 87 90 53 53.

Autotour

Saint-Avold* verlässt man in südlicher Richtung auf der Rue du vingt Novembre und der D 22, biegt dann nach etwa 1 km ausserhalb rechts in die D 20 ein, die zunächst nach Valmont und Folschwiller und über Téting-sur-Nied gradlinig und leicht hügelig nach **Faulquemont*** (Falkenberg) verläuft.

Die Tour setzt sich auf der D 910 (Richtung Pont-à-Mousson) durch die Agrarland-

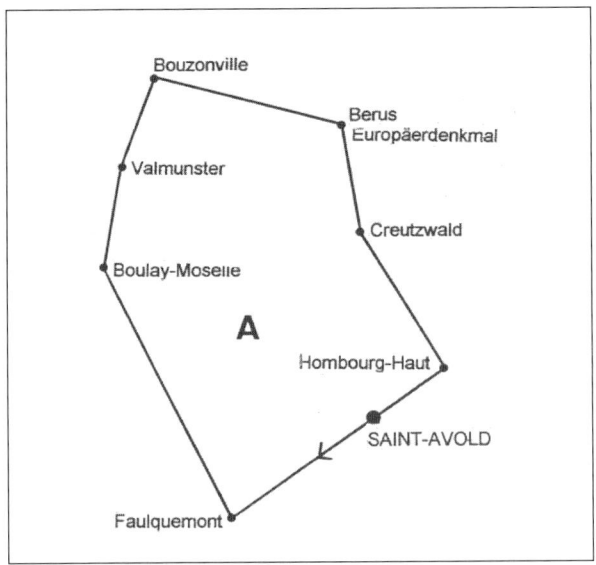

schaft Ost-Lothringens nach Main-villers fort. Kurz nach Many biegt man rechts ein auf ein Sträßchen (D 70), das zunächst durch den Viadukt der internationalen Bahnlinie Frankfurt-Saarbrücken-Metz-Paris nach Arriance führt. Dann geht es aufwärts in den Fôret de Remilly, wo man nach rechts auf die D 74 zum Forsthaus und am Waldrand entlang nach Hemilly fährt. Im nächsten Ort, in Guinglange, erreicht man das Tal der Nied-Alle-mande. Nach der Ortsdurchfahrt biegt man links ein in die D 19 nach Fouligny, Bionville-sur-Nied, Morlange, Banny und Varize, wo man mit der D 19 das Tal der Nied verlässt. Unter der A 4-E 25 hindurch fährt man nach Helstroff und Macker zu dem Mittelpunktsort des Niedtales, nach **Boullay-Moselle***. Die Ortsmitte liegt rechts der D 19.

Man kehrt am nördlichen Ortsrand von Boulay auf die D 19 zurück und fährt weiter in das kaum bemerkbare Niedtal, das bei Roupeldange erreicht wird. Nächster Ort ist Eblange. Etwa 2 km hinter Eblange biegt man auf der Höhe von Bettange aus dem Niedtal rechts ab auf die D 55 nach dem beschaulichen **Valmunster***. Dann geht es leicht auf- und absteigend auf der D 55 nach Velving und Téterchen. Dort biegt man links ab auf die D 23 und fährt über Brettnach und Alzing nach **Bouzonville***, dessen ehemalige Benediktinerabtei an der Nied liegt (Abstecher nach links in die Ortsmitte).

Von Bouzonville geht es – zunächst in kleinen Serpentinen – auf der D 918 nach Schrecking, wo kurz danach die lothringisch-saarländische Grenze passiert wird. Ittersdorf (D), an der B 405 gelegen, ist das nächste Ziel. Am östlichen Ortsende biegt man rechts ab auf die kleine Straße Richtung Berus. Zuerst kreuzt man die B 269 und fährt weiter bis zur Abzweigung nach rechts zur Sankt-Oranna-Kapelle, die idyllisch im Wald liegt. Nun nach links auf dem Sträßchen durch den Wald weiter zum **Europäerdenkmal***, wo man von der Plattform aus einen weiten Blick hinein nach Lothringen hat.

Von diesem zentralen Ort Europas geht es nach **Berus***, dann in Serpentinen abwärts in das Tal der Bist nach Bisten und nach Überherrn. Geradeaus weiter wird kurz vor **Creutzwald*** die saarländisch-lothringische Grenze wieder erreicht. Creutzwald wird auf der N 33 durchkreuzt. In Carling biegt man links ab und tourt nach Merlebach. Dort fährt man links auf die N3 und durch das Tal der Roselle zunächst nach Hombourg-Bas, dann hinauf nach **Hombourg-Haut***, das langgestreckt auf einem Bergsporn liegt. Von dort geht es wieder abwärts in das Tal der Roselle, und man kehrt auf der N 3 zurück nach Saint-Avold.

1.Fahrradtour:
FRANZÖSISCH-DEUTSCHE BEGEGNUNGSFAHRT (60 KM)

Die Route ist so ausgewählt, dass die Fahrt rechts und links der Grenze zwischen Frankreich und Deutschland in Europa verläuft. Ausgangspunkt der Radtour ist **Bouzonville***, kann aber auch in Niedaltdorf in Deutschland sein, wohin die Bahn von Dillingen im Saarland aus fährt. In Bouzonville (Busendorf) wird die D 65 (wenig Verkehr) nach **Guerstling**/Niedwelling befahren. Danach geht es über die Grenze nach **Niedaltdorf**, wo man auch die Marienglashöhlen (gipsähnliche Steine) besichtigen kann. Hier verlässt man das Tal der unteren Nied und biegt rechts in das Tal der Ihn ein, um auf ruhiger Straße nach **Ihn** zu radeln. Der nächste Ort im Tal ist **Leidingen**, wo die Grenze mitten durch den Ort verläuft. Man kann sowohl auf der französischen als auch auf der deutschen Seite zur D 918/B405 fahren, wo man links nach **Ittersdorf** auf belebter Straße vorsichtig weiterfährt. Am östlichen Ortsausgang von Ittersdorf rechts, tourt man auf ruhiger Straße durch welliges Gelände bis zur Abbiegung rechts zur **Oranna-Kapelle**, malerisch im Wald gelegen. Das Kirchlein lädt zum Besuch ein und auf dem Vorplatz zur Vesper. Nun geht die Fahrt kurz bergan zum **Europäerdenkmal***, wo man den riesigen symbolkräftigen Turm besteigt und Ausschau nach Europa hält.

Nächster Ort ist **Berus*** mit seiner alten Martinskirche. Von dort geht die Fahrt bergab in Serpentinen in das breite Tal der Bist. Kurz nach **Bisten** überquert man wieder die Grenze. Danach gelangt man nach **Merten** und radelt auf der ruhigen D 55F nach Dalem und von dort auf einem Waldsträßchen über einen niedrigen "Pass" nach **Téterchen**. Hier überquert man die D 954 und gelangt auf der Berg- und Talbahn der D 55 zuerst nach Velving und dann nach **Valmunster*** mit seiner idyllisch gelegen 1000jährigen Kirche samt mauerumzäuntem Friedhof. Nun fährt man ins Dorf, dann nach rechts in die Rue du Ruisseau und nach links in die Rue de la Fontaine.

Am letzten Haus radelt man rechts auf dem Landwirtschaftsweg über eine kleine Erhebung in das Tal der Nied mit der D 19, die wieder stärkeren Verkehr aufzuweisen hat. Man folgt ihr nach rechts nach **Holling** und fährt dann geradeaus auf der

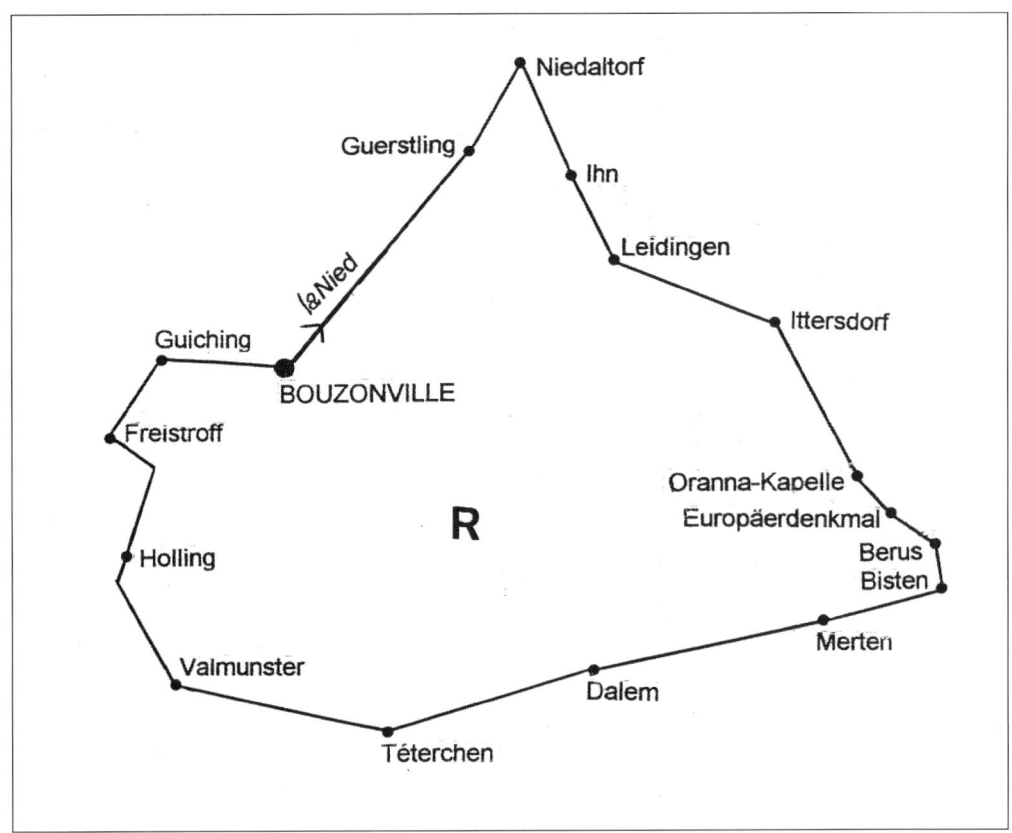

D 3 bis zur Abzweigung links nach **Freistroff** (mit einem Schloss) und über Diding und **Guiching** zur D 918, die nach **Bouzonville** zurückführt, wo man sich von den Strapazen der anstrengenden, aber abwechslungsreichen Radtour erholen kann.

Tipp: Weitere Radtouren- und Wandervorschläge in der Gegend von Saint-Avold gibt es im Loseblatt-Päckchen im Office de Tourisme in Saint-Avold.

2. Fahrradtour:

RANDONÉES CYCLO DU BISCHWALD, LELLING (30 KM)

Südlich von Saint-Avold liegt das Dorf Lelling. Dort wird alljährlich am 1. Sonntag im September das Volksradfahren Randonées Cyclo de Bischwald ausgetragen. Es führt über ruhige Landstraße in beschaulicher Landschaft zunächst in westlicher Richtung auf der D 24 nach Hémering und geradeaus weiter nach Guessling. Dort biegt man links in die D 78 ein, um über eine bewaldete Anhöhe nach Viller, Benning nach Harprich zu radeln. In Harprich schlägt man links die D 76 ein, die nach Bérig-Vintrange führt. Am Ortsende biegt man vor dem letzten Haus links in einen asphaltierten Feldweg ein, der sich durch die Niederungen des Bischwald-Sees schlängelt. Hinter Bistroff erreicht man die D 79, die links zum Bischwald-See mit seinen vielen Wasservögeln führt. Geradewegs geht die Fahrt nach Hémering und dort nach rechts

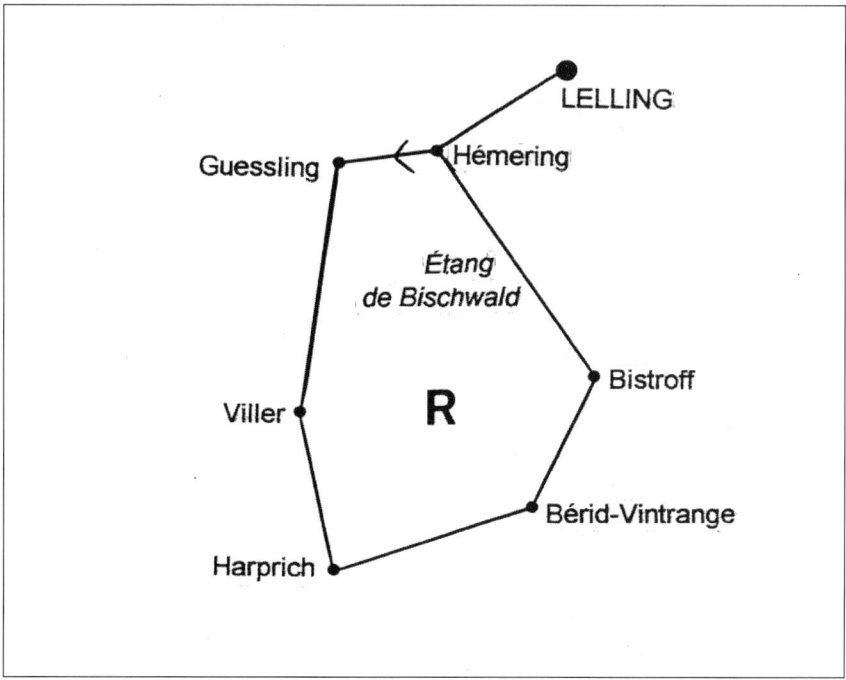

auf der D 24 zurück nach Lelling. (Der Cylo-Club bietet weitere Touren über 50, 80 und 110 km an. Anschrift: Jean-Paul Schmitt, 8 rue de Bonneuil, 57660 Lelling, T 03 87 90 96 87.)

Wanderungen:

Im Forêt de Remilly kann man auf den in Rechtecken angelegten Waldwirtschafts- und Wanderwegen gut wandern. Ausgangspunkt ist das Maison du Hêtre au Loup an der D 74 zwischen Arriance und Hemilly. (Anfahrt über Saint-Avold und Faulquemont)

Eine Fahrradwoche in Lothringen

Eine Fahrradtour ist immer ein Erlebnis. Man lernt dabei Land und Leute besser kennen als auf einer Autofahrt. Bewegung – körperliche wie geistige – hält dabei fit und sorgt für gute Laune. So auch bei einer Radtour in Lothringen. Diese Tour wur-

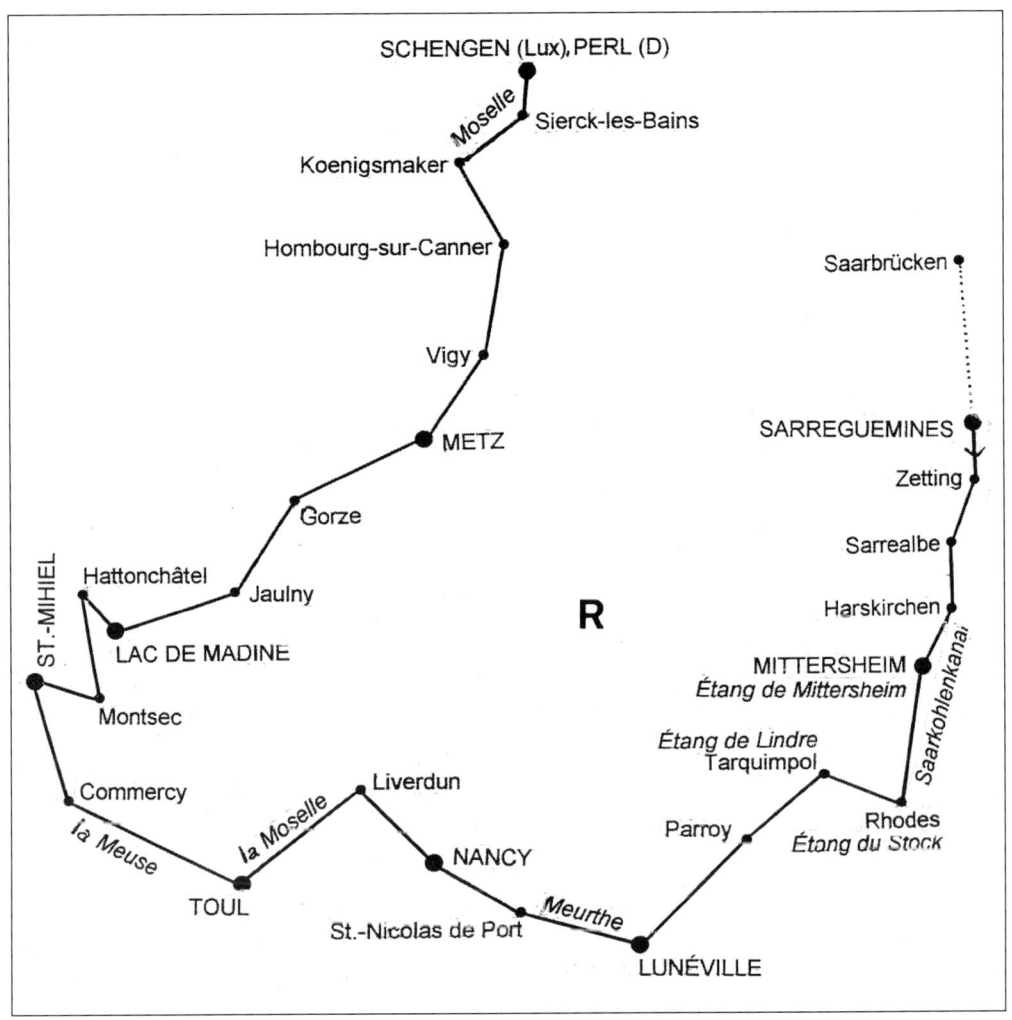

de im Herbst 1999 durchgeführt, und zwar mit einer Gruppe von sechs Radtouristen und auf ausgewählten Wegen, die nicht zu viel Kraft und Ausdauer verlangen, zumeist in Flusstälern (Saar, Mosel, Maas) und entlang von Kanälen (Canal des Houillères de la Sarre = Saar-Kohlenkanal*; Canal de la Marne au Rhin = Rhein-Marne-Kanal*) und im Gebiet der Lothringischen Seenplatte und der Woëvre-Ebene,

im Parc Naturel Régional de Lorraine*. Aber auch die Kultur am Wege und die großen und kleinen Städte Lunéville*, Saint-Nicolas-de-Port*, Nancy*, Liverdun*, Toul*,
Commercy*, Saint-Mihiel* und Metz* verdienen das Interesse der Radwanderer. (ca.
390 km)

Karten:
IGN 1: 100 000 Nr. 12 Strasbourg-Forbach, Nr. 11 Nancy-Metz-Luxembourg, Nr. 23
Nancy-Bar-le-Duc, 1: 255 000 RO1-15 Alsace-Lorraine.

Informationen, Übernachtungen:
Tourist-Informationen vgl. Touren Regionen Nr. 5 Sarreguemines, Nr. 6 Sarrebourg,
Nr. 4 Lunéville, Nr. 3 Nancy, Nr. 2 Toul, Nr. 12 Saint-Mihiel, Nr. 1 Metz, Nr. 15 Sierck-
les-Bains.

1. Etappe:
(Saarbrücken) Sarreguemines – entlang dem Canal des Houillères de la Sarre/ Saar-Kohlenkanal – Mittersheim (ca. 48 km)
(Die Radtour kann man bereits in Saarbrücken auf dem rechten Ufer der Saar /
des Saarkanals beginnen und nach Saargemünd fahren, ca. 18 km).

In **Sarreguemines*** (Saargemünd), wo die Blies in die Saar mündet, beginnt die
Radtour am rechten Ufer der Saar (Stadtseite) gegenüber dem attraktiven und mit
Kacheln bebilderten Casino der Saargemündener Porzellanmanufaktur. Auf dem Rad-
und Fußweg fährt man saaraufwärts, unter der Hochstraße hindurch, um dann über
die alte Straßenbrücke auf das andere Ufer zu wechseln. Dort führt der Treidelpfad,
auf dem man gut fahren kann, entlang dem **Canal des Houillères de la Sarre/
Saar-Kohlenkanal***. Jedoch gilt es zu beachten, dass man hier wegen der unmittel-
baren Nachbarschaft des Kanals auf eigene Gefahr fährt.

In **Zetting*** lohnt es sich, einen Abstecher über die Brücke und in den Ort zu
unternehmen, um die alte romanisch-gotische Kirche oberhalb des Dorfes mit ihren
seltenen Fenstern zu besuchen und einen Blick von oben in das weitgeschwungene
Saartal zu werfen. Die Radtour geht weiter am Kanal entlang. Der Freizeit-Boots-
verkehr auf dem Kanal und die vielen kleinen Schleusen beleben das Bild der ruhigen Landschaft. Bemerkenswert ist, dass das Elsass mit dem Département Bas-Rhin
etwa 15 km lang Anteil am Kanal hat (in der Gegend von Herbitzheim und später bei
Harskirchen). Nach Sarrealbe erreicht man schließlich **Mittersheim*** mit seinem
Kanalhafen, wo die Schiffe anlegen. Hier gibt es zwei Hotels zum Übernachten.

2. Etappe:
Mittersheim – Canal des Houillères de la Sarre/Saar-Kohlenkanal - Rhodes (Étang du Stock) – Tarquimpol (Étang de Lindre, Lindenweiher) – Parroy – Lunéville (ca. 72 km)
An der Brücke und Schleuse (Écluse 14) von **Mittersheim*** fährt man den Kanal
entlang in südlicher Richtung, höher als der links daneben liegende langgestreckte

Étang de Mittersheim (Lac Vert). Beim Bau sind die Kanaldämme aufgeschüttet und neuerdings die Kronen frisch asphaltiert worden. Im Auenwald des Forêt Domaniale de Fénétrange geht die Fahrt unter der Eisenbahnbrücke hindurch bis zur zweiten Straßenquerung, kurz hinter Écluse 2. Nun verlässt man den Kanal und radelt über die Brücke der D 27 in Richtung Bisping, Dieuze, biegt dann aber gleich nach der Ferme Albeschaux mit ihrem alten Kapellchen links ab auf die Straße D 95, die nach **Rhodes** am Sportsee Étang du Stock (Stockweiher) im Parc Naturel Régional de Lorraine* (Est) führt. Von hier aus geht die Reise weiter auf der D 95 nach Fribourg und im leicht hügeligen, ruhigen Bauernland nach Desseling. Von dort folgt man der D 93 nach Assenoncourt, vorbei am privaten Schloss Alteville. Kurz dahinter biegt man rechts ab nach **Tarquimpol*** am naturbelassenen Étang de Lindre (Linden-weiher). Wieder zurück auf der Hauptstraße, fährt man in leichtem Auf und Ab zur D 999 nach Gélucourt, wo man in der Ortsmitte auf die D 22k nach Guéblange-lès-Dieuze abbiegt. Dort wendet man sich nach links und tourt auf der D 22 - leicht ansteigend - nach Donnelay und weiter, die stark befahrene D 955 querend (Vorsicht!), nach Ley. Mit Schwung radelt man nach Moncourt hinauf, nimmt dort die D 23f nach Coincourt und fährt dann auf der D 23e nach **Parroy.** Die Ortschaften tragen in der warmen Jahreszeit reichen Blumenschmuck.

Von Parroy rollt das Vélo hinunter in das Tal des Sanon, kombiniert mit dem fischreichen Canal de la Marne au Rhin* (Rhein-Marne-Kanal). Im Tal erreicht man den Étang de Parroy, der für gleichmäßigen Wasserstand im Kanal sorgt. Westwärts im

Hier treffen sich der Saar-Kohlen-Kanal und der Rhein-Marne Kanal.

Tal geht die Fahrt auf der D 2 nach links über die Brücke nach Hénaménil. Von dort schwingt sich die ruhige D 108 – wieder leicht aufwärts - nach Croin und Sionviller, um dann über eine kleine Anhöhe hinunter nach Jolivet im Tal der Vezouze zu führen. Rechts abbiegend erreicht man kurz danach einen gut ausgebauten Radweg in der Avenue Georges de la Tour von **Lunéville***. Nach links durch die Rue de la Résistance gelangt man zur Place des Carmes. Hinter dem grünen Fahrradwegkreisel quert man die schmucke Brücke über die Vezouze, fährt geradeaus durch die Rue Chanzy und über die Brücke des Schlosskanals und gelangt zum berühmten Schloss und Schlosspark von Lunéville*.

3. Etappe:
Lunéville – Saint-Nicolas de Port – Bosserville – Nancy (ca. 35 km)

Lunéville*, die „Stadt des Mondes", zwischen Vezouze und Meurthe gelegen, verlässt man über die Rue Sainte Anne und die Avenue de Gerbéviller auf der D 914 in Richtung N 333, die unterfahren wird. Kurz nach Rehainviller biegt man rechts ab auf die ruhigere Straße, die nach Mont-sur-Meurthe und als D 1 zum Eisenbahnknotenpunkt Blainville und nach Damelevières zieht. Im breiten Tal der Meurthe geht die Fahrt weiter auf der D 1 nach Rosières-aux-Salines, wo man in die erste Zufahrtsstraße zur Ortsmitte einbiegt. Man fährt die Straße geradeaus durch, bis sie vor dem Berghang rechts abbiegt. Man folgt der Straße durch den Ort und gelangt nun auf dem fast autofreienSträßchen – unter der A 33 und der Bahn hindurch – nach **Saint-Nicolas-de-Port***, das man mit der Meurthe bei der Brücke erreicht. In den alten Stadtkern gelangt man am besten, indem man das Rad gegen die Einbahnstraßenrichtung schiebt. In der Rue Anatole France findet man die Touristik-Information und die kathedralartige Wallfahrtsbasilika Saint-Nicolas, die schon von weitem das Stadtbild beherrscht.

Zurück fährt man die Rue Anatole France hinunter und über drei Brücken und gelangt zum Vorort Varangéville. Dort biegt man links ab und radelt am Kanal entlang auf der D 2 – leicht ansteigend – nach Art-sur-Meurthe und wieder hinab zur Chartreuse de **Bosserville***, jener berühmten Kartause der Mönche des Heiligen Bruno mit ihren Häuschen und Gärtchen, heute ein Studienkolleg. Auf der Weiterfahrt geht es – später auf einem Radweg – geradeaus hinein nach **Nancy*** bis zur Rue Bazin. Dort biegt man nach links ab und fährt immer geradeaus auf dem schmalen Radweg zum Herzstück der Stadt, der Place Stanislas, einem Kulturdenkmal, das in den Rang eines Weltkulturerbes erhoben worden ist.

4. Etappe:
Nancy – Pompey – Liverdun – Toul (ca. 35 km)

Von der Place Stanislas aus fährt man durch den Triumphbogen an der Nordseite über die Place de Carrière zum Regierungspalast, dann nach links zur Place Saint-Epvre, an dem die neugotische Kirche steht. Links biegt man in die Grande Rue ein, wo das Palais Ducal, das Schloss der Herzöge von Lothringen (heute Historisches Museum) zu besichtigen ist. Der Besuch lohnt sich, zumal hier die Geschichte Lothringens gut dargestellt wird und auch Originalgemälde von Georges de la Tour aus-

---

gestellt sind. Vorbei an einer Reihe von Gebäuden aus der Zeit des Jugendstils gelangt man zur Porte de la Craffe. Hinter dem beeindruckenden Doppeltor der ehemaligen Stadtbefestigung fährt man nach links durch die Rue de la Craffe zur Place de Luxembourg und dort nach rechts in die Rue de Metz, die verkehrsreich zu den Vororten Maxéville, Champigneulles und Frouard (N 57) führt. Leider gibt es hier keinen abgetrennten Radweg. Erst nach der Moselüberquerung entspannt sich der Verkehr, wenn man in **Pompey** links die weniger befahrene Straße im Moseltal einschlägt, um nach Liverdun-Bas zu gelangen. Dort fährt oder schiebt man das Rad rechts hinauf in die Oberstadt von **Liverdun*** und trifft dort auf ein altes Stadttor, Laubengängen auf dem Marktplatz und der frühgotischen Kirche Saint-Euchaire. Die Aussicht in das Moseltal, den schon die Bischöfe von Toul von ihrer Residenz hier oben genossen haben, lässt alle Anstrengungen der Auffahrt vergessen.

Nun fährt man wieder bergab in das Moseltal. Dort gibt es einen ausgewiesenen Radwanderweg (weiß-braunes Schild), den „Itinéraire cyclotouristique de la Boucle de la Moselle" entlang der schmalen Uferstraße. Man fährt über die nächste Moselbrücke, dann – dem Schild folgend – im Verlauf der Mosel und der Bahnlinie nach Aingeray und (1999) über einen kleinen Höhenzug auf der D 90 nach Fontenoy-sur-Moselle (inzwischen dürfte der Radweg am Moselufer fertig sein, so dass man die Höhe auslassen kann). Nach Gondreville radelt man bequem und weitab vom Verkehr auf dem Moseldamm bis zur Brücke, die im Angesicht der hochragenden Kathedrale hinein in das mittelalterlich-renaissancezeitliche **Toul*** geleitet.

Angler am Rhein-Marne-Kanal

5. Etappe:
Toul – Canal de la Marne au Rhin – Tal der Maas – Commercy – Saint-Mihiel (ca. 55 km)

Nach der Besichtigung der Stadt, der Kathedrale St-Étienne und der Stiftskirche St-Gengoult mit ihren außergewöhnlichen Kreuzgängen fährt man in der Rue Vauban zur Porte de France und durch die Avenue Victor Hugo zum Port de France (Bootshafen), wo man auf den Treidelpfad links des **Canal de la Marne au Rhin*** trifft. Auf diesem Weg erlebt man eine der angenehmsten Fahrtstrecken der Radtour. Beim kleinen Hafen vor dem Kanaltunnel muss man nach links und dann nach rechts über den Kanal nach Foug fahren. Im Ortskern biegt man rechts ab und gelangt – ansteigend – zur D 400, die über eine kleine Anhöhe (Wasserscheide zwischen Mosel- und Maastal) in das Tal der **Maas*** nach Lay-St-Rémy und weiter (parallel zur N 4) nach Pagney-sur-Meuse führt. Nach der Brücke über die Maas biegt man gleich rechts ab und radelt auf der ruhigen Straße nach **Troussey***, einem typischen lothringischen Straßendorf mit einer bemerkenswerten romanisch-gotischen Wehrkirche. Nach etwa zwei Kilometern auf der D 36 staunt man, dass der Kanal (Canal de la Marne au Rhin) über eine Brücke fließt. Geradeaus weiter stößt man auf den Canal de l'Est (Branche Nord), den man gleich zweimal bei der Bahnlinie überquert (der Kanal ist die Fortsetzung des Canal de la Marne au Rhin nach Norden. Der Rhein-Marne-Kanal fließt nach Südwesten). Jetzt geht die Fahrt nach **Vertuzey**. Dort biegt man links ab und tourt entlang dem Canal de l'Est nach Euville, um schließlich an der Brücke vor **Commercy*** anzukommen. Über die Brücke gelangt man in das Zentrum des Städtchens mit dem Schloss von Stanislaus, dem heutigen Hôtel de Ville.

In Commercy fährt man nun rechts vom Schloss zum Bahnhof und dort zum Gewerbegebiet, nimmt rechts in der breiten Talebene die Brücken über den Kanal und die Maas und biegt auf der anderen Seite in die D 8 ein, auf der man nach Boncourt fährt: Dort biegt man links in die D 130 ein, auf der man nach Pont-sur-Meuse und weiter auf der D 12 nach Mécrin gelangt. Dort angekommen, fährt man links am Friedhof vorbei zur Höhe und auf einem asphaltierten Landwirtschaftsweg nach Brasseitte, einem Ort, der im Blumenschmuck nur so prangt. In der Ortsmitte radelt man nach links über die behäbig dahinfließende Maas und in einem Linksbogen zur D 964. Auf der leider stark befahrenen Straße muss man bald in einer Serpentine einen kleinen Höhenzug überwinden, um dann genüsslich im Anblick der ehemaligen Benediktinerabtei hinunter nach **Saint Mihiel*** zu fahren.

6. Etappe:
Saint Mihiel – Côtes de Meuse – Montsec – Hattonchâtel – Lac de Madine (ca. 40 km)

Saint Mihiel* und damit auch das Tal der Maas verlässt man bei der Place de Ligier Richier auf der Allee- und Waldstraße D 119 in einem reizenden Tälchen, um dann über die Höhe der **Côtes de Meuse*** (Aussicht!) hinunter nach Woinville an der (ehemaligen) Weinstraße zu fahren. Durch das verträumte Dörfchen tourt man geradeaus weiter nach **Montsec*** und dort rechts hinauf durch die Mirabellenhaine, später durch Nadelwald, auf einer breiten Straße mit ca. 5% Steigung zur Butte de Montsec*, einem Zeugenberg, der sich markant aus der Woëvre-Ebene hervorhebt. Der Berg ist bekrönt von einem rundtempelartigen Kriegerdenkmal für die im Ersten und Zweiten Weltkrieg in dieser Gegend gefallenen amerikanischen Soldaten. Hier oben hat man einen weiten Panoramablick auf den Lac de Madine und die Côtes de Meuse.

Dann fährt man wieder, wie gekommen, hinunter nach Montsec, um dann zunächst wieder auf der D 119 nach links bis zur Abzweigung nach Buxerulles zu touren. Dort angekommen, biegt man nach rechts in die D 908 ein, die entlang der Côtes de Meuse mit ihren wenigen noch vorhandenen Weinbergen, aber vielen Mirabellenbäumen, zunächst nach Buxières-sous-les-Côtes und dann nach Heudicourt-sous-les-Côtes in der Nähe des Lac de Madine führt. Schnurgerade radelt man auf der D 908 nach Vigneulles-lès-Hattonchâtel. Von weitem schon sieht man das Bergstädtchen **Hattonchâtel***, zu dem man in Serpentinen aufwärts strebt. Der Rundgang durch den Ort hinterlässt fast toskanische Impressionen. Die Abfahrt führt über Hattonville wieder nach Vigneulles und auf der D 179 zum **Lac de Madine*** im Parc Naturel Régional de Lorraine, dem Etappenziel. – Übernachtungsmöglichkeiten gibt es in Heudicourt oder Logis im Bereich des Strandbades in Nonsard.

7. Etappe:
Lac de Madine – Thiaucourt-Regniéville – Jaulny – Vallée du Rupt de Mad – Waville – Gorze – Ars-sur-Moselle – Metz (ca. 45 km)

Vom **Lac de Madine** fährt man auf der D 133 / D 48 nach Pannes. Im Ort geht es erst rechts, dann links in Richtung Euvezin. Vor diesem Ort trifft man auf die D 28, auf die man links abbiegt. Bald nähert man sich Boullionville, idyllisch gelegen im Vallée du Rupt de Mad. Im Tal geht es weiter nach **Thiaucourt-Regniéville**. Zum westlichen Ortsende hin und danach rechts auf der D 28 steigt die Straße an; sodann geht es wieder hinunter ins Tal der Mad und man erreicht den Ort und das in beherrschender Lage aufragende Schloss **Jaulny***. Nun geht die Fahrt im Tal weiter zügig voran nach Rembercourt-sur-Mad und im Bereich des Eisenbahnknotenpunktes nach **Waville***, das man durch die Bahnunterführung links erreicht. Zwei Kilometer lang geht es mäßig aufwärts, zunächst auf der D 28, dann auf der D 12a – an der Kreuzung geradeaus - durch den Wald zur Ermitage St-Thiébault. Dann rollt man hinab nach **Gorze*** mit den Resten der ehemals berühmten Reformabtei der Benediktiner aus der Zeit der Merowinger und Karolinger.

Saint-Mihiel, Chor der Abteikirche

In Gorze fährt man links auf die D 6b, die in steilerem Anstieg durch den Wald zur Hohe führt, und dann hinunter in das Tal der Mosel, wo man in Ancy-sur-Moselle ankommt. Der Weg führt im Tal zu den beachtlichen Überresten eines römischen Aquäduktes, dann auf der stärker befahrenen D 6 über **Ars-sur-Moselle** nach Moulins-lès-Metz. Auf dem Radweg neben der N 3 fährt man nun über Longeville-lès-Metz in den Metzer Vorort Devant-les-Ponts und gelangt rechts über die Brücken von Bahn, Autobahn und Mosel in die lothringische Metropole **Metz**[*].

8. Etappe:
Metz – Vigy – Hombourg-sur-Canner – Koenigsmacker – Moselradweg – Contz-les-Bains – Sierck-les-Bains – Apach – Schengen (Lux.) – Perl (D) (ca. 52 km)

Aus der City von **Metz** fährt man zunächst zum Vorort Saint-Julien-lès-Metz. Die D 2 windet sich aufwärts durch den Ort und führt dann wieder gradlinig abwärts bis zur Abbiegung nach Antilly. Hinter dem Ort verlässt man die Hauptstraße und fährt nach rechts auf die D 52 nach Vigy. Am Ortseingang rechts steht am Bahnhof die Museumsbahn. In der Ortsmitte wendet man sich nach rechts und fährt dann links weiter auf der D 52, die hinunter in das idyllische Tälchen der Canner nach Saint-Hubert führt. (Am Ortsende ist ein Abstecher zu der ehemaligen Zisterzienser-Abtei Villers-Bettnach zu empfehlen, wo in abgeschiedener Waldeinsamkeit noch die Reste der Klostergebäude zu sehen sind). Zurück im Canner-Tal fährt man vor der Brücke nach rechts talabwärts auf einem geschotterten Landwirtschaftsweg zur Ferme Neudelange und weiter nach Budange und **Hombourg-sur-Canner**[*]. Über einem See sieht man das Schloss derer von Kriechingen und Hunolstein liegen.

Weiter talabwärts kommt man nach Kédange-sur-Canner und gelangt auf der D 2 über Buding und Elzang im breiten Tal der Canner nach **Koenigsmacker**. Dort geht es auf der verkehrsreichen N 153 etwa 200 m nach links, danach rechts in Richtung Cattenom, und dann fährt man zur Mosel und zum angenehmen Mosel-Rad-wanderweg „**Chemin Vélo de la Moselle**". Der Radweg führt – gut ausgeschildert – zunächst auf der rechten Moselseite bis Malling und wechselt dort über die Brücke auf die andere Moselseite. Am linken Ufer erreicht man Berg-sur-Moselle, danach **Contz-les-Bains**[*]. Hier wird wieder die Mosel überquert, und im Angesicht der Festung fährt man hinein in das altertümliche Städtchen **Sierck-les-Bains**[*]

Am Ufer der Mosel vor Sierck-les-Bains und der Bahn folgend gelangt man zum Güterbahnhof von **Apach**, wo man das französische Lothringen verlässt, um auf dem ausgewiesenen Radweg an die Ortsgrenze von Perl (D) zu fahren. Über die Brücke geht es hinüber nach **Schengen**[*] (Luxembourg), wo man am Moselufer das Erinnerungsdenkmal zum „Schengener Europaabkommen" (1985) aufragen sieht. Hier ist man nun im Drei-Länder-Eck in der Mitte von Europa angekommen. (Weiterfahrt auf dem Moselradweg von **Perl** über Trier nach Koblenz oder mit der Bahn von Perl nach Trier)

Kleine Lothringenkunde I:

Überblick über die Geschichte

KELTENZEIT: An Mosel, Meurthe und Maas siedeln die keltischen (gallischen) Mediomatriker und Leuker mit den Hauptorten Dividorum (Metz), Tullum (Toul) und Verodunum (Verdun). Eine von den Archäologen ausgegrabene Siedlung, das Camp Celtique de la Bure, befindet sich im Gebirge nördlich von Saint-Dié.

RÖMERZEIT: Die Römer unter Caesar unterwerfen die Gallier und bauen ihre Siedlungen auf römische Art aus (Metz-Mediomatricum, Mettis; Toul-Tullum Leucorum; Verdun-Civitas Verodunensum; Deneuvre-Donnabriga; Sarrebourg-Vicus Saravus, Bliesbruck / Reinheim) und legen Legionskastelle (Grand) und Bäder (Plombières) an.

400-500 N. CH.: Völkerwanderungszeit. Germanische Stämme (Burgunder, Alemannen) durchziehen die Gebiete des späteren Lothringen.

500-800: Etablierung des Merowingerreiches / Frankenreiches durch Clodwig I, der Christ wird (Taufe durch Bischof Remigius in Reims) und dadurch das christliche Zeitalter beginnt. Erweiterungen des Reiches durch Pippin und Karl dem Großen. Bischofssitze in Metz, Toul und Verdun.

843: Vertrag von Verdun: Die Enkel Karls des Großen und Söhne Ludwig des Frommen teilen das große Frankenreich der Karolinger in drei Reiche: das Ostreich für Ludwig den Deutschen, das Westreich für Karl en Kahlen und das Mittelreich, das von der Nordsee bis in die Nähe von Rom reicht, für Lothar I., den ältesten Sohn Ludwigs des Frommen.

855: Lothar II. erbt von Lothar I. das Gebiet des Mittelreiches, das sich von Friesland bis zum Jura erstreckte. Es wurde in der Folgezeit „Lotharingien" genannt.

870: Vertrag von Meerssen. Lotharingien-Lothringen wird bis auf ein kleineres Gebiet zwischen dem Westreich und dem Ostreich aufgeteilt.

925: Lothringen wird Stammesherzogtum (gefestigt 1048 durch Gérard d'Alsace).

9.-12. JH.: Es entstehen Sonderterritorien der Grafen von Bar, Vaudémont, Luxembourg, Saarbrücken, Saarwerden, Dagsburg / Dabo, Sierck und Salm. – Gründung von Abteien in Gorze, Metz, Saint-Mihiel, Saint-Avold, Saint-Dié, Pont-à-Mousson, Lachalade, Étival, Senones, Moyenmoutier, Remiremont, sowie zahlreiche Priorate und Stifte.

12.- 18. JH.: Lothringen (Niederlothringen, Oberlothringen) hat Besitz in der Eifel, im Hunsrück, in der Pfalz und in Rheinhessen.

1339-1453: Hundertjähriger Krieg zwischen England und Frankreich belastet auch Lothringen.

1420: René I. von Anjou (Frankreich) erhält das Herzogtum Bar.

1429:	Jeanne d'Arc aus Domrémy besiegt die Engländer bei Orléans und führt den Dauphin (später Karl VII.) zur Krönung nach Reims.
1431:	Das Geschlecht der Herzöge von Lothringen stirbt im Mannesstamme aus und fällt an Frankreich. René I. von Bar heiratet die lothringische Erbprinzessin. René wird auch König von Neapel.
1475:	Herzog Karl der Kühne von Burgund erobert Lothringen.
1477:	Herzog René II. besiegt die Burgunder in der Schlacht von Nancy. Karl der Kühne fällt in der Schlacht.
1552:	Verdun, Toul und Metz werden vom französischen König Heinrich II. besetzt, bleiben aber selbstständige Bischofssitze.
1618-1648:	30jähriger Krieg. Lothringen (Herzog Karl IV.) verbündet sich mit Österreich gegen Frankreich. Kardinal Richelieu lässt das Herzogtum besetzen und zahlreiche Städte und Burgen zerstören.
1633-1637:	Pestepedemien auch in Lothringen.
1680-1708:	Unter Vauban, Baumeister König Ludwigs XIV., werden zahlreiche Festungen angelegt (Verdun, Metz, Montmédy, Stenay, Longwy, Sierck, Toul, Marsal, Bitche, Phalsbourg) und im 19. Jh. weiter ausgebaut.
1697:	Frieden von Rijswijk. Herzog Leopold regiert Lothringen, wird aber vom französischen König dominiert.
18. Jʜ.:	Beginn der Industrialisierung im nördlichen Lothringen; zum Beispiel Eisenindustrien in Thionville und Glasindustrien in Baccarat, Saint-Louis und Meisenthal.
1701-1713:	Im spanischen Erbfolgekrieg wird auch Lothringen heimgesucht (Heerführer Herzog von Marlborough Churchill).
1736:	Franz Stephan, Sohn von Herzog Leopold, heiratet Maria Theresia von Österreich.
1738-1766:	Der polnische Exilkönig Stanislaus Leszczynski (Schwiegervater von König Ludwig XV.) wird Herzog von Lothringen. Der „Wohltäter Lothringens" (Place Stanislas in Nancy) lässt Lothringen aufblühen. Nach seinem Tod fällt Lothringen 1766 endgültig an Frankreich.
1791:	König Ludwig XVI. und Königin Marie Antoinette fliehen während der französischen Revolution und werden in Varennes-en-Argonne verhaftet und später hingerichtet.
1800:	Napoléon I. ordnet die Verwaltung Frankreichs neu (Départements) und krönt sich (1804) zum Kaiser.
1870/71-1918:	Teile des Départements Moselle (Metz) werden mit Elsaß kaiserlich deutsches „Reichsland Elsaß-Lothringen"
ᴀʙ 1890:	Der französische Jugendstil (Art Nouveau) wird durch die École de Nancy (Emile Gallé, Louis Majorelle, Victor Prouve, Gebrüder Daum) entwickelt.

1914-1918: Erster Weltkrieg. An der Maas (Verdun, Saint-Mihiel) und in den Argonnen tobt der verheerende Stellungskrieg, der unzählige Zerstörungen und über 750 000 Menschenleben fordert (1916-1918).

1926-1938: Bau der Maginot-Linie in Nord- und Ostlothringen.

1939-1945: Zweiter Weltkrieg. Die ehemals deutschsprachigen Gebiete (1870/71-1918) werden bis zum Einmarsch der Amerikaner und der Franzosen unter General de Gaulle als „Gau Westmark" dem nationalsozialistischen Reich angegliedert und fallen 1944 wieder an Frankreich zurück.

1956-1962: Frankreichs Außenminister, der Lothringer Robert Schuman, ist Präsident der Europäischen Bewegung und Gründer der Montanunion.

1973: Die Region Lorraine (Lothringen), bestehend aus den Départements Moselle, Meurthe-et-Moselle, Vosges, Meuse) wird gebildet (Sitz Metz) und touristisch weiterentwickelt.

1985: Durch das „Schengener Abkommen" werden die Grenzkontrollen zwischen Frankreich, Deutschland und den Benelux-Staaten nach und nach aufgegeben und der wirtschaftliche und kulturelle Austausch gefördert.

2002: Die Einführung des EURO erleichtert den Geldverkehr in gleicher Währung für die Teilnehmerstaaten (u. a. Frankreich, Deutschland) und dient damit dem europäischen Gemeinsinn.

Das Schloss von Hattonchâtel

Kleine Lothringenkunde II: Landeskunde

Lothringen besteht aus den vier Départements Moselle (Metz), Meurthe-et-Moselle (Nancy), Vosges (Épinal) und Meuse (Bar-le-Duc). Der Verwaltungssitz der Region Lorraine ist Metz. Das Gebiet umfasst 23 547 qkm, in denen 2,30 Millionen Menschen leben.

Gegliedert wird die Landschaft durch die von Süden nach Norden verlaufenden Täler der Flüsse Saar (Sarre), Mosel (Moselle), Meurthe, Maas (Meuse) und kleinen Flüssen wie Seille, Nied (Nied Allemande, Nied Française), Madon, Ornain, Saulx, Aire, Mad und Orne. Der mittlere Teil Lothringens wird geprägt von einem Schichtstufenland (Côtes) aus Kalkstein, das nach Osten steiler, nach Westen zur Champagne und dem Pariser Becken flacher abfällt. Zwischen den Stufen breiten sich große Ebenen und Plateaus aus, z. B. Ostlothringen und die Woëvre-Ebene. Im Süden erheben sich die waldreichen Vogesen mit ihrem Kamm (Crête des Vosges), den Hochweiden (Gazons mit den Hautes Chaumes) und dem Ballon d'Alsace* (1247 m). Sie bestehen vorwiegend aus Buntsandstein, Granit und Gneis. Der Norden ist gekennzeichnet durch die Ausläufer der wasser- und waldreichen Ardennen und Argonnen.

In weiten Teilen Lothringens dominiert die Landwirtschaft (Getreideanbau und Obstanbau wie Mirabellen und Weintrauben an den Côtes de Toul und Côtes de Meuse) und die Forstwirtschaft. Im Norden des Landes sind es die Vorkommen von Eisenerzen und Kohlen, die die Entwicklung der Eisenindustrie (Longwy, Thionville, Forbach) begünstigt haben. Glasindustrie ist in den lothringischen Nordvogesen (Saint-Louis, Meisenthal*, Vallerysthal), in Baccarat* und in Nancy* zu Hause. Im Süden sind die Bäder von Vittel*, Contrexéville*, Bains-les-Bains und das alte Römerbad Plombières-les-Bains* mit ihren teilweise thermischen Mineralquellen bedeutsam für Gesundheit und Erholung (Wellness, Fitness).

Architektur, Kultur und Kunst begegnet man in Nancy*, Metz*, Toul*, Verdun*, Bar-le-Duc*, Épinal* und Saint-Dié* mit ihren Altstadtkernen, Kathedralen, Kirchen, Klöstern, Schlössern und Museen, aber auch kleinere Städte wie Lunéville*, Pont-à-Mousson*, Neufchâteau*, Sarrebourg*, Saint-Mihiel*, Commercy*, Saint-Avold*, Thionville*, Longwy* oder Sarreguemines* sind kulturell bedeutsam.

Verkehrsmäßig ist das Land im Herzen von Europa gut erschlossen durch die Bahnlinien Frankfurt – Saarbrücken – Metz – Bar-le-Duc – Paris in Ost-Westrichtung und Luxembourg – Metz – Dijon in Nord-Südrichtung. Die Autobahn A 4 verbindet Saarbrücken – Metz – Verdun – Reims – Paris von Ost nach West und die A 31 Luxembourg – Metz – Nancy – Toul – Dijon von Norden nach Süden. Tourismusregionen sind vorwiegend die Vogesen (Wandern, Wintersport), die Ardennen und die Argonnen. Die Regionen des Parc National Régional de Lorraine* mit der lothringischen Seenplatte, dem Lac de Madine, den Côtes de Toul und den Côtes de la Meuse locken zu ausgedehnten Wanderungen, Fahrradtouren und Bootsfahrten auf dem Saar-Kohlenkanal, dem Rhein-Marne-Kanal und dem Ostkanal.

LEXIKON DER ORTE:

Abreschviller, Abreschweiler

(1300 Einwohner) im Tal der Roten Saar (Sarre Rouge) in den westlichen Vogesen ist ein Ausflugsort, von dem man Wanderungen und Radtouren in die Umgebung unternehmen kann. Die alte Waldbahn nach Grand Soldat dient als Museumsbahn und fährt auf Schienen mit nur 70 cm Breite. Sie diente vorwiegend dem Holztransport.

Ancemont

(600 Einwohner). Im Ort gibt es drei schlossähnliche Gebäude, das "feste Haus" (um 1500), das Château Labessière (um 1700) und das Château des Monthairons*, 1 km südlich in einem Park gelegen.

Argonnes, Argonnen

Im westlichsten Teil Lothringens und im Osten der Champagne erstreckt sich das bis zu 300 m hohe, 40 km lange und 20 km breite, dünn besiedelte Waldgebirge. Es wird in Süd-Nord-Richtung durchzogen von der Aire, der Biesme und der Aisne. Entlang der Flüsse prägen Côtes (Höhen) aus Kalkstein und Mergel das Landschaftsrelief. (Siehe auch Clermont-en-Argonne*, Varennes-en-Argonne*, Lachalade*)

Avioth

(120 Einwohner). Ein Schmuckstück besonderer Art in dem kleinen Wallfahrtsort ist die gotische Kirche Notre-Dame. Ausgangspunkt der Wallfahrt ist eine dort im 12. Jh. aufgefundene "wundertätige" Madonna. So entstand die Marienverehrung. In deren Folge brachten die Pilger Opfergaben, Geld und Stiftungen, die einen solchen subtilen "Prachtbau" in dieser Region entstehen ließ. Die Kirche hat einen selten zu sehenden Chorumgang wie bei großen Kathedralkirchen, ein Querhaus, ein dreijochiges Mittelschiff und eine wuchtige Doppelturmfassade. Die gotischen Fenster stellen Szenen aus dem Alten und dem Neuen Testament sowie aus dem Marienleben dar (teilweise 14. Jh.). Entsprechend der Funktion als Wallfahrtskirche ist das Südportal Maria gewidmet und zeigt eine Darstellung der Krönung Mariens. Fein ausgearbeitet sind auch die Johanneskapelle, die Kanzel und das Sakramentshaus. Die imposanten Statuen der Apostel und der Heiligen in bemaltem gelben Sandstein beleben den Innenraum und laden zur Betrachtung ein. Besonderheiten sind einmal die sog. "Apostelschüssel" an der Westfassade, über deren Bedeutung man sich nicht im Klaren ist, und zweitens die "Recevresse" (15. Jh.), ein gotischer Anbau im Freien in der Form einer "Laterne" mit der Darstellung der Gottesmutter, die auf einer Erdkugel steht (1803). Auch darüber wird gerätselt: Gerichtsstätte – Kanzel Opferschrein – Totenlaterne? Die Kirche mit ihren Kunstschätzen und Eigentümlichkeiten lädt ein zum meditativen Verweilen und zur Auseinandersetzung mit ihren Symbolen und deren Bedeutung für das frühere und heutige religiöse Leben.

Baccarat

(5000 Einwohner) ist weltberühmt durch seine Glasmanufakturen, entstanden vor 200 Jahren durch den Metzer Bischof Montmorency-Laval, der der darbenden Bevölkerung zu Arbeit und Brot verhelfen wollte. Es entwickelte sich die vielseitige Glasindustrie, vom Gebrauchsglas bis zum künstlerisch wertvollen Glasdesign der verschiedenen Kunstepochen in Frankreich. Das alles kann man im Musée du Cristal und in den Kristallfabriken bewundern. 1944 wurde die Stadt stark zerstört und mit ihr die Kirche. Diese wurde zwischen 1953 und 1957 nach Plänen des Architekten Nicolas Kazis neu in Beton (Dreiecksmotiv) und mit zahlreichen modernen Kristallfenstern gestaltet. Betritt man die Kirche, so muss man sich erst an das mystische Dunkel gewöhnen, dann aber – je nach Außenlicht - entfaltet sich das magische Farbenspiel der Fenster, die u. a. die Erschaffung der Welt, die Passion Christi und die zwölf Apostel darstellen.

Ballon d'Alsace in den Hochvogesen

Er ist der höchste Berg (1247 m) und der südlichste Punkt von Lothringen, das ihn sich aber mit dem Elsass (Département Haut-Rhin), der Franche-Comté und dem Territoire de Belfort teilen muss. Auf dem unter Naturschutz stehenden, beweideten Gipfel mit großartiger Aussicht bis zum Schwarzwald und zu den Alpen ist ein „Entdeckungspfad" (Sentier de Découverte) angelegt, den man begehen sollte (vgl. Beschreibung der Wanderung auf dem Ballon d'Alsace, S. 49f). Touristisch und sportlich übt der Ballon seit seiner Besteigung durch den Marquis de Pezay im Jahre 1770

Paragliding auf dem Ballon d'Alsace

seine Anziehungskraft auf Wanderer, Wintersportler und Radfahrer aus. Drei Denk-mäler findet man hier oben, eines für die "Vierge du Ballon" ("Heilige Jungfrau Ma-ria vom Belchen"), eines für Jeanne d'Arc auf dem sich aufbäumenden Pferd und eines für die Démineurs (Minenräumer). Eine Gedenktafel am Straßenrand erinnert an den Radrennfahrer René Pottier, der 1905 und 1906 bei der Tour de France hier oben als Erster ankam, aber ein Jahr später aus Schwermut aus dem Leben schied.

Bar-le-Duc
(18500 Einwohner). Das Reizvolle an Bar-le-Duc ist seine Lage als Unter- und Ober-stadt am Ornain. Matthäus Merian beschreibt sie nach Franciscus de Rosières so: "... daß es eine vornehme Stadt, die älter als man glauben könne, seye. Lige an den Gräntzen der Champagne, gegen Morgen, welche die Berg allenthalben umbgeben, und seye ihr Lager zum theil in den Thälern, zum theil hoch auf den Hügeln, und seye thalhängig erbauet. Werde, wie ein dreyfache Stadt mit einer dreyfachen Mauer umbgeben, wie wol es nur eine, und mit einem Namen genannte Stadt seye". Dazu liefert er einen detaillierten, perspektivischen Stadtplan. Um die Stadt näher kennen-zulernen, sollte man daher die Treppenstufen von der Unter- zur Oberstadt, von der Rue Oudinot zur Place de l'Horloge und am mittelalterlichen Uhrenturm vorbei zur Place des Fontaines hochsteigen. Unten eine typische französische Stadt, oben fast eine italienisch anmutende mit Plätzen und Häusern aus der Renaissancezeit, so er-lebt man Bar-le-Duc. Leider steht das alte Schloss der Herzöge von Bar nicht mehr. Ludwig XIV. ließ es samt den meisten Stadtmauern schleifen. Wechselvoll ist die Geschichte der Stadt in ihrer Zugehörigkeit zu Deutschland (Grafen von Salm-Salm, die beiden Lachse im Stadtwappen), zu Frankreich und zu Lothringen bis zu König Stanislaus. Seit 1790 ist Bar-le-Duc Hauptstadt des Départements Meuse. In der Unter-stadt liegt die ehemalige Benediktinerabtei Notre-Dame, romanisch-gotisch mit Be-standteilen aus der Renaissance- und der Barockzeit. Der Mittelpunkt der Oberstadt ist die Place Saint-Pierre mit der gotischen Stiftskirche Saint-Étienne. Im Inneren er-warten den Besucher hervorragende Werke von Ligier Richier, im Altarraum eine Kreuzigungsgruppe (nach 1532) und seitlich das "Squelette", eine kunstvolle Nach-bildung des halbverwesten Leichnams von René de Chalon, Prinz von Oranje, der hochaufgerichtet in der ausgestreckten Linken sein in einer goldenen Kapsel verbor-genes Herz dem Betrachter entgegenstreckt. Das Musée Barrois birgt noch viele künst lerische und volkskulturelle Schätze, u. a. alte Fahrräder (Vélocipèdes) von Pierre und Ernest Michaux, Schlosser und Wagenbauer in Bar-le-Duc. Ihre "Michaulinen" mit Pedalantrieb am Vorderrad haben sie in Paris erfunden. Ihnen ist auch ein schö-nes Denkmal in der Unterstadt gewidmet. Heute ist Bar-le-Duc eine vitale Stadt, in der es viel zu entdecken gibt - ein Geheimtip für Touristen!

Barrois
Es ist das Gebiet um Bar-le-Duc*, ursprünglich von den Leukern und dann von Rö-mern bewohnt und von den Merowingern als Pagus Barrensis bezeichnet. 843 kam das Barrois zum Mittelreich Lotharingien. Mit Unterbrechungen gehörte das Für-stentum Bar bis 1766 zu Lothringen. (Siehe auch Côtes des Bars*)

Berus (D)

Der Ort war bereits eine römische Bergfeste, gehörte zu Kurtrier und zeitweise auch zu Lothringen. Die Befestigungsmauern sind teilweise noch vorhanden. Die Kirche Sankt Martin hat einen gotischen Chor, sonst ist sie barock ausgeschmückt.

Bitche, Bitsch

(7800 Einwohner) ist das Zentrum des "Bitscher Landes", das unmittelbar an Rheinland-Pfalz angrenzt. Beherrscht wird Bitsch von der im Zentrum auf einem Sandsteinhügel gelegenen und mit hohen Mauern verstärkten ehemaligen Zitadelle. Wie alle Zitadellen in Lothringen wurde auch sie von Vauban errichtet und unter König Louis XV. erneuert, später geschleift. Man kann die Anlagen und Kasematten besichtigen und im Museum Informationen über die Zitadelle und das Bitscher Land einholen. Die Grenzstadt hatte viel unter Kriegseinwirkungen zu leiden. Erhalten sind die barock-klassizistische Kirche Sainte-Cathérine und die Porte de Strasbourg.

Blâmont

(1400 Einwohner) = Blanken- / Weißenburg ist auf einem der schönsten Merianstiche zu sehen und wird damals so beschrieben (2. Ausgabe 1672): "... ist zwar nicht groß, aber lustig und vor dem jetzigen Krieg (dem 30jährigen Krieg, d. Verf.) schön erbaut gewesen, in welchem sie Anno 1636 im September von den Weymarischen erobert, ausgeplündert ... und das Schloß abgebrannt worden ist". Die einst mächtige Burg der Grafen von Salm wurde dann 1638 von den Franzosen gestürmt und geschleift. Heute sind nur noch Mauern und Turmreste zu sehen. Im Städtchen gibt es einige barocke und klassizistische Häuser.

Blénod-lès-Toul

(900 Einwohner) ist „eine Ortschaft wie ein heimeliges Nest", schreibt Uwe Anhäuser in seinem Reiseführer „Lothringen" von 1998. Und er hatte dort sein Sonntags-Erlebnis; die Predigt des Pfarrers in der dreischiffigen gotischen Kirche Saint-Médard, die ihn inspiriert hat, den Ort im Geiste des Bischofs Hugues des Hazards zu erleben. Dieser Bischof von Toul, in Blénod geboren und begraben, hat den mittelalterlichen und renaissancezeitlichen Ort geprägt. Sein großes Renaissance-Grabmal steht im Chor der Kirche. Als Begleitfiguren in Renaissancegewändern fungieren dem humanistisch gebildeten, lang hingestreckt liegenden Bischof die Sieben Freien Künste: Grammatik mit Alphabet, Dialektik mit Schlange, Rhetorik mit Lorbeerkranz, Arithmetik mit Zahlen, Musik mit Flöte und Laute, Geometrie mit Dreieck, Kreis und Quadrat und Astronomie mit Himmelsglobus. Bischof Hugo, Freund der Wissenschaften, erreichte ein hohes Alter, angeblich weil er jeden Tag mindestens einen Liter Wein getrunken habe. Kein Wunder, denn dieser malerische Ort an den Côtes de Toul*, ist umgeben von Weinbergen (vin gris) und Mirabellengärten, alles Kostbarkeiten, die dieser Landstrich Feinschmeckern und lebenslustigen Menschen zu bieten hat.

Bliesbruck/Reinheim

Europäischer Kulturpark / Parc Archéologique Européen. Ab 1987 wird das Gebiet einer römischen Kleinstadt im Bliestal zwischen Bliesbruck(F) und Reinheim(D) ausgegraben. Die Siedlung rechts und links der Départementsstraße, worunter die Römerstraße liegt, geht zurück bis in das 1 Jh. n. Chr. und existierte etwa 300 Jahre. Die Ausgrabungen ergeben ein erstaunlich gut erhaltenes Bild einer etwa 100 ha großen römischen Siedlung mit einer Vielzahl von atriumartigen Wohnhäusern, Handwerkerhäusern (Bäcker, Töpfer, Schmiede) und Läden. Die Archäologen stießen auf eine voll ausgebaute Therme mit Caldarium (Warmbad), Frigidarium (Kaltbad), Tepidarium (Schwitzbad), dazu Hypocaustum (Fußbodenheizung) und Latrinen. Eine Palaestra (Ring- und Fechtschule) diente zur Unterhaltung und für Spiele. Über die Thermen und die Palaestra wölbt sich nun ein Museumstrakt mit Erläuterungen zu den Funktionen der Räume in Wort und Bild. – Auf der daneben liegenden Gemarkung in Reinheim ist eine römische Villa mit Arkaden, Wohnräumen und einer Therme ausgegraben worden. Älter ist aber das Grab der keltischen Fürstin (um 400 v. Chr.), das 1954 gefunden wurde. In Rekonstruktion kann man heute einen Tumulus (ein Hügelgrab) mit einem Durchmesser von 23 m und 5 m Höhe sehen. Darinnen ist in einer Grabkammer ihr nachgebildetes Grab samt Grabbeigaben. Der Europäische Kulturpark ist ein einzigartiges Beispiel gemeinsamer französisch-deutscher Geschichte.

Bosserville

Die Ancienne Chartreuse Sainte-Vierge-Immaculée wurde von Herzog Karl IV. von Lothringen 1632 gestiftet. Gemäß der Bauordnung des Gründers des Kartäuserordens, dem hl. Bruno, ist die Kartause mit gleich ausgerichteten Einzelhäuschen mit Garten, die sich um einen verbindenden Kreuzgang gruppieren, angelegt. Die schweigenden Mönche pflegten ihr Eigenleben in Arbeit, Betrachtung, Gebet und Wissenschaft, versammelten sich zu Beratungen im Kapitelsaal und zum Gottesdienst in der Kirche. Die blühende Kartause wurde in der Französischen Revolution aufgehoben und war dann lange Zeit Lazarett und Erholungsheim. Heute ist hier ein technisches Gymnasium untergebracht. Die Kirche mit Bildern der Kartäuser-Ordensgeschichte und einem Modell des Klosters können besichtigt werden. (Für weitere Besichtigungen wende man sich an das Sekretariat der Schule links der Kirche). Im ponierend ist die Schaufassade des Klosters mit Immaculata-Brunnen, Treppenaufgang und Säulen mit ionischen und korinthischen Kapitellen. Selten ist eine Klosteranlage so gut erhalten wie die von Bosserville.

Boulay-Moselle, Bolchen

(4500 Einwohner). Das kleine Städtchen ist mit Bouzonville* Hauptort im Pays de Nied. Die Kirche Saint-Étienne stammt aus dem 18. Jh., darinnen eine große Orgel mit vier Manualen und 54 Registern. Sie wurde 1725 gebaut und stammt aus der benachbarten, zerstörten Zisterzienserabtei Villers-Bettnach*. Die Altäre im Zuckerbäckerstil zeigen u. a. eine Darstellung vom Sterben des hl. Josef, dem von Jesus beigestanden wird: ein seltenes Motiv. Einige barocke Hausfassaden zieren die Straßen der Altstadt. Eine Spezialität sind die „Macarones-de-Boulay" aus feinstem Mandelmarzipan, die die Konditorei Alexandre seit 1850 nach geheimen Rezepten herstellt.

Bouzonville, Busendorf

(4300 Einwohner) ist wie manche andere Ortsgründung in Lothringen auf ein Kloster zurückzuführen. So war auch hier die 1030 von Graf Adalbert von Elsass und später von Lothringen gestiftete Benediktinerabtei Sainte-Croix der Ursprung von Bouzonville. Der Ort trägt seinen Namen nach einem fränkischen Landadeligen namens Boso. Wegen eines Splitters vom Kreuz Christi wurde die Abtei zugleich Wallfahrtsort und nahm dadurch an Reichtum zu. Mehrmals im Laufe der Geschichte wurde das Kloster heimgesucht, 1684 brannte es fast ab. In der Französischen Revolution wurde aus der Kirche "ein Tempel der Vernunft" gemacht und die kostbare Reliquie verbrannt. Danach wurde das Kloster Heu- und Getreidespeicher, ab 1912 Pfarrkirche. Die Klostergebäude sind nun Altersheim. Der romanisch-gotische Kirchenbau mit drei Apsiden imponiert durch seine Schlichtheit. Schmuck sind die Schlußsteine und die kunstvollen Kapitele. Außen am Chor sind zwei viereckige Türmchen geschickt in die Flanken der Apsiden einbezogen. Der kräftige romanische Glockenturm trägt eine barocke Haube. Es gibt auch Überreste eines Kreuzganges. Fenster und Orgel sind neu. Der Ort hat noch einige alte Bürgerhäuser und eine langgezogene Marktstraße.

Briey

(4800 Einwohner) liegt im Tal des Woigot, einem Seitental der Orne. Es gibt eine Unterstadt und eine Oberstadt (Briey-Bas und Briey-Haut), die durch ein Sträßchen und enge Treppenstufen miteinander verbunden sind. Dazu kommt noch Briey-en-Forêt, das von dem bedeutenden Architekten Le Corbusier als Cité Radieuse geplant und 1960 realisiert wurde. Die Oberstadt ist reizvoll, bekrönt von der romanisch-gotischen fünfschiffigen Kirche Saint-Gengoult. Im Innern der Kirche ist im Chorraum eine Kreuzigungsgruppe von Ligier Richier (um 1500-1567), dem bedeutendsten lothringischen Künstler seiner Zeit, mit ausdrucksvoll-bewegten Figuren zu sehen. In einer Seitenkapelle hinten befindet sich eine Darstellung der drei Lebenden und drei Toten (Landsknecht, Edelmann, Einsiedler) im Zustand der Verwesung, von einem unbekannten Meister um 1550 ursprünglich für die Friedhofskapelle gearbeitet. Im Kirchenschiff gibt es oben ein „Himmelfahrtsloch" mit der Umschrift "porta coeli, domus dei" („Himmelspforte, Gotteshaus"), durch das an Christi Himmelfahrt eine Christusfigur hochgezogen wird und an Pfingsten eine Taube herabschwebt. Einige Renaissance- und Barockhäuser prägen den Kern des Bergstädtchens.

Brûley

(400 Einwohner) liegt 6 km nördlich von Toul an den Côtes de Toul. Mit 30 ha Weinbergsfläche gehört es zu den wohlhabenden Weindörfern der Region. Hier gedeihen die roten Trauben für den Vin Gris, einer Spezialität der Côtes. Im Friedhof steht der romanische Chorturm der 1902 abgerissenen ehemaligen Wehrkirche St-

Martin. Im Inneren des Chores sind noch drei schöne Renaissance-Altäre zu bestaunen. Unterhalb der Kirche gibt es eine Rosenkranzkapelle mit Keramikbildern, die die Geheimnisse des Rosenkranzes darstellen. Daneben befindet sich eine schmucke, große neugotische Kirche mit zeitgenössischer Ausstattung. Der Ort gehörte früher zur Champagne und hat tief in den Kalkstein getriebene Weinkeller. Auf dem Plateau oberhalb des Dorfes befinden sich die Überreste des Fort de Brûley vom Ende des 19. Jahrhunderts.

Bruyères
(3500 Einwohner). Der Luftkurort liegt zwischen zwei bewaldeten, kegelförmigen Bergen, der eine mit der Ruine einer Burg der lothringischen Herzöge und der andere, der Mont Avison, trägt eine Kapelle mit einem Gnadenbild aus dem 16. Jh. und einen Aussichtsturm. In dem geschäftigen Städtchen gibt es noch einige Renaissancehäuser und Barockbauten.

Bulgnéville
(1300 Einwohner). Die anheimelnde gotische Kirche birgt in einer Seitenkapelle ein aus dem Kloster Flabémont stammendes Tympanonrelief (16. Jh.) mit der Darstellung der Verwandtschaft Jesu, der Heiligen Sippe. Mittelpunkt ist der kleine, nackte, selbstbewußte Jesus, der fest auf den Knien von Maria steht. Er eilt seiner Großmutter, der hl. Anna entgegen, die ihm ihre Hände entgegenstreckt. Mit den drei Männern der Anna sind insgesamt 17 Personen und etliche Spruchbänder tragende Engel hier versammelt.

Bussang
(1900 Einwohner), eine weite Streusiedlung, ist ein bekannter Luftkurort und Wintersportplatz in den Hochvogesen im südöstlichen Zipfel von Lothringen. In der Nähe entspringt die Mosel* in einer großzügigen Quellfassung aus Granit, etwa 400 m westlich des Col de Bussang (731 m), über den die N 66 vom Elsass nach Lothringen führt. In Bussang befindet sich seit über 100 Jahren das von Maurice Pottecher gegründete Théâtre du Peuple, ein bemerkenswerter Holzbau mit Naturbühne, das in den Monaten Juli und August zahlreiche Theaterfreunde anzieht. Auch Pierre de Coubertin, der Begründer der Olympischen Spiele, war oft hier zu Gast und soll auch ein Theaterstück für diese Bühne geschrieben haben.

Butte-de-Mousson
Vom Gipfel des Aussichtsberges schweift der Blick weit über das Land mit Moseltal, Pont-à-Mousson* und den ostlothringischen Höhenzügen. Auf der Butte-de-Mousson (382 m) stand einst ein Römerkastell, dann eine Burg der Grafen von Mousson und Bar. Ab 1419 gehörte die Burg samt Dorf zum Herzogtum Lothringen und wurde später zerstört. Heute sind nur noch wenige Reste der Burg und der naheliegenden, einst gotischen Kirche vorhanden. Der Berg ist Wallfahrtsort und Gedächtnisstätte für die Toten der beiden Weltkriege.

Canal de l'Est

Er besteht aus zwei Abschnitten, der Branche Sud (Südlicher Zweig), beginnend im Tal der Mosel bei Neuves-Maisons, insgesamt 121 km lang mit 93 Schleusen, und der Branche Nord (Nördlicher Zweig) im Tal der Maas, beginnend bei Troussey, mit 272 km Länge und 59 Schleusen. Etwa die Hälfte der Länge liegt in Lothringen. Der Kanal wurde zwischen 1874 und 1882 angelegt und verbindet Belgien über Lothringen mit Südfrankreich.

Canal des Houillères de la Sarre – Saar-Kohlenkanal

Der Kanal wurde im 19. Jh. gebaut, um saarländische Kohle auf den genormten „Péniches" (360 t Schiffe) über den Rhein-Marne-Kanal und auf der Mosel zum Eisenindustriegebiet von Thionville* (Diedenhofen) zu transportieren. Heute dient er in erster Linie der Freizeit-Schiffahrt. Der 1,80 m tiefe Kanal ist 63 km lang, hat 27 Schleusen (38,50 m x 5,50 m) und kann mit Geschwindigkeiten bis zu 8 km/h befahren werden. Die landschaftlich schönsten Abschnitte liegen im Bereich der Wälder von Harskirchen bis zum Zusammenfluss mit dem Rhein-Marne-Kanal*. Der Kanal führt durch die Lothringische Seenplatte, so den Étang de Mittersheim, den Étang du Stock (Stockweiher) und den Étang de Gondrexange, wo das Niveau des Kanals mitunter bis zu 9 m höher als das der umgebenden Seen beträgt. Auf dem Treidelpfad des Kanals kann man schöne Radtouren unternehmen.

Canal de la Marne au Rhin – Rhein-Marne-Kanal

Der 1,80 m tiefe Kanal wurde in den 40er Jahren des 19. Jhs. gebaut und hat zwischen der Marne und dem Rhein (Strasbourg) in seinem Westabschnitt (Marne – Toul) 131 km Länge und 97 Schleusen und in seinem Ostabschnitt (Frouard – Strasbourg) 159 km mit 55 Schleusen. Dazu kommen noch fünf Kanaltunnel von 6,20 m Breite mit bis zu 5 km Länge, so bei Mauvages, erbaut zwischen 1841 und 1846. Der Kanal führt die längste Zeit über lothringisches Gebiet. Besonders interessant ist das Schiffshebewerk Plan Incliné* bei Lutzelbourg, wo die Schiffe an Stelle von 17 Schleusen 44,55 m gehoben bzw. gesenkt werden. Im nahegelegen Tunnel von Arzviller (2306 m) benutzt auch die Bahn den Durchlass. Beim Étang de Réchicourt befindet sich eine Schleuse, die 15,70 m Hubhöhe hat und seit 1965 sechs Schleusen ersetzt. Der Tunnel bei Foug verbindet das Moseltal mit dem Maastal und der lange Tunnel bei Mauvages das Maastal mit dem Ornaintal und Bar-le-Duc*.

Chamagne

(400 Einwohner). Vier Kilometer nördlich von Charmes-sur-Moselle* steht das Geburtshaus des später weltberühmten Malers Claude Gellée (Claude Lorrain) (1600-1682). Das Haus und die Räume sind in ihrem funktionalen Zustand erhalten, so dass man sich ein gutes Bild von den damaligen Lebensverhältnissen machen kann. Claude Lorrain, der vorwiegend in Rom lebte und wirkte, ist einer der bedeutendsten Landschaftsmaler, der es verstand, in seinen arkadischen Landschaftsgemälden das Licht in allen seinen Nuancen abzubilden und die Stimmungen der einzelnen Tageszeiten, vom Morgengrauenbis zur Nacht, lebendig werden zu lassen. Seine idea-

lisierten Motive sind der antiken Mittelmeerlandschaft mit ihrer Architektur und Mythologie entnommen. Er hatte eine begeisterte und gut zahlende Käuferklientel. Seine Gemälde sind in den großen Museen der Welt zu sehen.

Champ-le-Duc

(480 Einwohner) liegt unweit von Bruyères* und hat eine der bedeutendsten rein romanischen Kirchen Lothringens, Notre-Dame. Außen und innen wirkt sie wohlproportioniert. Karl der Große soll mit seinem Sohn Karl in den Wäldern von Champ gejagt haben. Diese Jagd soll in einem Würfelkapitell festgehalten sein. Drei Joche bestimmen das Schiff mit dem selten anzutreffenden Pfeiler-Säulen-Wechsel.

Champs des Batailles de Verdun, die Schlachtfelder von Verdun

Das rechte und das linke Maasufer waren 1916-1918 Schauplatz heftigster Kämpfe zwischen Deutschen, die Verdun erorbern wollten, und Franzosen und später Amerikanern, die es verteidigten und zum Gegenangriff übergingen. Die Kämpfe um Verdun im 1. Weltkrieg entwickelten sich zu einer riesigen Materialschlacht, unter Einsatz von Eisenbahngeschützen, Flugzeugen, Panzern und Giftgas. Entscheidend für den Ausgang des Krieges war der Eintritt und die Überlegenheit der USA und ihrer Streitkräfte, die dann zur Kapitulation des deutschen Heeres führten. 700 000 Menschen verloren in den Kämpfen ihr Leben, über 800 000 wurden verwundet. – An diese unsinnigen Kämpfe erinnern heute noch die vielen Soldatenfriedhöfe, die von Trichtern und Gräben verwüstete, später wieder aufgeforstete Landschaft und die zerstörten Dörfer, von denen acht nicht mehr aufgebaut werden konnten. Die hart umkämpften französischen Festungen wie Fort Vaux oder Fort Douaumont* wurden nationale Gedenkstätten, und die Erinnerung an die schwere Zeit wird wachgehalten vom Mémorial de Verdun (Museum) und seinem weithin sichtbaren Turm und Beinhaus (Ossuaire de Douaumont, mit Museum), in dessen 137 m langen Halle die sterblichen Überreste von 130 000 nicht mehr identifizierbaren französischen und deutschen Soldaten ruhen. Vor dem Gebäude liegt ein großer, gut gepflegter fran-

Champ-le-Duc, die romanische Kirche Notre-Dame

zösischer Soldatenfriedhof mit 15 000 Gräbern. Nachts wird die Umgebung von einem rundkreisenden Scheinwerferlicht vom 46 m hohen Turm des Ossuaire mahnend erhellt. Auf der linken Seite der Maas waren die Höhen „304" und „Toter Mann" hart umkämpft. Auch hier erinnern Denkmäler an diese schrecklichen Zeiten.

Charmes-sur-Moselle

(5000 Einwohner). Die Kleinstadt im Moseltal ist in ihrer Geschichte oft zerstört worden, zuletzt im 2. Weltkrieg. So wurde die aus spätgotischer Zeit stammende Kirche Saint-Nicolas in Betonweise wieder aufgebaut. Im Inneren ist die vom Fürsten Savigny gestiftete Chapelle Saint-Hubert mit ihrer reichen bildnerischen und skulpturellen Ausstattung aus der Renaissancezeit sehenswert (Venus, Vulkan, Herculestaten, Urteil des Paris). In Charmes ist der patriotische Schriftsteller Maurice Barrès geboren, dessen Geburtshaus zu sehen ist. Er kehrte immer wieder hierher zurück, um zu Hause an seinen Werken zu arbeiten.

Château Falkenstein

„Die Burg wurde im 12. Jh. erbaut. Ihre Besitzer, die Herren von Falkenstein, verkauften sie im 12. Jh. an die Grafen von Hanau-Lichtenberg. 1564 wurden die Gebäude durch einen Brand als Folge eines Blitzschlages zerstört und später nur zum Teil wieder aufgebaut. Sie dienten dann als Wohnung für hanauische Forstbeamte. Im 30jährigen Krieg und später 1680 durch die Franzosen erfolgte dann die endgültige Zerstörung. Auf dem Burgfelsen sind nur noch geringe Baureste vorhanden. ... Die Ruine liegt nördlich Philippsburg und östlich des Hanauer Weihers in 363 m Höhe, auf einem über 20 m hohen und 120 m langem Felsenriff." (Aus: Ferdinand Mehle: Elsaß und Vogesen, Kehl/Straßburg/Basel

Falkenstein, Felsen und Ruine

1991, S. 257/258).

Château de Mensberg/Marlbrouck

Nach ihrer vollständigen Renovierung ist die Burg 1998 als historische Begegnungsstätte der Europäer wieder eröffnet worden. Die vierseitige Hangburg hat vier wuchtige Ecktürme und einen Palas (Hauptgebäude). Die Burg wurde 1419-1431 von Graf Arnold VI. von Sierck, der mit den Grafen von Sayn (Deutschland) verschwägert war, auf den Mauern einer Vorgängerburg erbaut. Sie liegt im östlichen Hinterland der Mosel, nördlich von Manderen, und hat schlossähnlichen Charakter. Während des spanischen Erbfolgekrieges diente die Burg als Hauptquartier des englischen Herzogs und Feldherrn John Churchill, Herzog von Marlborough (frz. Marlbrouck). Der englische Premierminister Winston Churchill, ein Nachfahre von John Churchill, besuchte die Burg. Heute ist das Schloss ein burgengeschichtliches Museum mit allen Rafinessen einer museumsdidaktischen "Zeitreise".

Château les Monthairons

Das bei Ancemont im Tal der Maas und des Canal de l'Est gelegene imposante Schloss aus den Jahren 1857-1859 ist umgeben von einem vorzüglich gestalteten Landschaftspark mit seltenen Bäumen und weiten Wiesenflächen. Es ist ein „Traumschloss" (4-Sterne-Hotel) mit vorzüglicher Gastronomie in stilechtem Ambiente.

Clermont-en-Argonne

(1800 Einwohner). Der Ort liegt strategisch an einer Vielvölkerstraße, durchzogen von der N 3 (A 4) am Rande der Argonnen über dem Tal der Aire. Die Ortsherren wechselten häufig in der Geschichte (eigene Grafschaft, Bischof von Verdun, Herzog von Bar, Lothringen, ab 1632 zu Frankreich). Die Burg, später Zitadelle, lag auf einem kleinen Hochplateau über der Stadt. Sie wurde geschleift. Weiter oberhalb steht eine der hl. Anna gewidmete Wallfahrtskapelle. Am Rande der engen Stadt liegt am Berghang die gotische Kirche Saint-Didier. Das Renaissance-Portal und die Fenster beeindrucken, noch mehr das gotische Sterngewölbe im Chor. Kostbar sind die Figuren einer Grablegung Christi aus der Schule von Ligier Richier. In der Krypta der Kirche befindet sich eine Gedenkstätte für die 1944 von der SS umgebrachten Männer der Résistance aus Clermont.

Commercy

(7700 Einwohner). Der Ort ist durch die "Madeleines de Commercy" populär geworden, eine noch immer in der Originalbäckerei hergestellte Art Löffelbiskuit, die köstlich schmeckt, besonders dann, wenn eine frische Mirabelle mit Mirabellenlikör eingebacken ist. Die Madeleines sollen ihren Namen von König Stanislaus verliehen bekommen haben, als eine Magd namens Madeleine dem König dieses Backwerk nach einem alten lothringischen Rezept servierte, weil sein Koch erkrankt war. Stanislaus war davon so angetan, dass er die Köstlichkeit „Madeleines" nannte, nach der Magd, deren Liebreiz er sich allerdings auch nicht entziehen konnte. Um den Ursprung der Madeleines eifern in Lothringen noch andere Städte wie Liverdun und

Stenay. – Die Stadt an der Maas reicht in das 9. Jh. zurück, als hier zuerst eine hölzerne, dann eine steinerne Burg errichtet wurde. Die Stadt wechselte oft ihren Herrn und war im Mittelalter u. a. Sitz der Grafen von Commercy-Saarbrücken. Anfangs des 18. Jhs. wurde das gotische Schloss nach den Plänen der Architekten Nicolas d'Orbay und Germain Boffrand und dann durch den Stararchitekten von König Stanislaus, Emmanuel Héré, der auch die Place Stanislas in Nancy erbaut hat, in ein Barockschloss umgebaut. Zusammen mit dem Ehrenhof und der runden Place du Fer-à-Cheval wurde das Schloss zu einer harmonischen Einheit gestaltet. Voltaire weilte hier mehrere Monate mit dem Marquis du Châtelot und schrieb hier an seinen Büchern „Sémiramis" und „Nanine". Nach dem Tode von Stanislaus wurde das Schloss französische Kavalleriekaserne, zu der die Pferdeköpfe über den Türbogen der Place du Fer-à-Cheval gut passen. Im 2. Weltkrieg wurde das Schloss schwer beschädigt, danach umfassend renoviert und ist heute Verwaltungssitz. Die nahe, stimmungsvolle gotische Kirche Saint-Pantaléon beeindruckt durch ihre großen Ölgemälde von Jean Girardet.

Cons-la-Grandville

(600 Einwohner). Der kleine Ort mit Stadtrechten wird beherrscht von dem prächtigen Schloss mit Portalen und Fenstereinrahmungen aus der Renaissancezeit. Das Schloss ist in Privatbesitz, kann aber samt zeitgenössischer Innenausstattung besichtigt werden. Gegenüber liegt die kleine, von den Grafen von Cons gestiftete Kirche Saint-Michel, teils romanisch (Krypta), teils barock, einst die Kirche eines Benediktiner-Priorats (ab 1080).

Contrexéville

(4450 Einwohner). Bereits die Römer suchten in „Castra Aquas Villa", dem Namensgeber des Ortes, Heilung von Nieren- und Leberleiden, denn sie kannten die Qualitäten der kalten Quellen. Nachdem sie im Laufe der Zeit in Vergessenheit geraten waren, hat König Stanislaus sie wiedererwecken lassen. Heute ist Contrexéville, gemeinsam mit dem unweit gelegen Vittel*, ein eleganter Kurort mit Parkanlagen im englischen Landschaftsstil, mit Trinkhallen, Kolonnaden und einem Kasino. Die russische Kapelle gibt Zeugnis von früheren Zeiten, als die Zarenfamilie nebst Anhang hier mondän kurte. Zusammen mit Vittel besitzt Contrexéville den größten Verladebahnhof für Mineralwasser, das in alle Welt zum Wohle der Menschen (leider auch in geschmacklosen Plastikflaschen) exportiert wird.

Contz-les-Bains

(500 Einwohner). Der kleine Ort über der Mosel, schräg gegenüber von Sierck-les-Bains, ist weniger durch sein Bad als durch seinen lothringischen Wein bekannt. Die Weinberge der "Côte de Contz" rings um das Dorf ergeben einen guten, rustikalen Wein (Vin gris), den schon die Römer geschätzt haben dürften. Heute trinkt man ihn am besten an Ort und Stelle oder nimmt ein Kistchen davon mit nach Hause. Über die Arbeit der Winzer berichtet das Weinmuseum von Contz-les-Bains. Oberhalb ist

das Felsenmassiv „Le Stromberg", zu dessen Aussichtsplateau ein kleiner Fahrweg an der Kirche hinauf führt.

Côtes des Bars

sind weniger profiliert als die anderen lothringischen Höhenzüge (Côtes) des Schichtstufenlandes. In Bar-le-Duc* wird die Schichtstufe im Bereich der Stadt (Unterstadt – Oberstadt) deutlich, mit Höhenunterschieden von 80 m bis 120 m.

Côtes de Meuse

sind die nördliche Fortsetzung der Côtes de Toul* mit gleicher Struktur und gleichem Gesteinsaufbau. Am Ostabhang trifft man vereinzelt Weinbau, häufiger Obstanbau (Mirabellen) an. Vgl. Hattonchâtel*, Damvillers*.

Côtes de Moselle

sind die westlich des Moseltales gelegenen Höhenzüge. Als Teil des lothringischen Schichtstufenlandes bestehen sie vorwiegend aus Kalkstein und Mergel. Sie sind bewaldet und haben tief eingeschnittene Täler (Vallée du Rupt de Mad). Zum Moseltal fallen die Côtes steil ab, während sie nach Westen zur Woëvre-Ebene sanft ausgleiten. Vgl. Gorze*, Liverdun*.

Côtes de Toul

ist ein Teil des lothringischen Schichtstufenlandes, südlich und nördlich von Toul. Die langgezogenen Höhen bestehen aus Kalkstein und Mergel. Nach Osten fallen sie bis zu 200 m steil ab, nach Westen schwingen sie sanft aus. Im Westen dominiert Wald- und Agrarlandschaft, an den Ostabhängen Obstanbau (Mirabellen) und früher viel, heute nur noch vereinzelt Weinbau.

Courcelles-Chaussy

(2500 Einwohner). Dieser östlich von Metz* gelegene Ort ist geprägt von der Zeit, als die Deutschen unter den Kaisern Wilhelm I. und Wilhelm II. hier Verwaltungsgebäude und eine prächtige neugotische Kirche erbauen ließen, ebenso 4 km nordöstlich das Jagdschloss Landonvillers. Das Schloss steht auf den Grundmauern einer Burg aus dem 16. Jh. Sein Erbauer ist der Architekt Ebhardt, der auch die Haut-Koenigsburg in den Vogesen schuf. Im Schloss herrscht der germanisch-preußische Stil vor. Es ist heute in Privatbesitz.

Couvonges

(100 Einwohner). Die Kirche Sainte-Brice liegt auf einer kleinen Anhöhe am nördlichen Ortsende und bestimmt malerisch ihre Umgebung. Die romanische Kirche besitzt eine selten zu sehende, einfache Vorhalle (15. Jh.) mit Renaissanceportal und einer kleinen Giebelrosette.

Creutzwald

(15200 Einwohner). Der im waldreichen Warndt im lothringisch-saarländischen

Kohlenrevier gelegene Ort besitzt eine eindrucksvolle Kirche im neoromanisch-byzantinischen Stil (1910) und ein modern gestaltetes Stadtzentrum.

Dabo, Dagsburg
(3000 Einwohner), der Höhenluftkurort und Wintersportort (Langlauf) in den westlichen Vogesen besitzt eine gute touristische Infrastruktur. Sie wird begünstigt von der Landschaft mit großen Wäldern und zahlreichen Buntsandsteinfelsen. Dazu zählt auch der hoch aufragende Plateau-Felsen Rocher de Dabo (647 m). Die Geschichte des Ortes geht zurück auf gallo-römische Kultstätten und auf die Grafen von Dagsburg, die hier im Mittelalter wohnten. Zu ihnen gehörte auch der Benediktinerabt Bruno, Bischof von Toul, der spätere Papst Leo IX. (1048-1054). Graf Hugo von Eguisheim im Elsass heiratete die Gräfin Hedwig von Dagsburg, und so dehnte sich der Besitz weithin aus. Deren Sohn, Papst Leo IX., wird sowohl in Dabo als auch in Eguisheim verehrt. Zeitweise war die Dagsburg im Besitz der verwandten Grafen von Leiningen (Pfalz). Von der einstigen Burg ist nichts mehr zu sehen. Auf dem Rocher de Dabo ist im vorigen Jahrhundert eine Kapelle zu Ehren von Leo IX. errichtet worden. Ihr Turm dient gleichzeitig als Aussichtsturm, von dem aus man einen sehr schönen Panoramablick zum Vogesenkamm, zum Donon und in die westlichen und nördlichen Vogesen hat. Dabo spielte auch in den deutsch-französischen Begegnungen als Konferenzort eine Rolle (Kohl – Mitterand); politische Probleme wurden auf "Waldspaziergängen" gelöst.

Damvillers
(700 Einwohner). Der kleine Ort besitzt eine schöne, etwas gedrungen wirkende gotische Pfarrkirche, Saint-Maurice, mit einem romanischen Turm. Beachtenswert sind die Schlusssteine im Gewölbe und die Kapitelle. Neben dem Friedhof ist das von Auguste Rodin geschaffene Denkmal für den Maler Bastien-Lepage (1848-1884), der in Damvillers geboren wurde, zu sehen.

Deneuvre
(400 Einwohner) liegt dicht bei Baccarat* auf einem Berghang, den bereits die Gallier als Burg und die Römer als Kastel "Donnabriga" über der Meurthe erkoren. Man fand hier eine große Herkules-Statue, für die sowie für einige später gefundene ein kleines Museum in der Ortsmitte des typischen Bergstädtchens gebaut wurde.

Domrémy-la-Pucelle
(200 Einwohner). Das Geburtshaus der Hl. Johanna, Jeanne d'Arc (1412-1431) ist recht bescheiden, spiegelt aber gut die Wohnkultur auf dem Lande in damaliger Zeit. Große Pilgerscharen kommen jährlich nach Domrémy und zur Basilique du Bois-Chenu, im 19. Jh. erbaut an der Stelle, wo die Jungfrau ihre Visionen hatte. Auch der deutsche Schriftsteller und Dichter Theodor Fontane kam im Gefolge der deutschen Armee, von Toul herkommend, am 3. Oktober 1870 hierher, weil er sich für Jeanne d'Arcs Heimat interessierte. Er ahnte aber nicht, dass er sich bereits im Feindesland befand. Er wurde gefangen genommen, weil man eine Pistole in seinem Gepäck fand. Zu-

nächst wurde er nach Neufchâteau gebracht, dann auf die Insel Oléron in der Biscaya, bald aber wieder auf Intervention Bismarcks freigelassen. In seinem Buch "Kriegsgefangen – Erlebtes 1870", beschreibt er Domrémy : „Es ist ein Ort von mittlerer Größe, eher klein. Der Eindruck, trotz hellem Sonnenschein und des weißen Anstrichs der Häuser, war ein düsterer; alles schien auf Armut und Verfall hinzudeuten ... Ich eilte, mich diesem Eindruck zu entziehen; die geweihte Stätte, wo ‚la Pucelle' geboren wurde, schien mir der geeignetste Ort dazu ... Und siehe da, als ich erst in der Nische über der niedrigen Eingangstür das in Stein gemeißelte Bild der gewappneten Jungfrau, innerhalb des Hauses selbst aber den alten eichenen Wandschrank sah, der ihr Jahre lang als Truhe gedient hatte, fiel alles Misstrauen wieder von mir ab und ich fühlte mich ganz dem Zauber dieser Stunde hingegeben." (Insel-Taschenbuch 1437, 1993, S. 27/28). Heute bietet das Haus und Museum der Jeanne d´Arc, frisch renoviert, einen freundlichen Anblick.

Douaumont
Die Schlacht um Verdun tobte im Ersten Weltkrieg von 1916-1918. Allein 1916 fielen mehr als eine halbe Million Soldaten, die in den zahlreichen Kriegerfriedhöfen rund um Verdun begraben liegen. Nahe des Fort Douaumont liegt das weithin sichtbare Ossuaire, das Beinhaus, in welchem die Gebeine von 130 000 nicht identifizierbaren Gefallenen in 46 Sarkophagen aus rotem Granit aufbewahrt sind. Das Denkmal ist 137 m lang, der granatförmige Turm (Tour des Morts) 46 m hoch. In dem Turm hängt die 2300 kg schwere Totenglocke, und ein Leuchtfeuer dreht sich in der Dunkelheit über den Begräbnisstätten. Der vor dem Beinhaus liegende Friedhof birgt 15 000 französche Soldatengräber. Mehrere Ortschaften im Gebiet von Doaumont wurden im Krieg total zerstört und nicht mehr aufgebaut. Gedenkstätten erinnern an ihre ehemalige Lage. Die von Schützengräben und Granaten durchwühlten Felder sind aufgeforstet worden. An vielen Stellen des Waldes kann man noch die Trichter und Gräben erkennen.

Dugny-sur-Meuse
(1300 Einwohner). Das im breiten Tal der Maas und des Canal de l'Est gelegene Dorf besitzt große Kalksteinbrüche, die für die Zement- und Kalkindustrie von Bedeutung sind. Am nördlichen Ortsende befindet sich im Friedhof die Kirche La Nativité de la Sainte Vierge. Es ist eine frühromanische Kirche aus dem 11./12. Jh., die im 15./16. Jh. zur Wehrkirche ausgebaut wurde. Im 18. Jh. wurde die Südseite der Kirche erneuert. Die renovierungsbedürftige Kirche vermittelt in ihrer ausgewogenen Schlichtheit einen starken Raumeindruck. Im Ort selbst steht eine große neugotische Kirche.

Dun-sur-Meuse
(800 Einwohner) hat eine Kirche Notre-Dame (11.-18. Jh.), die weithin sichtbar auf einem Hügel liegt. Von der Terrasse aus kann man den Ausblick auf den Ort und das breite, liebliche Tal der Maas genießen. Die Kirche besitzt schöne Fenster im Flamboyant-Stil. Innen wirkt die Kirche durch ihre fünf Joche groß und hell. Die Pfeiler tragen teilweise Freskenbilder. Kanzel und Orgel stammen aus dem 18. Jh.

Épinal

(39500 Einwohner). Die Départementshauptstadt gehörte im Mittelalter zum Bistum Metz, wurde dann französisch, lothringisch und ab 1766 wieder französisch. Schon früh gab es hier Papiermühlen. So wurden die Papierexemplare der Gutenberg-Bibel 1455 auf Papier aus Épinal gedruckt. Im 19. Jh. wurde die Stadt berühmt durch die Bilderbogendruckereien (Imagéries populaires) und die Textilindustrie. Die Hauptkirche der Stadt, die ehemalige Abteikirche Saint-Maurice, hat einen gewaltigen romanischen Westturm. Das "Portal des Bourgeois" an der Nordseite ist reich ausgestaltet. Zwischen den beiden Türen steht eine edle, selbstbewußte, spätmittelalterliche Madonna. Im Inneren bestimmen die mächtigen Bündelpfeiler und die gotischen Galerien den Gesamteindruck, der von dem mystisch gedämpften Licht, das durch die Seitenkapellen einfließt, erhaben wirkt. Die Altstadt besitzt eine typisch französische Atmosphäre mit ihren Häusern, Cafés und Restaurants, dem Markt und der neueren Markthalle. In einem modernen, architektonisch sehr gelungenen Gebäude ist das Mu-sée Départemental d'Art Ancien et Contemporain an der Place Lagarde untergebracht (s. Foto rechts). Es gibt Zeugnis von der Geschichte, Kunst, Kultur und Technik der Stadt, angefangen von den Objekten der archäologischen Ausgrabungen aus keltischer, römischer und fränkischer Zeit bis hin zur Kunst der Gegenwart. Die Malerei ist mit Gemälden von Brueghel, Van Goyen, Rembrandt, Georges de la Tour und Claude Gellée (Claude Lorrain) vertreten, die Moderne mit Donald Judd, Gilberto Zorio und Andy Warhol. Ebenso sind die für Épinal typischen Bilderbogen (2500 Exemplare) hier zu sehen. Die lebensfrohe Stadt wurde wegen ihres Bürgersinns und der kreativen Gestaltung, zum Beispiel des Stadtparkes, mehrfach national und international ausgezeichnet. Es gibt hier 86 Vereine, einen Kajak-Parcours auf der Mosel mitten in der Stadt und sogar ein Theater aus dem Jahre 1806. Épinal ist mit 3400 ha Forst die waldreichste Stadt Frankreichs.

Essey-et-Maizerais

(300 Einwohner). Im breiten, fast ebenen Hochtal der Mad liegt der kleine Ort Essey-et-Maizerais, der einen hübschen, von den Einwohnern gestalteten Dorfplatz hat. Eine gotische Kirche mit stimmungsvollem Innenraum steht in einer Seitenstraße.

Étain

(3600 Einwohner). Die im 1. Weltkrieg sehr stark zerstörte Stadt trägt ihren Namen nach den zahlreichen Weihern dieser Region der Woëvre-Ebene, den Étangs. Das Hauptaugenmerk gilt der Kirche Saint-Martin, deren Baubeginn im 12. Jh. liegt, und die immer neue Bauelemente – auch bedingt durch Kriegsschäden – aufzuweisen hat. Das langgestreckte Kirchenschiff, der herrliche gotische Ostchor, gestiftet von dem in Étain geborenen Kardinal Huin, mit den großen Flamboyantfenstern oder der mächtige, aus dem 18. Jh. stammende Kirchturm hinterlassen einen nachhaltigen Eindruck auf den Betrachter. In einer südlichen Seitenkapelle ist eine Pietà aufgestellt, eine trauernde Muttergottes mit ihrem toten Sohn, von Ligier Richier. Die im 1. Weltkrieg bis auf die Grundmauern zerstörte Kirche wurde danach wieder aufgebaut.

Étival-Clairefontaine

(2300 Einwohner) ist durch seine Papierfabrik, die feine Papiere und Schulhefte herstellt, in ganz Frankreich bekannt. Von der ehemaligen Abtei im Ortsteil Étival zeugt noch die beeindruckende Kirche Notre-Dame mit dem Pfeiler-Säule-Säule-Pfeiler-Wechsel im Langhaus, dem hochgotischen Chor und den Türmen aus der Barockzeit. Die Abtei war zuerst Chorherrenstift mit 13 Chorherren, dann Benediktiner- und schließlich Prämonstratenserkloster. 1944 wurden große Teile der Kirche zerstört, später originalgetreu wieder aufgebaut.

Europäerdenkmal – Europa-Denkmal

Oberhalb von Berus*, hart an der Grenze zu Frankreich, steht das Europäerdenkmal, laut Bronzetafel „Den großen Europäern Alcide de Gasperi, Robert Schuman, Konrad Adenauer und Paul Henri Spaak" gewidmet. Man kann von hier oben weit nach Lothringen und ins Saarland schauen. In der Nähe ist die Oranna-Kapelle, Wallfahrts- und Trauungskapelle seit dem 12. Jh., erneuert 1951.

Faulquemont

(5800 Einwohner). Der Ort war lange Zeit Sitz der kleinen Grafschaft Falkenberg. Burg und Stadtmauern wurden 1634 von den Franzosen vollkommen zerstört. Die Kirche Saint-Vincent hat einen spätgotischen Chor und ist innen barockisiert.

Fénétrange, Finstingen

(1100 Einwohner). Der anheimelnde Ort wurde lange Zeit von den Herren von Malberg, die aus der Eifel stammten, verwaltet. Die Kirche Saint-Remy (früher Saint-Pierre) war im Besitz der Stiftsdamen der Abtei Remiremont* bei Épinal. Die gotische Kirche besitzt im Chor sehenswerte Fenster (vorwiegend Darstellungen von

Heiligen), die um 1400 von Theobald von Lixheim geschaffen wurden. Das alte Schloss, zahlreiche Häuser aus dem 16.-18. Jh. und Teile der Stadtmauer beleben das Ortsbild. In Finstingen fungierte Johann Michael Moscherosch (1601-1969) als Jurist und Amtmann, der auch als Philander von Sittewald durch zeitkritische Schriften und die "Wunderbahren satyrischen Gesichte" (1640) in der Literatur bekannt wurde.

Fléville-devant-Nancy

(2700 Einwohner) liegt südlich von Nancy und besitzt eines der besterhaltenen Schlösser von Lothringen. Der viereckige Bergfried (Donjon) stammt aus dem Mittelalter, während die dreiflüglige Schlossanlage in der Renaissancezeit gestaltet wurde. Der heutige Besitzer, der Graf de Lambel, zeigt das Schloss und die Prunkräume (das Treppenhaus, die Salle des Ducs de Lorraine = Saal der Herzöge von Lothringen, das Schlafzimmer von König Stanislaus, die Schlosskapelle) mit ihrer kostbaren Ausstattung, u. a. eine Portraitgalerie der Herzöge von Lothringen. Ein alter Landschaftspark umgibt das Schloss und verbreitet eine Atmosphäre der Ruhe und Beschaulichkeit. Ein ummauerter Gewürz- und Blumengarten wird für Gartenliebhaber sorgfältig gepflegt.

Génicourt-sur-Meuse

(220 Einwohner). Im Dorf steht die 1524 erbaute Kirche zu Ehren der hl. Maria Magdalena. Ein mächtiger Wehrturm stützt im Westen das dreischiffige Kirchengebäude, dessen Flamboyant-Fenster noch aus der Erbauungszeit stammen und u. a. die Taufe Jesu, die Kreuzigung, Anna und Maria, Johannes Evangelist, Hieronymus oder Barbara darstellen. Der Altar mit Szenen aus der Passion stammt aus der Renaissancezeit - wahrscheinlich von Ligier Richier (1500-1567) -, ebenso die Wandmalereien mit Propheten und Aposteln.

Gérardmer

(9100 Einwohner). Die auf 665 m Höhe gelegene Stadt am Lac de Gérardmer, einem See aus der Eiszeit, ist eine der ältesten Touristenzentren Europas (seit 1852). Dem entsprechend ist die Infrastruktur ausgebildet: Hotels, Herbergen, Campingplätze, Restaurants, Badeeinrichtungen, Wassersportanlagen, Bootsverleihe, Drachenfliegen usw., ein gut ausgebautes und markiertes Wanderwegenetz, das zu Buntsandsteinfelsen und Wasserfällen führt, Kletterfelsen, Mountainbikepisten, im Winter Langlaufloipen und Eislaufflächen und große Wälder ringsum, das alles hat Géradmer zu bieten. Im Frühjahr, wenn die Wiesen blühen, wird hier das Narzissenfest gefeiert. Eine ähnliche touristische Infrastruktur hat das nahegelegene Xonrupt-Longemer (1400 Einwohner) aufzuweisen.

Gorze

(1400 Einwohner) war einst eine bedeutende Benediktinerabtei, gegründet um 750 von dem Abt und Metzer Bischof Chrodegang. Von Gorze aus wurden u. a. die Abteien Lorsch (Hessen), Gengenbach (Schwarzwald) und Schwarzach (Baden) gegründet. Die strengen Regeln der Mönchsgemeinde (Reformkloster) nahmen 170 Klöster an. Gorze wurde unter Kaiser Otto dem Großen Reichsabtei und entwickelte eine hohe Kultur in Liturgie, Choral, Bibliothek, Schule und Landwirtschaft. Seine Blüte im Mittelalter erlosch 1580, als das Kloster ein weltliches Stift wurde. Von der ehemaligen Abtei blieben nur die einfache Volkskirche (romanisch-gotisch) und das barocke "Abtspalais" übrig. Nahebei bietet sich ein Museum an, Einblick in die Geschichte der Abtei, des Ortes und in das Leben der Bevölkerung zu geben. Die Stadt hat einige schöne Barockhäuser. Im Nordwesten von Gorze liegt die ehemalige Ermitage Saint Thiébault (18. Jh).

Grand

(550 Einwohner). Heute ein Bauerndorf, war Grand einst eine Niederlasung der keltischen Leuker, die hier ihren Agrar-Gott Grannus ("Grand") verehrten. Die Römer machten daraus ein Castrum mit der Infrastruktur eines Oppidum. Eine 1700 m lange Mauer mit vier Toren und 22 Türmen umgab die römische Festung auf der Hochfläche. Die Römer verehrten in ihrem Tempel Apoll. Es gab hier Thermen und ein beachtliches Amphitheater, das 100 n. Chr. errichtet wurde und 17000 Zuschauer fasste. Es liegt vor der Mauer und ist heute in großen Teilen erhalten. Jährlich finden hier Theateraufführungen und Konzerte statt. Das öffentliche Leben der Römer spielte sich in der Basilika ab (35 m x 22 m). Sie ist ausgestattet mit einem 14 x 14 m großen Fußbodenmosaik mit Zirkusmotiven, Pflanzen und geometrischen Mustern, die man beim Besuch des Museums bestaunen kann.

Haroué

(500 Einwohner). Das attraktive Wasserschloss mit seinen vier runden Ecktürmen im Tal des Madon wurde unter Verwendung einer älteren Anlage 1720 von Germain Boffrand im Auftrag der Grafenfamilie Beauvau-Craon erbaut, angeblich auf Veranlassung von Herzog Leopold von Lothringen, der den Grafen dafür entschädigen wollte, dass er sich in dessen schöne Frau Marguerite de Beauvau verliebt hatte. Die Familie besitzt heute noch das gut durchdachte und gestaltete Schloss mit seinen Wirtschaftsgebäuden und weiträumigen Parkanlagen, auf deren Bäumen

Haroué, Partie am Schloss

sich Scharen von krächzenden Raben versammeln. Im Innern des Schlosses befinden sich reizvolle Salons und Zimmer mit Mobiliar aus dem 18. Jh. und zeitgenössischen Gemälden. Auch König Stanislaus wohnte des öfteren im Schloss. Er ließ auch das Tor und das Geländer der Ehrentreppe von seinem Kunstschmied Jean Lamour anfertigen. Die Schlosskapelle mit ihrer intim-religiösen Atmosphäre ist in dem rechten Seitenflügel der dreiseitigen Schlossanlage eingebaut. Skulpturen der Barockzeit symbolisieren auf der zweiten Brücke die Kunst, die Wissenschaft, den Gartenbau und die Landwirtschaft. (Das Schloss kann vom 1. April bis November in der Regel nachmittags besichtigt werden.)

Hattonchâtel

(320 Einwohner). Auf einem Bergsporn der Côtes de Meuse liegt das im 9. Jh. von Bischof Hatto von Verdun gegründete Hattonchâtel, ein strategisch wichtiger Ort für das Bistum Verdun und zugleich Zufluchtsort für den Bischof, wenn in der Stadt die Bürger für mehr Rechte kämpften. Die Burg, am östlichen äußersten Punkt gelegen, fiel im 16. Jh. an Lothringen und wurde im 30jährigen Krieg und wiederum im 1. Weltkrieg zerstört. Die Burg, die Mairie und das Waschhaus wurden in den 20er Jahren durch die Spenden von Miss Bell Skinner aus den USA, deren Bruder hier im 1. Weltkrieg fiel, wieder aufgebaut. Heute ist der Ort, der wie die meisten lothringischen Städte und Gemeinden nicht vom Tourismus überrollt wird, ein beliebter Ausflugsort. Das Schloss ist in Privatbesitz, kann aber besichtigt werden. Von der Mairie aus hat man einen schönen Ausblick zur Bergkette, zum Lac de Madine, zur Butte de Montsec und bis zu den Bergen bei Toul*, Liverdun*, Nancy* und Pont-à-Mousson*. Im Ort gibt es Häuser mit Laubengängen und die Stiftskirche (heute Pfarrkirche) Saint-Maur (14. Jh.) mit schönen gotischen Gewölben, einem kleinen Kreuzgang und – besonders kostbar – im ehemaligen Kapitelsaal einem dreiteiligen Steinretabel von Ligier Richier (oder aus seiner Schule) mit Darstellungen vom Kreuztragen, dem Kalvarienberg, der Beweinung Christi und dem Schweisstuch der Veronika. Hattonchâtel ist Ausgangspunkt für Wanderungen und Radtouren an und in den Côtes de Meuse.

Hesse

(540 Einwohner), ein verträumtes Bauerndorf, liegt unweit von Sarrebourg* am Canal de la Marne au Rhin*. In Hesse sind noch die Reste einer Benediktinerinnenabtei zu sehen, die von den Grafen von Dagsburg (Dabo*) um 1050 gestiftet wurde. Die Abtei bestand 400 Jahre, wurde dann aufgehoben, und die Grafen von Leiningen (Pfalz), die ursprünglich aus Dagsburg stammten, traten das Erbe an und unterstellten das Anwesen dem Kollegialstift von Sarrebourg. Die noch erhaltene Kirche Saint-Laurent wurde nach der Französischen Revolution Pfarrkirche. Die romanische Kirche zeigt reichen Steinmetzschmuck an den Säulenkapitellen (Kelchblockform) und Friese mit pflanzlichen und figürlichen Darstellungen mit Löwen, Drachen, Fabelwesen, Vögeln und Masken. Den Abschluss bilden an einem Eckkapitell zwei Würfelspieler, die (vermutlich) um einen Weinkrug würfeln.

Hombourg-Haut

(1100 Einwohner). Beeindruckend ist die Anlage der Stadt auf einer Bergnase mit Resten einer Befestigungsmauer und der Hauptstraße, die vom "Alten Tor" hinaufzieht zur ehemaligen Kollegiatskirche Saint-Étienne. Die Straße läuft am Friedhof und den Grundmauern der früheren Burg vorbei und mündet in den Weg der Vierzehn-Nothelfer, der zum Schlußpunkt, der frühgotischen Sankt Katharinenkapelle führt. Der "Prozessionsweg" Rue de l'Église und Rue Sainte Cathérine ist über zwei Kilometer lang. Die Kirche beeindruckt durch ihre klaren gotischen Formen und die zum größten Teil neogotische, geschmackvolle Ausstattung. Die Figuren der Vierzehn Nothelfer gehen zurück auf die Zeit des Metzer Bischofs Jakob von Lothringen im 13. Jh.. Sie wurden 1636 von den Schweden zerstört und ab 1789 wieder hergestellt, so dass man wieder den Heiligen in der Reihenfolge Cyriacus, Margaretha, Agatha, Katharina, Georg, Pantaleon, Denis, Christophorus, Eustachius, Barbara, Blasius und Erasmus begegnen kann. Die Katharinenkirche am Ende krönt den Weg der Nothelfer-Pilger. Vom Bergstädtchen aus hat man an einigen Stellen einen schönen Ausblick auf Hombourg-Bas im Tal der Roselle und auf das Château de Hausen (1790) mit Park.

Hombourg-sur-Canner

(460 Einwohner). Das malerisch über einem großen Schilfweiher stehende Schloss mit vier runden Ecktürmen geht zurück auf die Herren von Kriechingen, die es im 16. Jh. errichteten. Es hat seither etliche Umbauten erfahren. Lange Zeit waren die Grafen von Hunolstein (Hunsrück) Herren des Schlosses und dieser Gegend.

Jardin d'Altitude du Haut Chitelet

Die Universität Nancy hat seit 80 Jahren einen Garten in 1200 m Höhe südlich des Col de la Schlucht angelegt, in dem 2500 Arten von Pflanzen der Bergregionen gepflegt werden und zu sehen sind. Das botanische Areal ist übersichtlich-systematisch gestaltet und nach wissenschaftlichen Kriterien eingeteilt. Es finden sich Pflanzen nicht nur aus den Regionen der Vogesen, sondern auch aus den Alpen und aus asiatischen und amerikanischen Regionen. Die Niederschläge erreichen 2200 mm im Jahr, und die Durchschnittstemperaturen liegen bei 3,5°C. Der botanische Garten ist in den Monaten Juni bis September für das interssierte Publikum geöffnet. (Informationen: Jardin d'Altitude, Col de la Schlucht, 88400 Xonrupt-Longemer, T 03 29 63 31 46)

Jaulny

(200 Einwohner). Im Tal der Mad liegt am Berghang die malerische, mittelalterliche Burg, von der ein Torturm und ein schlossartiges Renaissance-Torhaus erhalten sind. Das Schloss dient als Museum mit zeitgenössischer Einrichtung.

La Bresse

(5400 Einwohner) im Tal und an den Hängen der Moselotte, einem Nebenfluß der oberen Mosel gelegen, ist eine Streusiedlung, deren einzelne Siedlungspunkte bis ins 7. Jh. zurückreichen. 1944 wurde der Ort schwer zerstört. In und um das auf 700 m

Höhe gelegene La Bresse entwickelte sich ein Tourismusgebiet mit vielen Wander-wegen und sportlichen Aktivitäten im Sommer und im Winter.

Lachalade

(60 Einwohner) Im freundlichen Tal der Biesme, die auch die Grenze zwischen Loth-ringen und der Champagne bildet, liegt die verträumte ehemalige Zisterzienserabtei Lachalade mit der Kirche Notre-Dame, die 1136 von Bischof Albéron de Chiny aus Verdun geweiht wurde. Das heutige Gotteshaus stammt aus den Jahren 1270-1340, in zisterziensischer Bauweise errichtet. Die blühende Abtei wurde durch die Franzö-sische Revolution aufgehoben und privatisiert. Die Kirche und die Abteigebäude wurden zum Teil abgebrochen. Im 1. Weltkrieg tobten hier schwere Kämpfe, die die Gebäude stark beschädigten. Die prächtige Fensterrose im Westen der Kirche im Flamboyant-Stil stammt aus der ehemaligen Kirche Saint-Vanne in Verdun*. Der Raumeindruck im Inneren wird beherrscht von der in aller Einfachheit monumenta-len Bauweise mit hohem gotischen Chor und paarweise angeordneten Chorkapellen. Heute dient die immer noch imposante Kirche als Pfarrkirche.

Lac de Madine

Es ist mit 1100 ha Wasserfläche der größte See im westlichen Naturpark Lothringen PNRL-Ouest*, ein künstlicher Stausee für die Wasserversorgung von Metz und Um-gebung. Der See ist bis zu 14 m tief, und seine Kapazität umfasst 35 Millionen Kubik-meter Wasser. Zwei Badestrände befinden sich am Nordrand. Er bietet viele Mög-lichkeiten für sportliche Aktivitäten: Surfen, Rudern, Segeln (Segelschule), Angeln, aber kein Wasserski und Motorbootverkehr. Am Nordufer gibt es Liege- und Spiel-wiesen, Sportplätze und Sporthallen für Fußball, Volleyball, Basketball, Tennis, Golf, Kunstklettern, Skaten. Größere Uferbereiche im Westen, Süden und Osten sind natur-geschützt. Um den See herum führt eine 19 km lange "Tour du Lac", die markiert ist und sich für Beobachtungen von Fauna (Vögel) und Flora eignet. Ideal ist die Land-schaft zum Reiten und für Vélo-Touren.

Lac de Pierre-Percée

Ein herrlich in Waldeinsamkeit gelegener Stausee bei Celles-sur-Pleine, hat eine Was-serfläche von 304 ha und fasst 61 Millionen Kubikmeter Wasser. Die Staumauer ist 69 m hoch, 330 m lang und an der Basis 355 m breit. Vom Belvedere (Aussichtspunkt) hat man einen weiten Blick über den See, der auch zum Segeln und Angeln dient. Es gibt hier einen Lehr- und Botanikpfad und einen Rundwanderweg, der zum Rocher des Corbeaux führt. Oberhalb des Sees liegen der Erholungsort Pierre-Percée und die Ruine des Château de Salm, die Stammburg eines weitverbreiteten Grafen-geschlechts, (mit Nebenlinien) u. a in Bar-le-Duc*, Blâmont*, Senones*, Morhange/ Mörchingen, das bis heute in Deutschland auf Schloss Dyck bei Neuss und Wall-hausen bei Bad Kreuznach ansässig ist.

Laheycourt

(400 Einwohner) ist ein langezogenes Straßendorf. An der Dorfstraße stehen im Ab-

stand von ca. 150 m Brunnen mit großen Trögen, die dem Ort ein charakteristisches Gepräge geben.

Ligny-en-Barrois

(5500 Einwohner) liegt im breiten Tal des Ornain und hat von der ehemaligen Stadtbefestigung noch zwei Tore aufzuweisen. Lange Zeit gehörte die Stadt zum entfernten Luxemburg. An der Kirche Nativité-de-la-Vierge ist vom 13. bis zum 17. Jahrhundert gebaut worden. Eine sternförmige Rosette schmückt die Fassade. Die Fenster im Chor stammen aus dem 16. Jahrhundert.

Liverdun

(6400 Einwohner) war einst eine Bergfestung der Touler Bischöfe, die hier eine Burg und ein Kollegiatstift begründeten. In der Geschichte wurde der Ort oft von Kriegen heimgesucht. In der Gegenwart sind noch Teile der Wehrmauer (Porte Haute), die gotische Kirche Saint-Euchaire, das Haus des Gouverneurs, ein schönes Renaissance-Portal mit eliptischem Bogen und an der Place de la Fontaine Arkadenhäuser (16.-18. Jh.) zu sehen. Von der Aussichtsterrasse an der Porte Haute hat man einen sehr schönen Blick in das Tal der Mosel.

Lixheim

(800 Einwohner) ist der Heimatort von Theobald von Lixheim, der zur Zeit der Frührenaissance zahlreiche Kirchenfenster, u. a. für die Kathedrale in Metz* und für die Prioratskirche in Fénétrange* schuf. Der Ort mit seinem zierlichen Renaissance-Rathaus war einst ein Priorat der Benediktiner (seit 1106), dem auch der spätere Reformator Wolfgang Musculus (Maus) angehörte. Im Ort gibt es eine Reihe von Renaissance- und Barockhäusern, an denen die Kriegswirren nicht spurlos vorübergegangen sind.

Longuyon

(6100 Einwohner). An der strategisch wichtigen Straßenkreuzung im Taldreieck siedelten bereits die Römer (villa longagis). Aus fränkischer Zeit stammt das dem Bischof von Trier unterstellte Kloster und die Kollegiatskirche Sainte-Agathe. Sie hat einen mächtigen romanischen Wehr-Kirchturm aus dem 11. Jh., der Spolien aus gallo römischer Zeit aufzuweisen hat. Das Kirchenschiff ist romanisch-gotisch, der Chor gotisch. Zwei Madonnen aus dem 14. Jh. fügen sich gut in den mystischen Raumeindruck der Kirche ein. Die Stadt hat als Eisenbahnknotenpunkt in den Kriegswirren schwere Verluste hinnehmen müssen und expandierte danach aus der Talenge auf die umliegenden Höhen.

Longwy

(16000 Einwohner) besteht aus zwei Zentren: Longwy-Haut und Longwy-Bas. In der Oberstadt befand sich die erste Burganlage, die zuerst von den Grafen von Luxemburg, dann von den Grafen von Bar und danach von den Herzögen von Lothringen bewohnt wurde. Ludwig XIV. eroberte die Stadt und ließ durch seinen Baumeister

Vauban eine große, sternförmige Festung errichten. Die Festung wurde 1870 von den Preußen erobert, dann zu Beginn des 1. Weltkrieges zerstört. In der Mitte des Festungsplatzes, Place Colonnel Darche, steht das runde Brunnenhaus, das Einblick in die unterirdischen Gänge der Festung bietet. Heute befindet sich im Brunnenhaus ein Museum zur Festungs- und Stadtgeschichte und die Tourist-Information. Erhalten blieben weiter das Straßensystem und die Porte de France mit Zugbrücke, einige Wälle und Bollwerke und die Garnisonskirche Sankt Dagobert (17. Jh.). In Longwy-Bas und im Tal der Chiers entstanden Eisenwerke und Schmelzöfen, die – neben Thionville* – das Zentrum der lothringischen Eisenindustrie bildeten, heute aber durch moderne Techniken ersetzt sind.

Louppy-sur-Loison

(110 Einwohner). Das ganz landwirtschaftlich orientierte Dörfchen wird – ähnlich wie Schloss Cons-la-Grandville* - von einem vorwiegend aus der Renaissance-Zeit stammenden Schloss beherrscht. Ursprünglich gehörte es den Grafen von Bar. Heute ist es in Privatbesitz. Wer nicht zu den Öffnungszeiten zur Besichtigung der barock-klassizistisch ausgestatteten Innenräume kommt, kann außen das herrliche Renaissance-Portal betrachten und die Szenerie der antiken Götterwelt studieren.

Lucey

(550 Einwohner) ist ein Weindorf, das früher zur Herrschaft des Bischofs von Toul gehörte. Der Bischof verfügte, dass der Most der Traubenlese sofort in die bischöflichen Weinkeller in Toul zu bringen sei. Es war verboten, Weinkeller anzulegen. Im Gegensatz zum Nachbardorf Brûley konnte das Dorf deshalb nicht reich werden. Es hat ein kleineres Rathaus und eine bescheidenere Kirche, die aber – wie das ganze Dorf – gut in das anheimelnde Landschaftsbild passt. Am Südhang des waldbedeckten Plateaus (Höhenunterschied 120 m) erstrecken sich die berühmten Weinlagen "les Vignes de l'Évêque", die jetzt von den einheimischen Winzern gepflegt und vermarktet werden. Auf dem Plateau wurde das Fort de Lucey (1892) mit seinen Fortifikationen angelegt. Ein echt lothringisches Winzerhaus (Museum) ist die "Maison Lorraine de Polyculture" (Öffnungszeiten siehe Tour 2).

Lunéville

(23000 Einwohner). Eigentlich sollte man die Stadt bei Mondschein besuchen, denn die Stadt trägt ihren Namen nach der Mondgöttin „Luna" (Lunae Villa). Um dies augenfällig zu machen, hat das Stadtwappen gleich drei Silber(viertel)Monde auf blauem Hintergrund aufzuweisen. Es lohnt sich, in einer lauen Mondnacht durch die großangelegten Gärten (Bosquets) des Schlosses und durch die Altstadt mit dezenter goldfarbener Beleuchtung zu wandeln, um Lunéville zu erleben. – Die frühe Grafschaft Lunéville kam im 13. Jh. an Lothringen und wurde später von Herzog Leopold II. als Nebenresidenz zu dem von den Franzosen besetzten Nancy ausgebaut. Herzog Leopold und König Stanislaus ließen die Residenz von ihren Hofarchitekten Germain Boffrand und Emmanuel Héré großzügig ausbauen, so dass später Voltaire bei einem Besuch Lunéville ein zweites Versailles (le Versailles Lorrain) nennen konnte. Die naheliegende Kirche Saint-Jacques wurde von Emmanuel Héré im überschwänglichen Barockstil (besonders die Fassade) gestaltet, während das Innere eher nüchtern ausfiel. Die Orgel der Brüder Dupont ist wohlklingend und sehr geeignet für französische Orgelliteratur. Die Orgelpfeifen sind hinter einer Bilderwand angebracht, was selten vorkommt. Im Innern der Kirche stammen die Bilder mit biblischen Themen von Jean Giradet. Stanislaus weilte gern in Lunéville, und er ordnete an, dass in der Kirche sein Herz beigesetzt werden sollte. Nach seinem Tod (1766) fiel Lothringen an die französische Krone. Das Schloss wurde Dragonerkaserne, der Park, in dem es sogar bewegliche Figuren, Wasser- und Windspiele gab, wurde zum Exerzierplatz. Die wertvollen Parkfiguren und –vasen und die Inneneinrichtungen wurden in alle Welt verkauft, so dass man heute zum Beispiel im Schlosspark Carl Theodors in Schwetzingen Skulpturen aus Lunéville bestaunen kann. In den weiträumigen Sälen des Schlosses sind heute ein stadthistorisches Museum, ein Militärmuseum, ein Konservatorium, Verwaltungsstellen und die Tourist-Information untergebracht. Im Museum gibt es Pläne und Modelle der Stadt- und Schlossentwicklung – auch die alte Hofapotheke ist zu sehen - und als besondere Kostbarkeiten die Fayencen der königlichen Porzellan-Manufaktur zu Lunéville. Auch der französische Jugendstil findet in einigen Objekten Berücksichtigung. Ein Zimmer ist Georges de la Tour (1593-1652) aus Vic-sur-Seille* gewidmet, der hier in Lunéville sein Atelier hatte und hier starb. Und noch ein anderer Künstler stammte aus Lunéville: Nicolas de Pigage, der 1723 hier geboren wurde und der im Auftrag von Kurfürst Carl Theodor von der Pfalz das bezaubernde Schloss Benrath bei Düsseldorf und das graziöse Rokoko-Theater im Schlosspark von Schwetzingen gebaut hat. In die Geschichte ist Lunéville durch den Friedensvertrag von 1801 eingegangen, in dem von Kaiser Napoleon bestimmt wurde, dass das deutsche linksrheinische Gebiet an Frankreich fiel (Mainz-Mayence, Trier-Trèves, Koblenz-Coblence) und die Départements Moselle und Mont-Tonnerre gebildet wurden. Beim Gang durch die Stadt fällt noch die Place des Carmes mit dem übergroßen Standbild des Abbé Grégoire auf, der im 18. Jh. in Lunéville einen liberal und demokratisch orientierten Gesetzescodex entwarf, und die neugestaltete Place Leopold mit ihrem mondänen Fluidum.

Marsal

(300 Einwohner) liegt in dem Gebiet der seit gallo-römischer Zeit betriebenen Salzgewinnung. Zum Schutz des wirtschaftlich bedeutsamen Gutes wurde der Ort von Vauban befestigt; die Wälle kann man heute noch sehen. Das Musée de Sel mit zahlreichen Exponaten und Einrichtungen zur Geschichte der Salzgewinnung wurde vor einigen Jahren in der mächtigen Porte de France eingerichtet. Die ehemalige Stiftskirche Saint-Léger ist eine beeindruckende dreischiffige romanisch-gotische Basilika, die auf dem Grund einer früheren merowingischen Kirche gebaut wurde. Die Kirche ist dringend renovierungsbedürftig – wie viele Kirchen in Lothringen und in Frankreich.

Marville

(500 Einwohner). Der heute eher bescheiden wirkende Ort war einst ein blühendes, befestigtes Renaissance-Städtchen mit mehr als 3000 Einwohnern. Es war hintereinander im Besitz der Herzöge von Bar, von Luxemburg und von Spanien (Karl V.). Im Ort gibt es noch einige erhaltene, aber restaurierungsbedürftige Renaissance- und Barockhäuser. Die gotische Kirche Saint-Nicolas mit 5-jochigem Langhaus entstand im 15. Jh., später dann die Seitenschiffe mit sechs Kapellen der Bruderschaften, u. a. die Sankt-Georgskapelle mit 13 hängenden Schlußsteinen, alle reich ausgestattet, wie überhaupt die ganze Kirche. – Auf der anderen Seite des Bergstädtchens, im Norden, liegt auf einem Hügel der Friedhof Saint-Hilaire - die einzige noch umfassend erhaltene Nekropole aus gotischer Zeit in Frankreich – mit der romanisch-gotischen Friedhofskapelle (12./13. Jh.) und dem Ossuaire (Karner, Beinhaus), wo beim Anblick der Schädel und Knochen Nachdenklichkeit aufkommt. Zahlreiche Grabsteine stammen aus dem 15.-18. Jh. und lassen, wie kaum an einem anderen Ort, volkskundliche Studien über Familien- und Sippengeschichte, Sterben, Tod, Begräbniswesen zu – ein Kulturfriedhof, wie man ihn selten findet.

Mattaincourt

(1000 Einwohner). Hier lebte und wirkte der Ordensgründer Pierre Fourier (1565-1640), der für die Erziehung und Bildung der Mädchen fünfzig Frauenklöster gegründet hat. Es gibt im Ort eine neugotische Wallfahrtskirche, die zu Ehren des heiligen Petrus gebaut wurde.

Meisenthal

(800 Einwohner), liegt wie Saint-Louis-lès-Bitche, Lemberg, Mouterhouse, Goetzenbruck und Soucht in einem Gebiet der Nordvogesen, in dem bereits im 16. Jh. die ersten Glashütten entstanden. In dem wenig bevölkerten Landstrich gab es genügend Wald für die Kohlenmeiler, Quarzvorkommen und Pottasche, die für die Glasherstellung benötigt werden. Die im 19. Jh. aufblühende Glasmanufaktur besteht heute nur noch in Saint-Louis und Goetzenbruck. Die anderen Glasfabriken siechten dahin und hinterließen ein "Museums-Areal" mit Fabrikationsgebäuden, Verwaltungsgebäuden und Arbeitersiedlungen. In Meisenthal ist in der "Maison du verre et du cristal" die Erinnerung an frühere Zeiten lebendig dokumentiert, und beim Besuch wird man mit der Technik der Glas- und Kristallherstellung bekannt gemacht. Emile Gallé (1846-1904), der Chemie und Kunst studierte, hat in Meisenthal seine Lehrzeit verbracht. Angeregt von den Motiven aus den Wäldern (Wurzeln, Blätter, Pflanzen, Blüten) entwickelte er in Nancy* den französischen Jugendstil und begründete zusammen mit Auguste und Antonin Daum, mit dem Kunstschreiner Louis Majorelle und dem vielseitigen Maler, Graphiker, Bildhauer und Innenarchitekten Victor Prouvé die École de Nancy, deren „Wurzeln tief im Walde" liegen. In Meisenthal kann man noch den Glasbrandofen sehen, in dem Gallé experimentiert hat.

Menhirs de l'Europe

An und auf der Grenze zwischen Deutschland und Frankreich bei Sierck-les-Bains* wurde ab 1983 der Skulpturenpark „Le Chemin des Pierres Sculptées – Menhirs de l'Europe" errichtet (Foto unten). Künstlerinnen und Künstler aus den europäischen Ländern wurden ausgewählt und schufen Skulpturen aus verschiedenen Steinmaterialien zu den Themen Grenze, Überwindung von Grenzen, Begegnung, Frieden. Am besten erwandert man den Skulpturenweg von Langstroff aus, das zwischen Sierck-les-Bains und Waldwisse gelegen ist.

Metz

(118 000 Einwohner) ist die Hauptstadt des Départements Moselle und der 1973 neu geschaffenen Region Lorraine, die die vier Départements Moselle, Meurthe-et-Moselle, Vosges und Meuse umfasst. Universitätsstadt. – In Metz und Umgebung siedelten die keltischen Mediomatriker. Die Römer errichteten das Kastell Mediomatricum (Mettis). Metz wurde sehr früh Bischofssitz (um 300 Bischof Clemens). 843 wurde Metz durch den Vertrag von Verdun in das mittlere Frankenreich Lotharingien (Lothringen), 870 in das ostfränkische Reich einbezogen. Im Mittelalter war Metz bischöfliches Territorium, danach freie Reichsstadt. 1648 wurde Metz französisch und zur Festung ausgebaut. Ab 1790 ist Metz Sitz der Regierung des Départements Moselle, zwischen 1870 und 1918 und 1940 bis 1944 gehörte es als Verwaltungssitz des Bezirks Lothringen zu Deutschland. Die Partnerstadt von Trier spielt in der Europapolitik eine große Rolle (Robert Schuman). – Auf den Fundamenten des gallo-römischen Kastells geben die Musées de la Cour d'Or Einblicke in die wechselvolle Kulturgeschichte der Stadt. Die gotische Kathedrale Saint-Étienne wird wegen ihrer insgesamt 6500 qm umfassenden riesigen Glasfenster (13.-16. Jh. und 19./20. Jh.) u. a. von Hermann von Münster, Valentin Bousch, Thiébault von Lixheim bis zu Jaques Villon und Marc Chagall als

„Laterne Gottes auf Erden" bezeichnet. Bereits aus römischer und merowingischer Zeit stammt die Kirche Saint-Pierre-aux-Nonnains im Süden der Stadt mit ihren einzigartigen merowingischen Chorschranken (heute im Museum). Saint-Maximin, Saint-Vincent, Saint-Eucaire, Saint-Martin und die Templerkapelle sind romansich-gotischen Ursprungs. Metz hat viele Gebäude und Gassen aus dem Mittelalter und der Renaissance und lauschige Plätze, unter denen die Place Saint-Louis (mit Arkaden) und die Place Saint-Jaques hervorzuheben sind. Von der mittelalterlichen Stadtmauer steht noch die Porte des Allemands, während die von Sébastian le Prestre de Vauban und Nachfolgern erbauten riesigen Befestigungsanlagen im 19. Jh. geschleift wurden. An deren Stelle wurden Parks und breite Boulevards angelegt, die wie die Bau-

ten aus der deutschen Zeit (Bahnhof) das moderne Stadtbild prägen. Beim Einkaufsbummel empfehlen sich die Markthallen (18. / 19. Jh.) an der Place de la Cathédrale (s. Foto oben), wo man das geschäftige Treiben besonders gut erleben kann. – 14 km südöstlich von Metz liegt das Château de Pange* des Marquis von Pange aus dem Jahre 1756 mit gepflegten Parkanlagen, einer neugotischen Kirche und einer Gärtnerei mit erlesenen Pflanzen.

Meurthe
Die 170 km lange Meurthe entspringt am Col de la Schlucht an der Route des Crêtes* in den Vogesen und fließt dann nach Saint-Dié* und Baccarat*. Bei Lunéville* mündet die Vézouze in die Meurthe und bei Saint-Nicolas-de-Port* der Sânon. In Nancy*

prägt sie das Stadtbild und fließt schließlich bei Pompey in die Mosel.

Meuse, Maas

Sie fließt im westlichen Teil von Lothringen durch ruhige, ausgewogene Landschaften, mäandert in ihrem breiten Tal und ist stellenweise verbunden mit dem Canal de l'Est*. Sie kommt vom Hochland von Langres und erreicht südlich von Neufchâteau* Lothringen, fließt an Domrémy-la-Pucelle und Vaucouleurs* vorbei, berührt die historisch bedeutsamen Städte Commercy*, Saint-Mihiel* und Verdun*, bis sie bei Stenay* im Norden Lothringen wieder verlässt. In ihrem breiten Tal gibt es viele Wiesen, auf denen bunt gescheckte Kühe weiden. Das Maastal ist bekannt für seine guten Käsesorten.

Mirecourt

(7500 Einwohner) ist ein ehemaliger römischer Handelsplatz, dem Gott des Handels „Merkur" (daher Mirecourt) geweiht. Die Stadt ist durch ihren Musikinstrumentenbau (Saiteninstrumente) bekannt geworden. Die gotische bis barocke Stadtkirche besitzt einen Hochaltar aus dem Jahre 1621, bei dem die Bilder entsprechend dem Kirchenjahr ausgewechselt werden können. Am Flugplatz gibt es ein Maisfeld, das jährlich in ein „Labyrinth" mit dem Motiv einer Laute verwandelt wird.

Mittersheim

(600 Einwohner) ist ein kleiner Ort am Canal des Houillières de la Sarre* (Saar-Kohlenkanal) mit hoher Freizeit- und Erholungsfunktion als Anlegestelle für die Schifffahrt auf dem Kanal und mit vielen Sportaktivitäten auf dem Étang de Mittersheim (Segeln, Rudern, Schwimmen, Wasserski), aber auch Wandern und Radfahren entlang des Kanals.

Mognéville

(400 Einwohner) besitzt mit der ehemaligen Benediktinerkirche Saint-Remi ein Schmuckkästchen ersten Ranges. Um 1200 begonnen, vereinigt die Kirche harmonisch romanischen und gotischen Baustil. Die Fassade schmückt eine romanische Fensterrose. Die Seitenkapellen und der Chor sind spätgotisch und haben hängende Schlußsteine. Im Langhaus ist die Grabkapelle derer von Beauvan und des Kardinals Jacques d'Amboise (16. Jh.) zu sehen. Immer wieder trifft man in den lothringischen Kirchen, so auch hier, auf eine Mutter Anna, die ihre Tochter Maria das Lesen lehrt. Strebepfeiler mit Wasserspeiern zieren den äußeren Bau.

Mont-devant-Sassey

(110 Einwohner). Die Kirche Notre-Dame oberhalb des kleinen Dorfes Mont-devant-Sassey ist einer der beeindruckendsten Kirchenbauten Lothringens. Ihre Lage am Berghang, umsäumt von Streuobstwiesen, Friedhof und Bergwald und die Einbettung in die umgebende Landschaft machen das Bauwerk zusätzlich reizvoll und zum Augenschmaus, wenn man vom Dorf hinauf zur Kirche wandert. Entstanden ist der sakrale Ort im 11. Jh. als eine Niederlassung von Kanonissen aus Belgien. Sie haben

hier eine dreischiffige romanische Pfeilerbasilika neben ihrem Stiftsgebäude errichten lassen. Die Kirche wurde aber bald zu klein, so dass sie im 13./14. Jh. die jetzige gotische Kirche und etwas später den wuchtigen Westturm bauen ließen. Glanzpunkte aber sind das Südportal mit zahlreichen Figuren und Darstellungen aus dem Alten- und Neuen Testament (Adam und Eva als stämmige Bauern, Moses, Abraham, Noah, Maria, Johannes Evangelist, Simon, Petrus) und die Figurengruppe und Szenen im Tympanon und Türsturz in fünf Bogen, u. a. Fabelwesen in Ranken, Taufe Jesu, Anna und Joachim, Opfer Melchisedechs, Opfer Abels, Zwölf Apostel, Evangelisten und Heilige. Die Skulpturen sind trotz mancher kriegerischer Ereignisse erhalten geblieben, allerdings durch Witterungseinflüsse renovierungsbedürftig. Sie werden durch die Vorhalle und ein Eisengitter geschützt, jedoch verhindert dieses die Besichtigung des Inneren der Kirche (nur in den Monaten Juni, Juli, August möglich). Das Innere ist mit Kreuzgratgewölben, Pfeilerarkaden und gotischen Blatt- und Knospenkapitellen architektonisch gut gestaltet. Unter der Apsis ist noch die beachtenswerte romanische Krypta mit sechs Säulen, verbunden mit Zierkapitellen, vorhanden. Wichtige Austattungsstücke wie die Madonna sind aus Sicherheitsgründen ins Museum von Verdun gebracht worden.

Montfaucon-en-Argonne

(300 Einwohner). In dieser Gegend tobten am Ende des 1. Weltkrieges harte Kämpfe. Hier kamen vor allem amerikanische Soldaten zum Einsatz. Ein amerikanisches Denkmal mit Freiheitsstatue kann man bis zur Plattform auf 235 Stufen besteigen und oben den Rundblick genießen. Der Nachbarort Romagne beherbergt einen großen amerikanischen Friedhof, auf dem 14 000 Gefallene begraben liegen.

Mont-devant-Sassey, die Kirche Notre-Dame

Montmédy

(2000 Einwohner). Der Ort wird von der weithin sichtbaren Zitadelle (Oberstadt) beherrscht, die auf einer mittelalterlichen Burganlage erbaut wurde. Sie war längere Zeit in spanischem Besitz. Louis XIV. ließ sie durch Vauban zu einer mächtigen Festung umbauen. Sie ist heute noch weitgehend erhalten. Die einzelnen Bastionen und die gestaffelte Toranlage können besichtigt werden (Rundgang ca. 1 Stunde) und bieten einen Überblick über die damalige Kriegstechnik (Museum). 1815 und 1870 wurde die Zitadelle von deutschen Truppen eingenommen. Im 1. Weltkrieg fungierte sie als Nachschubbasis für die Front vor Verdun. Der Ausblick von den Remparts zeigt eine ringsum friedliche Landschaft.

Mont-Saint-Martin

(8700 Einwohner). Auf dem höchsten Punkt des mit Longwy zusammengewachsenen Ortes befindet sich seit 850 Jahren die ehemalige Prioriatskirche Saint-Martin. Ein Vorgängerkirchlein reichte bis in 6. Jh. zurück. Die dreischiffige romanische Kirche hat ein durch seine Schlichtheit beeindruckendes Westportal mit Zackenband, flankiert von zwei romanischen Säulen und einer blütenverzierten Archivolte. Darüber ist ein vierspeichiges Radfenster, wie es selten zu sehen ist. Im Inneren findet sich an den Chorbögen reicher Ornamentschmuck und Reste gotischer Wandmalereien (Verkündigung, St-Martin), sowie eine nicht zu deutende Groteskgestalt mit riesigen Ohren. Das nördliche Seitenschiff zeigt eine feingearbeitete Kreuzigungsgruppe mit Mond und Sonne als Begleitsymbolen. An den Chor ist eine Kapelle angebaut. Vom Plateau des Berges hat man eine schöne Sicht hinunter in das Chiers-Tal, wobei der Anblick der Hüttenwerke möglicherweise nicht als störend empfunden wird.

Montsec

(70 Einwohner), Butte de Montsec. Der kleine Ort liegt zwischen dem Lac de Madine und der Butte de Montsec und ist durch seine Mirabellenplantagen und Kürbisse bekannt. Die Butte de Montsec ragt als "Zeugenberg" fünf Kilometer vor den Côtes de Meuse in der Ebene auf. Auf seiner Spitze steht ein rundes Memorial zum Gedenken an die in diesem Gebiet gefallenen amerikanischen Soldaten. In der Mitte des Memorials findet man ein Geländerelief (mit dem Verlauf der Frontlinien im 1. Weltkrieg), das instruktiv die Panorama-Landschaft im Kleinformat widerspiegelt.

Moselle, Mosel

Die Mosel entspringt auf 715 m Höhe am Col de Bussang in der Nähe von Bussang*. Die Quellfassung wurde 1965 angelegt (s. Foto nächste Seite) und von den Städten und größeren Gemeinden des 545 km langen Mosellaufes gestiftet. Wie kein anderer Fluss, durchzieht die Mosel Lothringen vom südlichsten bis zum nördlichen Ende bei Sierck-les-Bains*. Sie ist seit den Zeiten der Kelten und Römer eine wichtige Süd-Nord Verkehrsverbindung für die Schifffahrt und den Transport. Die wichtigsten Orte entlang der Mosel sind in Lothringen Remiremont*, Épinal*, Toul*, Metz* und Thionville*.

Moyenmoutier

(3300 Einwohner). Hier lebte um 800 der Trierer Weihbischof Hidulphus als Eremit in einer Klause. Die Benediktinerabtei Saint-Hydulphe, die sich später daraus entwickelte, trägt den Namen des frommen Mannes. Die kleine romanisch-gotische Kir-

che wurde 1765 abgerissen. An ihre Stelle trat die 1776 vollendete großräumige, lichtdurchflutete barocke Kirchenanlage mit Emporen. Besonders beeindruckend ist das Chorgestühl aus Eichenholz. Der Name Moyenmoutier resultiert aus der Lage zwischen mehreren Klöstern im engeren Umkreis (Étival-Clairefontaine, Senones, Saint-Dié). In den erhaltenen Klostergebäuden befindet sich heute eine Textilfabrik, die u. a. Jeans herstellt.

Nancy

(100000 Einwohner), Verwaltungssitz des Départements Meurthe-et-Moselle, ist eine in vielfacher Hinsicht erlebnisreiche und beeindruckende Stadt. Sie besitzt ein besonderes Fluidum, das von ihren einzigartigen Plätzen, insbesondere von der Place Stanislas (UNESCO-Weltkulturerbe) ausgeht. Stanislaus Leszczynski (1677-1766), Ex-König von Polen und von 1737-1766 Herzog von Lothringen und Bar, hatte sich in Nancy von seinem Hofarchitekten Emmanuel Héré und dem Kunstschmied Jean Lamour eine prachtvolle Residenz gestalten lassen. Die Stadtlandschaft wird bis heute in einer Weise von der Harmonie und Heiterkeit des Rokoko bestimmt, die in der Welt ihresgleichen sucht. Um 1900 entwickelten kreative Künstler der École de Nancy die auf ganz Europa ausstrahlende „Art nouveau", den französischen Jugendstil. Die Glaskünste von Émile Gallé und Antonin Daum, die floralen Inneneinrichtungen von Louis Majorelle und Eugène Vallin, die Jugendstilfenster von Jacques Gruber, die Kunstwerke des vielseitigen Victor Prouvé und die im ganzen Stadtgebiet vertretenen Gebäude hervorragender Jugendstilarchitektur wie die von Lucien Weissenburger, Alexandre Mienville oder Émile André geben der Stadt nachhaltig ihr Gepräge. Das Musée de l´École de Nancy in der ehemaligen Villa des Mäzens Eugène Corbin vereinigt alle Elemente und exemplarische Kunstobjekte des Jugendstils, desgleichen weisen die Galerie Poirel mit über 400 Exponaten und das Musée des Beaux-Arts an der Place Stanislas mit den zahlreichen Jugendstilelementen der Sammlung Daum auf die große Bedeutung der Kunststadt Nancy hin. – Die Geschichte der Stadt ist die Geschichte Lothringens. Hier residierten die Herzöge von Lothringen, bauten ihr Schloss, in dem sich heute das historische Musée Lorraine mit vielen zeitgenössischen Ausstellungsstücken befindet. Hier sind u. a. Originale der Gemälde von Georges de la Tour zu sehen, die ausgezeichneten Graphiken von Jacques Callot und die Gräber der Herzöge in der Franziskanerkirche mit der kunstvollen Grabfigur der Philippa von Geldern, gestaltet von Ligier Richier. Auf der Place de la Carrière trugen Herzöge, Grafen und Ritter ihre Turniere aus. Die alte Stadtmauer hat mit der doppelten Porte de la Graffe ihren verteidigungstechnischen Höhepunkt und wird verziert durch das lothringische Doppelkreuz. Matthäus Merian, der die Stadt ausgiebig beschrieben und gestochen hat, nennt sie „eine veste und lustige Stadt". Nach dem Tode von Stanislaus 1766 fiel die Stadt vertraglich an Frankreich. Das große Standbild des „bienfaisant", des „Wohltäters", wie ihn die Lothringer noch heute nennen, steht in der Mitte der Place Stanislas der sympathischen Stadt Nancy.

Nettancourt
(300 Einwohner) besitzt eine spätgotische Kirche Saint-Rémy, die von weitem sichtbar ist. Das Schloss La Grange aux Champs hat einen schönen Park mit Skulpturen aus der Werkstatt von Louis Humbert (18. Jh.).

Neufchâteau
(8500 Einwohner). Dort, wo der Mouzon in die Maas mündet, liegt Neufchâteau, am Kreuzungspunkt auch ehemals wichtiger Handelsstraßen. In der Stadt gibt es einige Häuser aus der Renaissance- und Barockzeit, ein Spital Saint-Ésprit mit einer Kapelle aus dem Spätmittelalter und zwei romanisch-gotische Kirchen. Die Kirche Saint-Nicolas liegt auf dem höchsten Punkt von Neutchâteau. Sie hat eine sehr alte Krypta mit zwei Nebenkrypten. Die Kapitelle der Säulen tragen reich verzierte Blattornamente. Auf einer Grablegung aus dem 15. Jh. gruppieren sich lebensgroße Figuren um den am Boden liegenden toten Jesus. Die andere Kirche, Saint-Christophe, steht unten an der Mouzon-Brücke, mitten im pulsierenden Leben der Kleinstadt. Bemerkenswert an dieser Kirche ist die Taufkapelle mit freitragendem gotischen Rippengewölbe und zwölf hängenden Schlusssteinen, eine statisch-künstlerische Meisterleistung.

Nonsard-Lamarche

(150 Einwohner). Hier ist die „Maison de Madine" (Haus Madine) die Zentrale der Freizeit- und Sportaktivitäten um den Lac de Madine* und auf dem See. (Madine, 55210 Nonsard, T 03 29 89 58 68, F 03 29 89 35 60, e-mail Madine accueil@wanadoo. fr.)

Pange

(700 Einwohner). Château de Pange. Das adrette, typisch lothringische Dorf bildet mit dem Château de Pange eine harmonische Einheit. Das Schloss stammt aus dem Jahre 1756 und wurde von dem Architekten Jean Baptiste Louis im Auftrag des Seigneur Thomas de Pange an der Nied Française erbaut. Mit Roland Marquis de Pange und seiner Familie leben die von König Stanislaus geadelten Grafen heute in der 14. Generation im Schloss. Die unteren, gut ausgestatteten Räume und der gepflegte Schlosspark sind vom 1. Juli bis 30. September täglich (außer dienstags) von 14 bis 18 Uhr zu besichtigen. Auch die neugotische Kapelle ist einen Besuch wert. Die Schlossgärtnerei bietet erlesene Pflanzen.

Parc Naturel Régional des Ballons des Vosges

Der Naturpark wurde 1989 ins Leben gerufen. Er ist 300 000 ha groß und erstreckt sich über die höchsten Erhebungen der Vogesen (Ballons), die Route des Crêtes*, die Gebiete um Gérardmer*, La Bresse*, Bussang* und Plombières-les-Bains* in Lothringen und im Elsass. Erholung und Freizeitaktivitäten bietet der Naturpark im Sommer wie im Winter (Wandern, Klettern, Mountainbiking, Segeln, Angeln, Skilanglauf, Skiabfahrtslauf, Schlittschuhlaufen). Der Naturpark ist als Touristenziel insbesondere für Menschen gedacht, die im Alltagsstress Ruhe und Entspannung im höheren Mittelgebirge suchen. (Informationen: Parc Naturel Régional des Ballons des Vosges, Maison du Parc, Cour de l'Abbaye, 68140 Munster, T 03 89 77 90 20, F 03 89 77 90 30)

Parc Naturel Régional de Lorraine (PNRL)

Der 1974 gegründete PNRL besteht aus zwei großen Regionen: PNRL-Est und PNRL-Ouest. Sie umfassen 186 Gemeinden und eine Fläche von 205 000 ha. Die Aufgaben des Naturparks sind der Schutz und das Erlebnis der Natur sowie die wirtschaftliche und soziale Koordination. Der große Naturpark hat den Vorteil, dass er nicht überlaufen ist, eine Ruhezone für Menschen, Tiere und Pflanzen bewahrt und für die Naherholung der Bevölkerung aus den Ballungsgebieten von Nancy, Metz und auch aus dem Saarland einen hohen Freizeit- und Erholungswert besitzt. - Der PNRL-Est umfasst die "lothringische Seenplatte" (Ausnahme der Sportsee Étang du Stock), ganz besonders die ökologisch wertvollen und naturgeschützen Étangs de Gondréxange und de Lindre (Tarquimpol*), sowie zahlreiche kleinere Seen. Die beiden Kanäle Canal des Houillères de la Sarre* und Canal de la Marne au Rhin* durchziehen die Seenplatte, deren Weiher als Wasserspeicher für die Kanäle gelten, und verbinden sich im Naturpark. Weiter gehört dazu das "Gebiet des Salzes" Saulnois mit Marsal* und Vic-sur-Seille*, durchzogen von den Flüssen Seille und Sânon. Der Naturpark Ost reicht von Fénétrange* mit großen Waldgebieten im Osten bis Vic-sur-Seille im Westen und von Munster-en-Lorraine im Norden bis Réchicourt-le-Château im Süden. - Der PNRL-Ouest umfasst weite Gebiete zwischen dem Tal der Mosel und dem Tal der Maas. Die Côtes de Meuse*, die Woëvre-Ebene*, die Butte de Montsec* und die Bergwälder westlich der Mosel (Côtes de Moselle*) mit ihren tief einschneidenden Tälern (Vallée du Rupt de Mad) gehören ebenso dazu wie die kulturgeschichtlich bedeutsamen Orte Gorze*, Hattonchâtel* und Jaulny*, die Weindörfer Bruley*, Lucey*, Vigneulles und Billy sous les Côtes. Er wird umgeben von den Städten Metz*, Pont-à-Mousson*, Nancy*, Liverdun*. Toul*, Commercy*, Saint-Mihiel*, Verdun* und Étain*, deren Bewohner den Naturpark zur Naherholung und für sportliche Bewegungsaktivitäten gern aufsuchen. Mittelpunkt des PNRL-Ouest ist der Lac de Madine* mit seinem vielfältigen Angebot an Naturerlebnissen. (Informationen: PNRL B.P. 35, 54702 Pont-à-Mousson, T 03 83 81 12 77, F 03 83 81 33 60.)

Parc Naturel Régional des Vosges du Nord
Der 1976 ausgewiesene Naturpark umfasst eine Fläche von 125 000 ha in Lothringen und im Elsass. Er bildet grenzübergreifend eine Einheit mit dem rheinland-pfälzischen Naturpark Pfälzerwald. Die naturräumliche Vielfalt des Naturparks mit seinen herrlichen Wäldern, seinen Buntsandsteinfelsen, kleinen Wald- und Wiesenseen, den einst stolzen Burgen und Schlössern (Falkenstein, Waldeck, Ramstein), sie alle laden zum Wandern und zu Radtouren ein. (Informationen: Maison du Parc, Château de la Petite Pierre, B.P. 24, 67290 La Petite Pierre, T 03 88 70 46 45.

Phalsbourg, Pfalzburg
(4300 Einwohner), in strategisch wichtiger Lage in der Zaberner Senke, der schmalsten Stelle der Vogesen, war lange Zeit eine Festungsstadt. Die Stadtanlage von Vauban zeigt heute noch den sechssternigen Grundriss mit Hauptplatz in der Mitte und den Straßen, die sternförmig zu den einstigen Wällen und Toren führen. Von den Festungsanlagen sind neben Kasernen und Kasematten noch zwei Tore vorhanden: die Porte d'Allemagne (mit Erinnerungstafel an den Besuch Goethes 1770) und die Porte de France. Im Hôtel de Ville ist das Museum für den in Phalsbourg geborenen Émile Erckmann (1822-1899) und seinen Freund Alexandre Chatrian, Mitautor dessen volkstümlicher lothringischer Gedichte, Erzählungen und Romane wie z. B. L'Ami Fritz (1864), Die Belagerung von Phalsbourg, Das Requiem des Raben, Der Bürgermeister in der Flasche, Die drei Liebhaber der Großmutter. Sie spiegeln die Lebensart der Bevölkerung des östlichen Lothringens im 19. Jh. gut wieder.

Plan Incliné/Saint-Louis
Das Schiffshebewerk ist einzigartig in Europa. Ein 108 m langes Betonbecken befördert Schiffe bis zu 350 t im Canal de la Marne au Rhin* im Tal der Zorn bei Lutzelbourg bzw. Saint-Louis 44,55 m hinauf oder hinunter. Das technische Wunderwerk wurde 1969 anstelle der früheren 17 Schleusen errichtet. Für ein Eintrittsgeld kann man von oben den Hebe- bzw. Senkvorgängen zuschauen und ein kleines Museum mit Instruktionen zum Schiffshebewerk besuchen.

Plombières-les-Bains

(2200 Einwohner). Bereits die Römer siedelten hier und waren begeistert von den 72°C warmen Thermalquellen, die heute noch Anziehungspunkt für an Rheuma und Darmkrankheiten leidende Patienten sind. Es liegt ein Hauch von Nostalgie über dem Badeort im engen Tal der Augronne, und die Bäder tragen klassische Namen wie Bain-Romain oder Bain Stanislas. Über Jahrhunderte gab sich hier die vornehme Welt ein Stelldichein. Einer der Badegäste war Michel de Montaigne, der am 16. September 1580 auf einer Reise von Bordeaux nach Rom hier eintraf, um sein Nierenleiden zu kurieren. In dem 150 Jahre nach seinem Tode erschienenen "Tagebuch einer Reise Michel de Montaignes durch Italien, die Schweiz und Deutschland" beschreibt er die Badegewohnheiten: „Es ist dort Sitte, nur zu baden, und zwar zwei- oder dreimal am Tage. Manche nehmen ihre Mahlzeiten während des Badens selbst ein, lassen sich darin schröpfen und purgieren, auch allemal, bevor sie hineinsteigen. Wenn sie überhaupt vom Wasser trinken, so sind es ein oder zwei Gläser". Montaigne trank, wie er schreibt, neun Gläser morgens um 7 Uhr, badete nur eine Stunde und enthielt sich des Abendessens. Er beschreibt auch die Krankheiten der Leute. Montaigne meint weiter: „Es wird sehr auf Anstand gehalten, obwohl die Männer nur mit der Badehose bekleidet und im übrigen nackt sind; die Frauen tragen nur ein Hemd". Als Jurist beschreibt er ausführlich die geltende Rechtsordnung für das Bad, so „Allen Huren und unzüchtigen Frauenzimmern ist untersagt, die Bäder zu betreten und näher als 500 Schritte zu kommen, auf Gefahr, an allen vier Ecken der Bäder gestäubt zu werden. ... Es ist jedermann verboten, gegen adlige Frauen, Edelfräulein und andere Frauenzimmer, die in den Bädern Aufenthalt genommen haben, unkeusche Reden zu führen oder sie auf eine unehrenhafte Weise zu berühren; desgleichen ist es untersagt, beim Betreten oder beim Verlassen der Bäder den öffentlichen Anstand zu verletzen" (Insel-Taschenbuch 1074, Frankfurt am Main 1988, S. 17 ff.). Soweit Montaigne, der trotz der Kur eine schwere Nierenkolik erleiden musste. Zur Erinnerung an die illustren Badegäste sind - einem alten Brauche folgend – Tafeln an den Badehäusern mit ihren Namen angebracht. Heute stehen viele Häuser leer in dem Ort, den Merian „der Könige Bad" genannt hat.

Pompierre

(200 Einwohner). Als das am schönsten gestaltete Portal in Lothringen gilt das der Kirche Saint-Martin. Es wurde Ende des 12. Jhs. errichtet. Zu sehen sind pickende Vögel, kauernde Löwen, Schlangen und Echsen. Das Tympanon, getragen von zwei Atlanten, stellt Christus als Triumphator dar, mit eindrucksvollen Szenen, u. a. Maria bei Elisabeth, Flucht nach Ägypten, Herodes und der Kindermord, Einzug in Jerusalem, Anbetung der drei Könige, Jerusalem mit Türmen und Toren, Auferstehung des Lazarus, alles Bilder, die auf engem Raum Heilsgeschichte erkennen lassen.

Pont-à-Mousson

(16000 Einwohner) geht auf eine Gründung der Grafen von Mousson zurück. Diese hatten auf der weithin sichtbaren „Butte de Mousson" um 1000 eine Burg errichtet und ihre Herrschaft durch Heirat mit der Grafschaft Bar verbunden. Im Mittelpunkt der Stadt liegt die hübsche dreieckige Place Duroc, die von Laubengängen (16.-18. Jh.) und Renaissancehäusern (u. a. „Maison des Sept Péchés Capitaux" = Haus der Sieben Todsünden und „Château d'Amour" Liebesschloss, mit Erker) umgeben ist. Die Kirche Saint-Martin, ehemals eine Antoniterkirche, besitzt eine imposante gotische Fassade mit einer schönen Fensterrose, die zusammen mit dem Portal von Jacquemin de Lenoncourt geschaffen wurden. Die Skulpturen wurden – wie so oft – in der französischen Revolution zerstört und 1860 durch neue ersetzt. Im Inneren der Kirche kann man rechts im Seitenschiff ein ausdrucksvolles „Sépulcre" (Heilig-Grab) aus dem 15. Jh. mit zwölf Figuren des sog. „weichen Stils" und an der gotischen Decke schwebenden Engeln bewundern. Ebenso künstlerisch wertvoll sind die Schlusssteine im Gewölbe (Schilde, Wappen, Marienkrönung, Paulus, Antonius). Gegenüber der Kirche befand sich die über 200 Jahre bestehende, von Jesuiten geleitete Universität (1572-1768) mit einer berühmten medizinischen Fakultät. Matthäus Merian beschrieb 1645 die Universität: "In dieser Stadt ist die Fürstlich-Lothringische Hohe Schul oder Universität, welche viele Freyheiten hat. Und weilen allhie ziemlich wolfeil zu zehren, auch der Ort lustig ist, so haben sich ... viel Studenten, und darunter viel Teutsche, da auffgehalten; ist auch solche mit gelehrten Lehrern wol versehen gewesen". Ein weiteres Prunkstück von Pont-à-Mousson ist die am Moselufer gelegene, weiträumige ehemalige Prämonstratenserabtei mit der frühbarocken Kirche Sainte-Marie-Majeure. Die Abtei dient heute als Bildungszentrum und beherbergt den zentralen Tourismusverband von Lothringen (Comité Régional

Pont-à Mousson, Place Duroc mit dem Rathaus

du Tourisme de Lorraine).

Poussay

(800 Einwohner). Wie in Remiremont gab es auch hier ein Kanonissenstift; davon zeugen noch einige Häuser der Stiftsdamen im Ort, der auf einem Berghang liegt. Montaigne besuchte 1580 den Ort (Vgl. Plombières-les-Bains*) und schrieb: "Die Nonnen haben in dieser Gegend mehrere Klöster, die zur Erziehung der Mädchen aus guten Häusern bestimmt sind. Jede Dame hat eine eigene Wohnung, in der sie für sich selbst lebt ... Es besteht kein Keuschheitsgelübde, außer für die Kloster-schwestern im Amt, wie Äbtissin, Priorin usw. ... Sie halten den Gottesdienst wie anderswo ab. Die meisten beschließen dort ihre Tage und tragen kein Verlangen sich zu ändern" (Insel-Taschenbuch 1074, Frankfurt am Main 1988, S. 16). Ein schönes, überdachtes Brunnenhaus ziert den Marktplatz von Poussay.

Rancourt-sur-Ornain

(200 Einwohner). Obwohl die Ortschaften klein sind, besitzen sie in dieser Gegend Kirchen, die wegen ihrer künstlerischen Ausarbeitung Beachtung verdienen. Dazu gehört die Kirche Saint-Médard von Rancourt, die um 1500 erbaut wurde. Ein wuch-tiger quadratischer Vierungsturm bestimmt ihr Erscheinungsbild. Die spätgotische Fensterrose fügt sich mit ihren zwölf Segmenten harmonisch in die Westfassade der Kirche ein.

Rembercourt-aux-Pots

(350 Einwohner). Die im Verhältnis zu dem kleinen Dorf mächtige Kirche geht auf eine Legende zurück, nach welcher ein Adler das Haupt Johannes des Täufers hier-her gebracht haben soll. Daran erinnert eine Steinfigur im Innern der Kirche. Die spätgotische Kirche wurde über Jahrhunderte zum Wallfahrtsort mit reich dotierten Meßstipendien, die die weitere Auschmückung der Kirche mit Skulpturen und viel-figürlichen Reliefbändern ermöglichten.

Remiremont

(10000 Einwohner). Die Geschichte der Stadt am Zusammenfluss von Moselotte und Mosel wurde seit dem frühen Mittelalter von einem Damenstift bestimmt. Die Kanonissen bezogen den Zehnten aus 72 Ortschaften. Sie waren unmittelbar dem Papst unterstellt, der auch die Äbtissin weihte. Diese stand im Range einer Reichs-fürstin. Matthäus Merian schrieb 1645 über das Stift: "Es hat zu Remiremont oder Reymersperg ein Adeliches Frauenkloster, so sich verheuraten mögen, grosses Ein-kommen haben, und deren Aebtissin ... gefürstet ist". Aus der Barockzeit stammen noch einige Häuser der Stiftsdamen rund um die Kirche und das große Palais der Fürstäbtissin, das heute das Hôtel de Ville ist. Die gotische Kirche Saint-Pierre (heute Notre-Dame und Pfarrkirche) war die Konventskirche und hat eine schöne frühro-manische Krypta. Das Musée municipal zeigt noch Gegenstände aus dem Leben der Stiftsdamen und Gemälde u. a. von Georges de la Tour, Goya, Brueghel und Stiche von Callot.

Revigny-sur-Ornain

(3600 Einwohner). Am Ornain und am Canal de la Marne au Rhin gelegen, ist diese größere Landgemeinde mit einer edlen Kirche geschmückt. Das Gotteshaus Saint-Pierre et Saint-Paul, erbaut um 1500, weist architektonische Elemente der Spätgotik und der Renaissance auf. Neun Fenster beleuchten den Chor der dreischiffigen Kirche, deren Netzgewölbe bemerkenswerte Schlußsteine zieren. Außen zeigen die mit Wasserspeiern geschmückten Strebepfeiler - mit doppeltem Bogen über den Seitenschiffen -, dass man auch auf dem flachen Lande wie in den Städten zu bauen wusste.

Rodemack

(650 Einwohner). Der Ort ist so etwas wie ein kleines „Rothenburg" in Lothringen und birgt in seinen noch verbliebenen Mauern (u. a. Porte de Sierck) manches winkelige Katzenkopfgäßchen mit Treppenstufen und ein intaktes Waschhaus. Überragt wird Rodemack, das zeitweise sogar zu Baden gehörte, von Festungswällen und einem barocken Schloss mit Schlossgarten und seltenen Bäumen (privat, sonntags nachmittags geöffnet). Lothringische Folklorefeste sind hier sehr beliebt.

Route des Crêtes

bedeutet so viel wie ein Weg, der auf dem Kamm(Crête = Kamm) entlang führt. Gemeint ist hier der Kamm der Hochvogesen, der über viele Kilometer zwischen dem Ballon d'Alsace und dem Col de Sainte Marie durch die Vogesen zieht. Er bildet zugleich die Grenze zwischen Lothringen und dem Elsass, und auch der Haupt-

Kühe an der Route des Crêtes

wanderweg GR 5 folgt den Crêtes. Eine Straße mit gleichem Namen führt in Abständen am Kamm entlang. Nach Osten fällt der Vogesenkamm steil und mitunter bizarr zum Munstertal und zum Tal der Thur hin ab. Seen wie der Lac Blanc, Lac Noir, Lac Vert, Lac d'Alfeld haben sich in der Eiszeit vor seinen Abhängen gebildet. Wie auf einer langen Perlenschnur sind die hohen Gipfel aufgereiht: Ballon d'Alsace* (1247 m), Ronde Tête (1117 m), Tête des Neufs Bois (1232 m), Drumont (1222 m), Le Grand Ventron (1204 m), le Kastelberg (1346 m), le Wurzelstein (1288 m), Gazon de Faite (1301 m), Gazon du Faing (1303 m), le Rossberg (1215 m), Tête du Violu (994 m). Mehrere Naturschutzgebiete (NSG) befinden sich auf dem Kamm. Das größte NSG ist die Réserve Naturelle Gazon-du-Faing, die zum Teil aus Hochmooren und Trockenrasen besteht. Kühe dürfen aber dort weiden. Der Westabhang des Vogesenkamms ist sanfter und gleitet weit nach Westen in Lothringen aus.

Saint-Avold

(17000 Einwohner). Die Geschichte des „gewerbthätigen Ortes" (Baedecker 1883) in Ostlothringen wird bestimmt von seiner ehemaligen Benediktinerabtei aus dem 8. Jh., Saint-Nabor (=Saint Avold). Bis ins 15. Jh. gehörte die befestigte Stadt samt der exempten Abtei zur weltlichen Herrschaft des Bistums Metz, danach zum Herzogtum Lothringen. Im 17. Jh. gesellte sich noch ein kleines Benediktinerinnenkloster hinzu. Im 30jährigen Krieg wird die Stadt fast vollständig zerstört, danach wieder aufgebaut. Mit dem Tode des letzten lothringischen Herzogs, König Stanislaus,wird die Stadt französisch. Die Benediktinerabtei wurde zwischen 1755 und 1769 im harmonischen barock-klassizistischen Stil neu gestaltet. Im Inneren der Kirche beeindrucken die an antiken Tempelbauten orientierten korinthischen Säulen und die lichtoffenen, dem Raum gut angepassten Fenster mit Pflanzen- und Tiermotiven. Beachtenswert ist auch die große Barockorgel und eine Grablegung aus dem 15. Jh.. Das schöne Rathaus war ursprünglich Palais der Henriette von Lothringen (18. Jh.). In den Straßen der Stadt finden sich noch eine Reihe von barocken und klassizistischen Häusern. Zwischen 1871 und 1918 war Saint-Avold deutsche Garnisonsstadt und ist heute eine Wohn- und Geschäftsstadt im lothringischen Kohlenrevier.

Saint-Clément

(900 Einwohner). Die gleichnamige gotische Kirche mit romanischem Turm besitzt im Gewölbe und an den Wänden zahlreiche Malereien aus der Entstehungszeit, u. a. ein Jüngstes Gericht, eine Anbetung der Hirten, eine Verkündigung und einen großen Christophorus. Die Gemälde am Triumphbogen (Kreuzigung, Jesus als Zimmermannssohn) stammen aus dem 19. Jahrhundert.

Saint-Dié-des-Vosges

(24000 Einwohner). Die Stadt hat ihren Namen von Bischof Déodatus, der im 7. Jh. als Einsiedler im Tal Galilée in der Nähe der heutigen Kathedrale hauste und eine Gemeinschaft um sich sammelte, die zunächst nach der Regel des irischen Mönches Columban, dann nach der des hl. Benedikt lebten. Die spätere Bischofsstadt musste im Laufe ihrer Geschichte mehre Zerstörungen über sich ergehen lassen. Zuletzt wurde sie im Zweiten Weltkrieg stark in Mitleidenschaft gezogen. Sie wurde wieder in systematischer Anordnung aufgebaut. Die Kathedrale Saint-Dié wurde an der Stelle einer Vorgängerkirche im 12./13. Jh. mit romanischen und später gotischen Seitenflügeln gebaut. Die Turmfassade stammt aus dem 18. Jh.. In der Nachkriegszeit wurde die völlig zerstörte Kirche originalgetreu mit ihrem belebenden Säulen-Pfeiler-Wechsel im Inneren wieder aufgebaut. Die Fenster mit ihrer sakralen Lichtwirkung in Gelb, Orange, Violett und Blau symbolisieren Tag und Nacht, Tod und Auferstehung. Sie wurden von zehn Künstlern unter Leitung von Jean Bazaine gestaltet. Der eindrucksvolle Kreuzgang (14.-16. Jh.) besteht aus Flamboyant-Arkaden und Kreuzrippengewölben und hat eine Außenkanzel. Er stellt die Verbindung zur Kirche Notre-Dame-de-Galilée aus der Zeit der frühen Romanik her. Deren Fenster stammen noch aus dem 13. Jh. (!) und stellen das Leben des hl. Deodatus und Mariens dar. Kathedrale, Kreuzgang und Notre-Dame-Kirche bilden zusammen ein einzigartiges Areal. – Neben der Kathedrale befindet sich das Musée Municipal, das die Ausgrabungsfunde der Keltensiedlung La Bure beherbergt. Im Museum ist die Weltkarte „Cosmographiae Introductio" aus dem Jahre 1507 zu sehen, auf der zum ersten Male der Name „America" eingetragen ist. Das Original ist jetzt in den USA. Alljährlich findet in Saint-Dié das Internationale Geographie-Festival statt. Bemerkenswert ist im Stadtpark die moderne Metall-Kabel-Tuch-Architektur des 36 m hohen Turmes der Freiheit „Tour de Liberté", der zur 200-Jahr-Feier der Französischen Revolution in Paris aufgestellt und dann in den Herkunftsort Eiffels, nach Saint-Dié, zurückgebracht wurde. Die Architekten Hennin und Normier haben den Turm gestaltet und den Menschen mit Behinderungen gewidmet. Von der Plattform des Turms hat man einen sehr schönen Rundblick auf die Vogesenberge, von denen die Stadt umgeben ist.

Saint-Mihiel

(5500 Einwohner). Das „liebenswerte Provinzstädtchen", wie es in Knaurs Kulturführer Lothringen genannt wird, verdankt seinen Ursprung der in der Karolingerzeit gegründeten Benediktinerabtei Sankt Michael. In der lothringischen Zeit war die Stadt ein Verwaltungssitz des Herzogtums Bar und erlangte durch die Ansiedelung zahlreicher Handwerksbetriebe großes Ansehen. Im 1. Weltkrieg hat Saint-Mihiel sehr gelitten, weil dieses Gebiet stark umkämpft war (Riegel von Saint-Mihiel). Heute erinnert ein großes Denkmal vor der Abtei an die Gefallenen. Der bedeutendste Sohn der Stadt ist Ligier Richier (1500-1567), der als Künstler und Bildhauer als einer der empfindsamsten Meister in die Kunstgeschichte einging. Seine Figuren(gruppen) befinden sich in der Abteikirche und in der Stiftskirche Saint-Étienne, in Bar-le-Duc*, Hattonchâtel*, Étain*, Briey* und Nancy*. Die sehr eindrucksvolle Abteikirche weist Stilelemente von der Romanik bis zum Klassizismus und eine eigenartige Fenster- und Dachgestaltung auf. Ein beachtenswertes Chorgestühl aus der Spätrenaissance wirkt mit den Chorwänden und der Chordecke wie ein großer Festsaal, dazu gesellt sich eine harmonisch angepasste Chororgel. Eine imposante barocke Orgel, die dekorativen Fenster u. a. mit der Darstellung der Grablegungsgruppe von Ligier Rigier in der Kirche Saint-Étienne und die Skulptur „Johannes stützt die ohnmächtige Maria" von Ligier Richier sind die bedeutenden Ausstattungsstücke. Die Abteigebäude dienen heute der Mairie, dem Palais de Justice, der Tourist-Information und dem neugestalteten Museum zur Abtei- und Stadtgeschichte. Besonders wertvoll ist die Bibliothek der Benediktiner mit 20 000 alten Büchern, darunter einige aus dem 9. Jh.. Die Kollegiatskirche Saint-Étienne ist eine spätgotische Hallenkirche, die das Meisterwerk von Ligier Richier, die ergreifende Grablegung Christi birgt, geschaffen zwischen 1554 und 1564. 13 überlebensgroße Personen bis hin zu den um das Gewand Christi würfelnden Soldaten sind von Richier geradezu lebensecht-dramatisch dargestellt. Die Aufstellung der Grablegungsgruppe hat Richier nicht mehr erlebt, da er als reformierter Christ in Saint-Mihiel nicht geduldet wurde und nach Genf fliehen musste. Später hat ihm die Stadt ein Denkmal gesetzt. In der Stadt gibt es einige schöne Profanbauten aus der Renaissancezeit und auch der Jugendstil ist am Ufer der Maas vertreten. Sieben Kalksteinfelsen, die „Dames de Meuse", die sich durch Erosion gebildet haben, stehen am Ortsausgang Richtung Verdun. Von der Plattform hat man einen schönen Blick auf die Stadt und die Flußlandschaft der Maas.

Saint-Nicolas-de-Port

(7700 Einwohner). Man wundert sich zunächst, dass es an dem kleinen Fluss Meurthe einen Hafen gibt, und Sankt Nikolaus, der Patron der Schiffer, zu seinen Ehren hier eine Kirche hat. Die Verehrung des Heiligen geht auf eine Reliquie zurück, die in Bari entwendet wurde. Die wundertätige Nikolaus-Reliquie (ein Fingerglied des Heiligen) machte Saint-Nicolas-de-Port zu einem weithin bekannten Wallfahrtsort. Verstärkt wurde dessen Bedeutung durch den Sieg Herzog Renés von Lothringen über Karl den Kühnen von Burgund im Jahre 1477 in der Schlacht bei Nancy. Nikolaus wurde daraufhin zum Patron von Lothringen erkoren. So bekam die Wallfahrt einen patriotischen Akzent. An Stelle einer alten Kirche wurde ab 1481 eine mächtige Basilika im Flamboyant-Stil errichtet. Die hohen, teilweise gedrehten Säulen im 32 m hohen Schiff, die Wandmalereien, die aus dem 16. Jh. stammenden Fenster mit vielen Heiligendarstellungen

Wallfahrtskirche in St. Nicolas- de-Port

oder die zahlreichen Wasserspeier an der Turmfassade und am Traufenrand machen die Kirche und die 87 m und 85 m weit in die Landschaft hochragenden Türme zu einem besonderen Juwel der Kirchenbaukunst der Spätgotik und Renaissance. Im 20. Jh. drohte die Kirche zu zerfallen. Durch die finanzielle großzügige Initiative einer Amerikanerin wurde die Kirche ab 1983 umfassend restauriert.

Saintois (Xaintois)
„heiliges Land", wird das Gebiet vor der „Colline inspirée" zwischen Mirecourt* und Nancy* in der Umgebung von Sion-Vaudémont*, einst im Besitz der Grafen von Vaudémont, genannt.

Saint-Pierrevillers
(200 Einwohner). Die früh- bis spätgotische Kirche Saint-Remy gehört zum Typus der Wehrkirchen, die man in den Regionen von Maas und Woëvre-Ebene des öfteren antrifft. Über dem Chor und dem Langhaus befinden sich die beheizbaren Wehranlagen. Die Kirche beindruckt durch ihren fast runden 7/12 Chor.

Saint-Quirin
(950 Einwohner). Mit ihren dreifach gegliederten doppelten Zwiebeltürmen sieht man schon von weitem die Kirche Saint-Quirin im gleichnamigen Ort aufragen. Im Inneren ist die Orgel aus der Werkstatt von Johann Andreas Silbermann - der einzigen in Lothringen - ein Klangjuwel des Barock. "Und oben stehet die Kapelle" (am Berghang und Waldrand), wohin seit dem 12. Jh. mehrmals jährlich Pilgerinnen und Pilger in dieser frommen Gegend wallfahren. Die Reliquie des hl. Quirinus, eines römischen Märtyrers, wurde von Geppa, der Schwester von Papst Leo IX., der einstigen Prioratskirche geschenkt.

Sarre, Saar
Zwei Quellflüsse hat die Saar, die Sarre Blanche und die Sarre Rouge. Sie entspringen in der Nähe des im Elsass gelegenen Donon. Sie fließen durch die westlichen Vogesen, bilden reizvolle Täler aus und ergänzen sich südlich von Hesse* zur gemeinsamen Saar. Das geschäftige Sarrebourg* und das alte Grafenstädtchen Fénétrange* werden von der Saar durchflossen. Weitere Saar-Orte sind Sarrewerden (Elsass), Sarre-Union (Elsass), Sarrealbe, wo der Fluss und der Canal des Houillères de la Sarre* gemeinsam das breite Tal einnehmen. An Zetting* vorbei, erreicht die Saar Sarreguemines*, wo die Blies – vom Bliesgau herkommend – in sie einmündet. Für eine kurze Strecke ist sie Grenzfluss zwischen Lothringen und dem Saarland, um dann durch Saarbrücken hindurch und nach einer 246 km langen Reise bei Konz in die Mosel zu fließen.

Sarrebourg, Saarburg
(15000 Einwohner). Die heutige Industriestadt reicht in ihren Anfängen als Vicus Saravus in die Römerzeit zurück. Im 2. Weltkrieg wurde Sarrebourg stark zerstört. Als 1970 die baufällige Franziskanerkirche abgerissen wurde, ließ man den Chor ste-

hen. Die Choröffnung wurde 1977 von Marc Chagall (1887-1985) mit einem grandiosen Fenster (12 m hoch, 7,50 m breit) gestaltet. Es trägt den Namen "La Paix" und stellt die Schöpfung mit Adam und Eva als liebendem Paar im Mittelpunkt dar, umgeben von Blumen und Tieren und in den Randzonen mit Szenen aus dem Alten und Neuen Testament vor dem Horizont der nahen Vogesen. Schöpfung – Liebe – Frieden werden in diesem Fenster in einzigartiger Weise gefeiert. Ergänzend zum Fenster ist 1994 in der Kapelle von Yvette Cauquil-Prince nach Bild-Motiven Chagalls, die im UN-Gebäude in New York zu sehen sind, ein Teppichfries geschaffen worden. Abends wird die Kapelle von innen beleuchtet, so dass das Chagall-Fenster und die Kapelle eine besondere Strahlkraft erhalten. Neben Marc Chagalls Meisterwerk sollte man auch die Stadtkirche Saint-Barthélemy besuchen, einen großen dreischiffigen, lichtoffenen Barockbau mit einer teils romanischen Doppelturmfassade. Im Inneren ist das holzvertäfelte Chorgestühl ein Relikt aus der Kollegiatsstiftszeit der Kirche.

Sarreguemines, Saargemünd

(25000 Einwohner). An der Mündung der Blies in die Saar gelegen, war Sarreguemines bereits zur Zeit der Römer und der Merowinger ein bedeutender Ort und Handelsplatz. Bekannt wurde die Stadt durch die Fayencemanufaktur, die es im 19. Jh. durch den Keramiker Paul Utschneider zur künstlerischen Blüte brachte. Seine Objekte gelten als Vorläufer der Art Nouveau und der Art Décoratif und sind in der vorzüglichen Keramiksammlung im Musée Régional zu sehen. Sie spiegeln das Leben der Menschen dieser Zeit wider, genauso wie das aufwendige Keramikdekor an dem einzigartigen Casino, das am Ufer der Saar steht. Der Fabrikant Wilhelm von Geiger ließ es 1878 als Treffpunkt für die Angestellten, Arbeiterinnen und Arbeiter seines Werkes bauen. Ursprünglich besaß das Casino neben Gesellschaftsräumen eine Bibliothek, Kegelbahnen und eine Turnhalle. Heute ist darin ein großes Restaurant und ein Bistro, in denen man die schmucke Ausstattung bewundern kann. In der Kirche Saint-Nicolas (barock-klassizistisch) befinden sich Darstellungen aus dem Leben Jesu, gemalt von Januarius Zick (1730-1797), dessen Gemälde ein großes Farbenspiel und eine besondere Liebe zum Detail (Pflanzen, Früchte, Tiere, Vögel) aufweisen. Im Mündungsgebiet der Blies in die Saar liegen noch einige alte Kohlenschiffe (péniches), die früher den Kohlentransport auf der Saar und dem Canal des Houillères* vom Saarland nach Lothringen besorgten.

Saulnois

ist der Name des Gebiets um Marsal*, Dieuze und Vic-sur-Seille*, in dem seit der Kelten- und Römerzeit Salz gewonnen wird. Es wird von der träge dahinfließenden Seille, dem "Salzfluss", durchquert, die erst in Metz* in die Mosel fließt. Das Gebiet war wegen des natürlichen Reichtums an Salz jahrhundertelang begehrt und umstritten.

Schengen

(Luxemburg) (120 Einwohner). Der kleine Ort am Drei-Länder-Eck Luxemburg-Frankreich-Deutschland hat europäische Geschichte gemacht, trafen sich doch hier am 14.

Juni 1985 an Bord des am Moselufer liegenden Schiffes "Princesse Marie-Astrid" und ebenso am 19. Juni 1990 die Vertreter der Staaten der BENELUX-Wirtschaftsunion, der Französischen Republik und der Bundesrepublik Deutschland, die das „Schengener Abkommen über den schrittweisen Abbau der Kontrollen an den gemeinsamen Grenzen und das dazugehörige Durchführungsübereinkommen unterzeichnet haben", wie auf dem Denkmal am Moselufer vermerkt ist. Schengen ist ein Weinort und der Martinsberger Riesling und Elbling ist bei Kennern beliebt.

Schorbach
(600 Einwohner). Die Kirche Saint-Remy, einst eine Mittelpunktskirche im Bitscher Land, stammt aus romanischer Zeit, wovon noch der Kirchturm zeugt. Dem Eingang gegenüber steht auf dem Friedhof ein Karner (Ossuarium, Beinhaus) aus der gleichen Zeit, wohl der älteste in ganz Ostfrankreich. Hinter der romanischen Säulenreihe liegen die Schädel und Gebeine von vielen Generationen Gestorbener, die zunächst begraben, dann exhumiert und in das Ossuarium gebracht wurden, um auf dem kleinen Kirchhof Platz für weitere Gräber zu schaffen.

Scy-Chazelles
(2000 Einwohner) liegt am Südhang des Mont Saint-Quentin mit zwei romanisch-gotischen Kirchen (Wehrkirchen). Im Ortsteil Chazelles wohnte Robert Schuman (1886-1963), der Mitbegründer der Europäischen Union, französischer Ministerpräsident, Außenminister und Präsident des Europäischen Rates. Gemeinsam mit Konrad Adenauer trat er für die Versöhnung von Frankreich und Deutschland ein. Der 9. Mai 1950 war die Geburtsstunde des Schuman-Planes, eines Meilensteins auf dem Weg nach Europa. Robert Schuman liegt im Chor der Kirche Saint-Quentin begraben. In seinem Wohnhaus - schräg gegenüber - ist das Robert-Schuman-Museum untergebracht. Es ist ein ehemaliges Bauernhaus aus dem 18. Jh., das er umgestalten ließ. Im Innern befinden sich das Esszimmer, das Arbeits- und das Schlafzimmer, mehrere Bücherschränke mit französischer und deutscher Literatur, das Zimmer seiner Haushälterin, alles sehr schlicht gehalten, dem bescheidenen Charakter Schumanns entsprechend. Der parkähnliche Garten in drei Ebenen mit schönen Steinskulpturen und Balustraden gewährt einen bezaubernden Ausblick auf die abwechslungsreiche Mosellandschaft.

Senones
(3200 Einwohner). Der Brunnen auf dem Marktplatz erinnert an die Herrschaft der Grafen von Salm-Salm (siehe auch Bar-le-Duc* und Butte-de-Mousson^) mit den beiden Salmen im Wappen. Ursprünglich auf einer Burg bei Pierre Percée beheimatet, machten die gefürsteten Grafen Senones im 18. Jh. zu ihrer reichsunmittelbaren Residenzstadt. Davon zeugen noch einige Fürsten- und Bürgerhäuser. Daneben befindet sich die ehemalige Abtei, deren berühmtester Abt Augustin Calmet war. Er schrieb 1728 eine Geschichte Lothringens. Er pflegte auch den Dialog mit Philosophen seiner Zeit. So war zweimal Voltaire bei ihm zu Gast. In der ehemaligen Abteikirche Saint Gondelbert, die einer neuromanischen Kirche weichen musste, befindet sich das auf-

wendige Grab des Abtes Calmet und die Fürstengräber derer von Salm-Salm. Im ehemaligen Klostergebäude – heute Tourist-Information – sind eine elegante schmiedeeiserne Treppe und ein Museum zu besichtigen, das die Erinnerung an den gelehrten Abt Calmet und das Fürstentum Salm-Salm wach hält.

Sierck-les-Bains
(1600 Einwohner) Am Übergang der Mosel von Frankreich nach Deutschland liegt das alte Festungsstädtchen Sierck-les-Bains, das "circum castellum" der Römer. Auf dem Burgberg residierten die Grafen von Sierck und die Lothringer, während die Stadt im Tal zum Bistum Trier gehörte. 1661 wurde Sierck französisch. Vauban verstärkte die Burg zur Festung, die im Laufe der Zeit mehrfach geschleift und wieder aufgebaut wurde. Die noch vorhandenen Festungsanlagen (Reste des gotischen Rittersaales, Bastionen, Magazine, Beobachtungsturm, Batterieturm, Pavillon der Offiziere) können besichtigt werden, wobei man von der Terrasse der Festung einen schönen Ausblick auf die Stadt, die Mosel und die gegenüberliegenden Weinberge von Contz-les-Bains* genießt. In der Stadt kann man noch alte gotische und Renaissancehäuser sehen und die Kirche Saint-Baptiste et Saint-Laurent aus dem 15. Jh.. Von den ehemaligen Badeanlagen ist nur noch eine größere Villa und ein kleiner Park vorhanden.

Sillegny
(320 Einwohner). Der kleine Ort wurde im letzten Weltkrieg fast vollständig zerstört, nur die Kirche blieb verschont. Zum Glück! Das äußerlich eher unscheinbar wirkende Gotteshaus birgt in seinem Inneren sehr eindrucksvolle Wandmalereien aus dem Jahre 1540, einige aus dem 19. Jh.. Die Wände sind fast vollständig bemalt und zeigen Christus, die Apostel, die Heiligen Sebastian, Antonius, Franziskus, Fiacrius, Martin, Hubertus, Maria, Anna, Barbara, Margaretha, Genoveva und Agatha sowie die Wurzel Jesse, das Jüngste Gericht und einen mächtigen Christophorus. Die Wandmalereien wurden im Auftrag der Benediktinerinnen von Sainte-Marie-aux-Nonnains in Metz, denen die Kirche gehörte, erstellt. 1826 wurden sie überstrichen. Pfarrer Schnabel ließ ab 1857 die Malereien wieder freilegen und rettete damit den kostbaren Schatz dieser künstlerisch bedeutenden Kirche.

Sion-Vaudémont
Die markant in die Landschaft ragende „Butte de Vaudémont" (Wotansberg) ist ein 545 m hoch gelegenes Kalksteinplateau (Colline de Saxon-Sion-Vaudémont), das im Paläozoikum bei der variskischen Gebirgsbildung (armorikanischer Zug) entstanden ist. Die folgenden Erosionen gaben dem Massiv die heutige Gestalt. Auf dem Berg siedelten bereits die keltischen Leuker, dann die Römer, die hier ihre Göttinnen und Götter verehrten, und die Christen wallfahren schon seit vielen Jahrhunderten zum Marienheiligtum auf dem Berg „Sion". Von der ehemaligen, den Grafen von Vaudémont gehörigen Burg Vaudémont ist nur noch ein Teil, die „Tour Brunehaut" mitten in der Ortschaft, die sich um die Burg bildete, zu sehen. Auf dem höchsten Punkt des nach Osten steil abfallenden Berges steht das „Signal de Vaudémont" mit

der vergrößerten Nachbildung der Totenlaterne von Marennes (Charente). Sie ist zu Ehren des patriotischen Schriftstellers und Dichters Maurice Barrès (1862-1923) und dessen Hauptwerk „La Colline inspirée" aufgestellt worden. Weit schweift der Blick vom „mystischen Berg und magischen Ort" in die Landschaft, wo man bis zu den Vogesen nahezu 100 Dörfer im Saintois* (so heißt diese Gegend) zählen kann.

Stenay
(3300 Einwohner). Der nördliche Mittelpunkt im lothringischen Maastal, an einem wichtigen Maasübergang gelegen, hat eine wechselvolle Geschichte erlebt. Am Anfang steht König Dagobert II, der u. a. auch hier residiert hat und 678 ermordet und beigesetzt wurde. Gottfried von Bouillon ließ 1078 eine Burg errichten und Ludwig XIV. ließ Stenay zu einer kleinen Festung umgestalten und später wieder schleifen. Im Stadtinneren gibt es einige Häuser aus dem 18. Jh., teilweise mit Laubengängen. Bekannt in Biertrinkerkreisen ist das Europäische Biermuseum in der ehemaligen Malzfabrik.

Tarquimpol
(200 Einwohner). Seit der Römerzeit (Decem Pagis) liegt Tarquimpol auf einer Landzunge, die in den Étang de Lindre hineinragt. Den Ort überhöht ein runder Kirchturm, in den Spolien von Funden aus der Römerzeit eingelassen sind. Ein Heimatmuseum gibt Auskunft über die Geschichte und die Ökologie des Gebietes (Information: Maison du Pays des Étangs, 57260 Tarquimpol, T 03 87 86 88 10)

Thiaucourt-Regniéville
(1100 Einwohner). Im 1. Weltkrieg tobten hier heftige Kämpfe. Daher gibt es am westlichen Ortsende einen großen amerikanischen Friedhof und ein militärgeschichtliches Museum.

Thionville, Diedenhofen
(40 000 Einwohner). Die Industriestadt Thionville war zur Zeit Karls des Großen Kaiserpfalz und Tagungsort von Reichsversammlungen. Die Stadt war lange Zeit im Besitz der Luxemburger Grafen und kam 1659 an Frankreich. Sie wurde zunächst von Vauban und nach 1871 erneut von den Deutschen zur Festung ausgebaut. Der Stadtkern weist - nach zahlreichen Zerstörungen - noch Spuren von alten Häusern auf (Stadtpalais der Kriechinger, Amtshaus der Grafen von Eltz, Rathaus, Tour aux Puces = Flohturm und Laubengänge). Auf der rechten Moselseite liegt abwärts an der N 53 das Château de la Grange aus dem 18. Jh. mit entsprechender Innenausstattung. Die Stadt wurde durch die Minette (schwefelhaltige Eisenerzvorkommen) im 19. Jh. zur Industriestadt. Heute ist die Eisenindustrie umstrukturiert zur High-Tech-Industrie. In der Nähe liegt Cattenom, das (umstrittene) Atomkraftwerk mit vier großen Reaktoren an der Mosel.

Toul

(7500 Einwohner), in der Römerzeit als Tullum bekannt, war bereits vorher vom keltischen Stamm der Leuker bewohnt worden. Schon früh war Toul Bischofssitz (hl. Medard um 350), gemeinsam mit Metz und Verdun, die zusammen die „Trois Évêchés" bildeten. Davon galt Toul als das „frömmste", Metz als das „reichste" und Verdun als das „edelste" Bistum. Bischöfe von Toul waren u. a. Bruno von Dagsburg (Dabo), der später als Leo IX. 1048-1054 auf den Papstthron gelangte, und Gérard im 13. Jh., der später heilig gesprochen wurde. Die Bürgerschaft erstarkte vor allem durch Weinhandel. Toul wurde 1356 freie Reichsstadt, und der Bischof mußte Toul verlassen und zog sich in das Bergstädtchen Liverdun* zurück (ähnlich der Bischof von Metz nach Vic-sur-Seille* und der Bischof von Verdun nach Hattonchâtel*). 1648 wurde die Stadt französisch. Vauban baute Toul zur Festung aus. Die Wälle und Tore stehen zum großen Teil heute noch. Die Straßenzüge der Innenstadt sind eng, und es finden sich noch zahlreiche Renaissance- und Barockhäuser. Noch älter ist die "Maison Dieu", das ehemalige gotische Hospital mit großem Krankensaal (heute Museum). Juwel der Stadt ist die Kathedrale, deren Fassade, etwas eingeengt durch die schmalen Straßen, in ihrer spätgotischen Eleganz im Flamboyant-Stil hervorsticht. Eine fein durch-

wirkte große Fensterrose, die zahlreichen Fialen und Wimperge, die hervortretenden Balustraden der Turmbekrönungen - alles architektonisch aufeinander abgestimmt - werden als „Spitzenwerk der Flamboyant-Kunst" beschrieben. Leider wurden zahlreiche kostbare Figuren während der Französischen Revolution zerstört. Nur die Wasserspeier (Gargouilles) blieben erhalten. Das 92 m lange und 32 m hohe Schiff samt Apsis und das 50 m breite Querhaus sind schlicht gehalten, während der gotische Kreuzgang als einer der schönsten in Frankreich gilt. Übertroffen wird er nur vom Kreuzgang von Saint-Gengoult (St. Gangolf), der den Flamboyantstil noch besser repräsentiert. 250 Jahre lang wurde an der Kathedrale Saint-Étienne unter hervorragenden Baumeistern wie Jacquemin de Lenoncourt und Tristan de Hattonchâtel (Fassadengestaltung) gebaut. Auch heute ist die Kathedrale langjährige Restaurierungs-Baustelle. Merian schrieb 1645 über Toul: „Die Stadt ist zwar nicht sehr groß, aber ziemlich

Toul, Kathedrale St. Etienne

wol gebauet, und hat umbher hüpsche Mauren und Gräben. Die Domkirch zu St. Stephano ist schön, groß und wol erbauet, hat auch hüpsche Capellen und 50 Canonicos". Heute hat man den Eindruck, dass die „wol gebauet" Stadt ihr (touristisches) Potential noch verbessern könnte.

Troussey

(300 Einwohner) ist ein langezogenes, typisch lothringisches Straßendorf mit den zur Straße gerichteten Traufseiten der flachen Häuserdächer. Im Mittelpunkt steht die ehemalige Wehrkirche Saint-Laurent. Sie hat ein ausgebautes Dachgeschoss, das samt Turm in Kriegszeiten der Bevölkerung als Zufluchts- und Verteidigungsort dienen konnte. Die Anfänge der Kirche datieren in das 13. Jh.. Die Pfeiler im Langhaus tragen reich gestaltete Blattkonsolen. Im Chor sind Kapitelle mit Blumendekor zu sehen. Auf dem Platz vor der Kirche steht ein barockes Hochkreuz mit einer Kreuzigungsgruppe, dem Hahn Petri, dem Schweisstuch der Veronika und trauernden Gestirnen.

Val d'Ajol

Die Großgemeinde setzt sich aus rund 60 Dörfern und Weilern mit dem Hauptort Val d'Ajol zusammen, die 5000 Einwohner zählen. Hier lässt es sich gut wandern, durch Wälder und vorbei an Wasserfällen. Immer wieder begegnet man dabei alten Holzhäusern und Wegkreuzen in einer Landschaft, die ihren ursprünglichen Charakter gut bewahrt hat.

Die Kirche St.-Jean-Baptiste in Valmunster

Val de Saulx

„Das Tal der Saulx ist wohl das schönste im Barrois", schreibt Uwe Anhäuser im Dumont-Reiseführer Lothringen. In Parks gelegene Schlösser, anmutige Dörfer, Kirchen und ehemalige Klöster, alte Brücken über die Saulx verleihen dem Tal einen romantisch-idyllischen Ausdruck, der auch Dichter wie Paul Claudel inspiriert hat. Claudel lebte zeitweise in Ville-sur-Saulx und schrieb an seiner „Mittagswende".

Valmunster

(80 Einwohner). Die kleine Kirche Saint-Jean-Baptiste, in einem von einer Umfriedungsmauer umgebenen magischen Areal mit Kirchhof und alten Kastanien gelegen, ist ein Ort der Stille und Kontemplation. Der starke romanische Kirchturm (11. Jh.) und das frühgotische, sterngewölbte Innere der Kirche prägen den „heiligen" Ort, der von einer Schwesternkongregation auch für Menschen auf der Suche spirituell betreut wird.

Varennes-en-Argonne

(700 Einwohner). Der Ort ging in die Geschichte ein durch die Verhaftung von König Louis XVI. und seiner Gemahlin Marie Antoinette am 21. 6.1791, die sich vor den Revolutionären in Paris retten wollten und dann in Paris hingerichtet wurden. Ein kleines Museum hält das Ereignis fest, ebenso volkskundliche Sammlungen aus den Argonnen. Ein vom USA-Staat Pennsylvania gestiftetes Ehrenmal erinnert an die während der Argonnen-Offensive gefallenen amerikanischen Soldaten.

Vasperviller, Wasperweiler

(300 Einwohner) hat eine moderne Kirche des Architekten Litzenberger aus dem Jahre 1969, die in Architektur und Funktion an die Wallfahrtskirche des berühmten Architekten Le Corbusier in Ronchamps erinnert. Die Lichtführung schafft Inseln von mystischem Blau bis zu hell leuchtendem Rot. Den 17 Fensterbildern in eigenartiger Anordnung an der hinteren Kirchenwand sind Motive aus dem Alten und Neuen Testament zugrunde gelegt. Der Turm ist mit seiner doppelläufigen Treppe zugleich Kreuzweg. Die Erinnerung an die Deportation zahlreicher Franzosen aus dieser Gegend im 2. Weltkrieg wird in der eindrucksvollen Kirche wachgehalten. In die Kirche ist zugleich das kleine Gemeindezentrum integriert.

Vaucouleurs

(2500 Einwohner) = Val des Couleurs (Tal der Farben). Zwei Frauen, die in Frankreich Geschichte machten, sind mit Vaucouleurs verbunden. Beide heißen Jeanne mit Vornamen: Jeanne d'Arc, Nationalheldin und Heilige, und Jeanne Becu, Tochter einer Näherin, später als Madame Dubarry Favoritin Ludwigs XV.. Aus der Zeit von Jeanne d'Arc, geboren in dem 19 km maasaufwärts gelegenen Domrémy-la-Pucelle*, sind noch die Reste des Schlosses vorhanden, wo sie nach langem Bitten von Burgvogt Robert de Baudricourt Pferde, Reiter und Fahne für ihren Feldzug zu Gunsten des französischen Dauphins und späteren Königs Karl VII. gegen die Engländer erhielt, sodann eine Kapelle mit der Marienstatue Notre-Dame-des-Voûtes, vor der sich

Jeanne den Beistand der Gottesmutter erbat, und die "Porte de France", durch die hindurch die Jungfrau von Orléans nach Chinon an der Loire ritt, um Frankreich zu retten, was ihr nicht honoriert wurde. Sie starb bekanntlich auf dem Scheiterhaufen. Die Dubarry endete unter der Guillotine des französischen Revolutionstribunals. Von der ehemals starken Stadtbefestigung sind nur noch vier Türme vorhanden.

Verdun

(24000 Einwohner). Verdun, an der Maas gelegen, ist seit gallo-römischer Zeit als „oppidum verodunum" besiedelt. Wie Metz und Toul ist Verdun seit der Merowingerzeit einer der ältesten Bischofssitze in Europa. Hier schlug 843 mit dem Vertrag von Verdun die Geburtsstunde von Lothringen, als das Reich Karls des Großen unter seinen drei Enkeln aufgeteilt wurde. Das mittlere Reich wurde Lothar I. zugesprochen (Lotharingien = Lothringen). Die Städte unterstanden im Mittelalter den Bischöfen. Die Bürgerschaft opponierte des öfteren gegen diese Herrschaft. Als Fliehburg der Bischöfe wurde daher die Burg Hattonchâtel* an den Côtes de Meuse errichtet. Matthäus Merian beschreibt die Stadt in Anlehnung an Des-Rues "es seye Verdun eine schöne, reiche, sehr alte und an einem lustigen Ort gelegene Stadt". 1648 kam Verdun an Frankreich. Die Festung (Citadelle) wurde ausgebaut und nach 1871 nochmals verstärkt. Die Stadt, Ziel der deutschen Angriffe im 1. Weltkrieg, hielt – stark beschädigt – den Kämpfen stand. Die Citadelle und ihre unterirdischen Einrichtungen können besichtigt werden. In der Oberstadt erhebt sich die Kathedrale

Das Centre mondial de la Paix in Verdun

Notre-Dame. In ihren Anfängen stammt sie aus dem 11. Jh. (romanisches Löwen-portal, Krypta), wurde dann gotisiert und später – nach einem großen Brand – innen barock ausgestattet. Nach der erbarmungslosen Beschießung von Verdun im 1. Welt-krieg wurden die Kathedrale und der beschauliche Kreuzgang im Famboyantstil sehr gut restauriert. Im ehemaligen barocken Bischofspalais ist ein Internationales Friedens-zentrum (Centre mondial de la Paix) eingerichtet, das an die unseligen beiden Welt-kriege erinnert und als Begegnungsstätte Impulse zur Versöhnung und Frieden in der Welt vermittelt. Die Stadt- und Festungsgeschichte wird im Musée de la Princerie vorzüglich dargeboten. Ein Bummel am neu konzipierten Quai de Londres entlang der bootsreichen Maas und durch die Rue Mazel zum überdimensionalen Krieger-denkmal (mit kleinem Veteranenmuseum) mit Blick auf die Stadt und die Maas ist sehr zu empfehlen.

Vézelise

(1400 Einwohner) war die Hauptstadt der Grafen von Vaudémont und lässt in ihren Grundzügen das ehemalige Residenzstädtchen noch erahnen. Aus der Renaissance-zeit stammen die Reste des Schlosses, ein Justizgebäude und die höchst interessante Markthalle (1599), die aus alten Eichenstämmen gezimmert ist. Die spätgotische Kir-che Saint-Côme-et-Saint-Damien (St. Kosmas und St. Damian), zwei Ärzten aus früh-christlicher Zeit gewidmet, ist reich ausgestattet mit Grabplatten, Barockorgel, Fen-stern aus dem 15. und 16. Jh. und selten zu sehenden gusseisernen Kirchenbänken.

Vic-sur-Seille

(1500 Einwohner) war einst Zufluchtsort der Bischöfe von Metz, wenn sie von der Bürgerschaft bedroht wurden. Der Ort ist durch den Salzhandel groß geworden. Die Stadt hat noch manche historische Erinnerungsstücke, so die gotische Kirche Saint-Martin mit guter zeitgenössischer Ausstattung, Reste der Stadtmauer, das ehemalige Karmeliterkloster, das heute kirchliche Begegnungs- und Bildungsstätte ist, und vor allem das in der ganzen Region einmalige Gebäude der alten Münze (Maison de la Monnaie) im Übergangsstil der Gotik zur Renaissance mit offener Galerie und zahl-reichen pflanzlichen, tierischen und menschlichen Ornamenten. Hier befindet sich auch das Museum des Städtchens, in dem die Erinnerung an den hier geborenen Maler Georges de la Tour (1593-1652) wachgehalten wird.

Villers-Bettnach

Von der ehemaligen Zisterzienserabtei sind nur noch wenige Reste zu sehen, so zwei kleine Kapellen, Teile des Dormitoriums und aus der Barockzeit ein geschwungenes Barocktor. Das Kloster wurde bereits 1130 vom Mutterkloster Morimond aus gegrün-det. Es wurde 1552 verwüstet, gelangte aber im 17. Jahrhundert zu einer kurzen, neuen Blüte, bis es dann in den Wirren der Französischen Revolution ganz unter-ging. Heute noch üben die Reste des Klosters in der beschaulichen Ruhe des Wald-tales eine kontemplative Faszination aus.

Vittel

(6500 Einwohner). Die Infrastruktur des weltbekannten Badeortes ist noch größer als die der benachbarten Bäder-Konkurrenten Contrexéville* und Bains-les-Bains. Es gibt einen weitgedehnten, liebevoll gepflegten Kurpark mit hübschen Blumenarrangements, Badeanlagen, Kolonnaden, ein großes Kasino. In den alten Hotels und Restaurants (einige bestehen nicht mehr) ist noch etwas von dem Hauch vergangener Jahrzehnte zu spüren, als die gehobenen Bürgerkreise aus Paris und anderen Städten hier zur Kur weilten. Heute hat sich Vittel mit der Moderne liiert und geht neue Wege auf dem Gesundheits-, Fitness- und Wellnesstrip. Tennis, Golf, Pferdesport, Radtouren, Wandern usw. runden das neue Kur-Konzept ab.

Vomécourt-sur-Madon

(200 Einwohner). Der kleine Ort besitzt eine beachtenswerte romanisch-gotische Sankt-Martins-Kirche mit wertvoller Bauplastik. Das Eingangsportal ist einzigartig gestaltet, mit durchbrochenen Säulen und im Tympanon mit Szenen von kämpfenden Rittern (Schwert und Lanze) und den drei Frauen und dem Engel am leeren Grab des Auferstandenen. Am Chor außen findet man interessante Steinmetzarbeiten aus der Zeit der Romanik: einen Maulaufreißer und ein sich küssendes Paar. Innen sind sehr schöne Palmettenborde und Pflanzenornamente an den viereckigen Kapitellen der roh behauenen achteckigen Pfeiler zu sehen.

Vosges, les

Vogesen(lothringischer Anteil). Sie bestehen im nördlichen Teil vorwiegend aus Buntsandstein, im Süden aus Granit, Gneis und Quarziten. Der Höhenkamm zwischen 1000 m und 1300 m geht nach Westen in eine allmählich in Hügel und Hochflächen auslaufende Landschaft über. Die westlichen Vogesen sind stark bewaldet. Es wachsen dort hauptsächlich Fichten, Tannen und Buchen, in den oberen Regionen auch Bergahorn, im Wechsel mit kahlen Grasflächen und Hochmooren. Hier entspringen die Flüsse Mosel, Meurthe und Saar. Bei wenig Industrie und zurückgehender Landwirtschaft entfalten die natürlichen Reize eine Anziehungskraft auf den Fremdenverkehr, besonders in den Gegenden um Gérardmer*, La Bresse*, Ballon d'Alsace*, Dabo*, Bruyères*, Vittel*, Plombières-les-Bains* als Angebote für Kurzurlaub- und Wochenendtourismus. In den Höhenlagen ist Wintersport möglich. In den westlichen Vogesen können in den Höhenlagen bis zu 1900 mm Niederschlag pro Jahr fallen, im Gegensatz zur Ostseite (Lee), wo nur 600 mm Niederschlag herunterkommen. Die Vogesen sind ein beliebtes Wandergebiet mit gut markierten Wanderwegen des Vogesenclubs und örtlicher Initiativen, vor allem im Parc Naturel Régional des Ballons des Vosges und im Parc Naturel Régional des Vosges du Nord.

Waville

(400 Einwohner). In einem kleinen Seitental der Mad gelegen, befindet sich das Dorf Waville, das eine frühromanisch-gotische Wehrkirche aufzuweisen hat. Saint-Hubert besitzt vor dem Turm eine gewölbte barocke Vorhalle. Das Portal selbst stammt aus dem 16. Jh. und erzählt die legendäre Geschichte des hl. Hubertus.

Woëvre, Plaine de

Die Woëvre-Ebene ist Teil des lothringischen Schichtstufenlandes zwischen den Côtes de Meuse* und den Côtes de Moselle* und weist eine durchschnittliche Höhe von 200 m auf. Sie wird von kleinen Flüßchen durchzogen, die in den Côtes de Meuse entspringen und zur Mosel fließen. Die großen Seen Lac de Madine* und Étang de Lachaussée liegen als Freizeit- und Ökologische Reservate in der Woëvre-Ebene, die wenig besiedelt ist.

Zetting, Zettingen

(850 Einwohner). Oberhalb des Dorfes liegt die Kirche Saint-Marcel, deren romanischer Rundturm und hochgezogener gotische Chor weithin sichtbar sind. Sie war früher eine Kollegiatskirche der Benediktiner von Tholey im Saarland. Die Kirche ist im Inneren durch ihre Säulenkapitelle mit Laubmotiven und Gewölbemalereien mit Maria, Engeln, Evangelisten und Vögeln in den Ästen sehr eindrucksvoll. Die Glasfenster stammen aus dem 15. Jh.. Sie haben eine wechselvolle Geschichte. Ein Pfarrer, der ein Augenleiden hatte, ließ sie ausbauen und durch hellere ersetzen, um besser die Messe lesen zu können. Die Glasscheiben verschenkte er zum Teil an die Schulkinder. Der nächste Pfarrer sammelte sie wieder ein und ließ sie wieder einbauen. Während des Zweiten Weltkrieges wurden die wertvollen Fenster in die Charente "evakuiert" und nach dem Krieg wieder eingebaut. So kann man fast alle Motive heute noch bewundern: Erschaffung der Welt, Adam und Eva, Kain und Abel, die Arche Noah, Abraham und Isaacs Opferung, Jakob und die Himmelsleiter, Josef, der brennende Dornbusch, Moses schlägt Wasser aus dem Felsen, Motive aus dem Leben Jesu, Papst Marcellus als Namenpatron der Kirche bis hin zum Jüngsten Gericht. Sie zeigen die Vielfalt christlicher Heilsgeschichte, durchwirkt von Weinlaub und Reben.

„Magische Orte" in Lothringen

Sie passen nicht in das Lothringen-Register, aber sie sollten doch erwähnt werden: die magischen Orte. Denn sensible Reisende – und das Überschreiten von Landesgrenzen schärft oft die Wahrnehmungsfähigkeit – spüren an manchen Orten Kräfte, die fast unbewußt auf Menschen einströmen können. Lässt man sich von diesen Energiefeldern anrühren, fühlt man sich bereichert, gestärkt, vielleicht von Alltagsproblemen weniger bedrängt.

Die „magischen Orte" lassen sich möglicherweise durch die jeweiligen topographischen Besonderheiten erklären (einsame Berge, versteckte Täler, herausgehobene Hügel, sprudelnde Wasserquellen, sanfte Wiesen und ruhige Wälder), durch Erdstrahlen oder die Situation zu den Himmelsrichtungen. Jedenfalls gab es schon vor Zeiten solche Anziehungspunkte, die von Menschen markiert und immer wieder aufgesucht wurden. Da gibt es zum Beispiel ein paar Steine an Aussichtspunkten auf bestimmten Bergen, die Ruinen einer Kapelle im stillen, ja verborgenen Tal oder auch die Atmosphäre einer modernen Kirche (vielleicht steht sie auf uralt heiligem Boden?), die beim Einzelnen das Gefühl aufkommen lassen: hier ist ein besonderer Ort, hier finde ich Ruhe und Gelassenheit, hier durchströmt mich neue Kraft.

Wo genau findet man diese magischen Orte? Sicher nicht im Trubel der großen Städte und des Verkehrs, nicht auf den Schlachtfeldern mit tausendfach vergossenem Blut, nicht inmitten lautstarker Touristenströme. Es gehört Stille dazu, Weite, Höhe, Frieden – das Nicht-Alltägliche eben.

Wer etwa bei ruhigem Wetter, vielleicht im Abendsonnenschein, die nicht allzulange Rundwanderung auf dem Ballon d'Alsace* erlebt, an den markanten Punkten innehält, das überwältigende Panorama der Vogesenberge und –täler auf sich in Ruhe wirken läßt, der wird verändert den Berg hinter sich lassen, erleichtert und bereichert zugleich.

Ähnlich kann man die magische Anziehungskraft empfinden, die am Aussichtspunkt des Vaudémont* zu spüren ist. Wie beruhigend ist es dort, den Blick über fast 100 Orte bis zum Horizont der fernen Berge schweifen zu lassen. Und die Ruhe zu genießen, die nichts vom Alltagsstreß heraufdringen läßt.

Dann gibt es die kleine Stadt auf dem Berge – Hattonchâtel* -, in der man sich in alte Zeiten zurückversetzt fühlt. Da fängt vielleicht die Vergänglichkeit an, das Vergehende zu faszinieren. Und gelangt man dann in die Burg selbst und sieht von dort aus die Woëvre-Ebene hingebreitet, so kann nur das Wissen über dieses ungeheure Weltkriegsschlachtfeld die Bezauberung trüben.

Aber es gibt andere Orte, wo die martialischen Geschehnisse vergessen werden können: bei einer stillen Klosterruine, zum Beispiel, wie sie im abgelegenen Tal des Forêt de Mureau mit spärlichen Resten des Eingangsportals zu finden ist, schon fast zugewachsen von wogenden Gräsern.

Oder in den steinernen Überresten der Klosterkapelle Ancienne Abbaye de l'Étanche, umgeben von aufgelassenen Klostergebäuden. Vielleicht spürt man noch etwas von den unzähligen Gebeten, die von dort zum Himmel aufstiegen, vom Segen, der herabkam?

Es ist eine Sache des Glaubens, ob man einen magischen Ort als solchen erkennen kann oder will, ob man sich auf seine Ausstrahlung einlassen möchte – aber warum sollte man es nicht einmal versuchen?

Über die angeführten Orte hinaus gibt es noch andere, die besonders anziehend oder seltsam ehrwürdig wirken:

In Saint-Dié* die alte Kirche Notre-Dame, die von außen schon so vielversprechend ist, deren Kreuzgang aber noch übertroffen wird von der Stimmung in demjenigen in Toul* (Saint-Gengoult und Saint-Étienne). Aber auch neue Kirchen wie die Bergkirche von Vasperviller* oder das mystische Innere der Kirche von Baccarat* - ein unvergessliches Erlebnis an Licht und Meditation.

Und immer wieder sind es Höhen (erhabene Orte), wie der Turm auf dem Felsen Dabo* oder der größte Turm des Château de Mensberg* (Tour des Dames).

Darüber hinaus wird es noch mehr solcher Orte geben, die für jemand bestimmt sind und zur rechten Zeit ihre Wirkung entfalten, man muss sie nur erspüren: Magische Orte eben.

Gertraud Rösch

Einer dieser magischen Orte ist die Abbaye von l'Étanche.

Begegnungen:

Château Marlbrouck: Auferstanden aus Ruinen. Von Enkeln, Rittern und Gespenstern.

Château Marlbrouck*, bis vor kurzem noch eine Ruine, ist wieder originalgetreu aufgebaut worden - unweit des Dreiländerecks Frankreich-Deutschland-Luxemburg, auf lothringischem Boden. Die Europa-Kasse hat den Wiederaufbau dieses Kulturdenkmals ersten Ranges ermöglicht. Täglich kommen viele Menschen hierher. Auch wir werden mit unseren Enkeln Laszlo und Ivo von John Churchill, Earl of Marlborough, Heerführer im Spanischen Erbfolgekrieg empfangen. Sein kurioses Standbild steht gegenüber dem Eingang zur Burg. 1705 hatte er hier sein Hauptquartier. Wir betreten die Burg und besteigen die vier Türme, laufen über die zinnenbewehrten Mauern, besuchen den Rittersaal und die Frauengemächer. Die Enkel glühen vor Begeisterung, denn sie sind in der Entwicklungsphase „Ritter und Burgen". Sie eilen durch die Räume, die museal und anschaulich-lebendig ausgestaltet sind. Sie klettern über Stufen und Treppen, begegnen ihren Idolen, lassen sie per Knopfdruck sprechen, verwandeln sich im Spiegel zu „echten Rittern", stürmen auf die Plattformen  der Türme, spähen in die Landschaft und begegnen in den Verliesen den huschenden und erschreckenden Gespenstern. Im Bistro halten wir das Rittermahl und trinken reihum aus dem großen Humpen. Zum Wohl ihr Herrn – lasst's euch schmekken!

Der „Salon de Thé" – etwas für Feinschmecker.

Er ist mit einem guten Café in Deutschland zu vergleichen, wohingegen das französische Café nur eine Stätte ist, wo man seinen Café noir, au lait, serré, à la crème, den petit oder den grand Café möglichst heiß schlürft. Neu ist das "Café électronique" – gemeint ist das Internet-Café. Auf unseren Touren durch Lothringen bevorzugen wir, wenn möglich, den Salon de Thé, in welchem man neben vielen Teesorten natürlich auch einen Kaffee trinken kann. Hier gibt es die reizend aussehenden und wohl-schmeckenden „Tartes": Tartes aux fraises (Erdbeeren), aux myrtilles (Heidelbeeren), aux quetsches (Zwetschen), aux pommes (Äpfel), aux mirabelles und „crêpes" in allen Variationen. Aber auch ewas Deftiges wie Tartes aux fromage, aux saucisses, au jambon und natürlich „Quiche lorraine" mit Crème fraiche, Käse, Schinken, Schalot-ten oder auch vegetarisch. – Ich bevorzuge meistens einen „Éclair", einen „Blitz", der so aussieht wie der Donnerkeil in der Hand des Göttervaters Zeus. Früher sagten unsere Kinder "Hundeknochen" dazu, weil er auch die Form eines Nageknochens hat. Der „Éclair" ist gefüllt mit Vanillecreme oder Schokoladensahne oder Moccas-ahne. Auch mag ich den „Savarin", getränkt mit deliziösem Schnaps. So gekostet bei der letzten Radtour in Bouzonville.

Beim Winzer Claude Vosgien in Bulligny

„Côtes de Toul" steht auf dem Weinflaschenetikett, „Domaine Claude Vosgien, 1998, Vin Gris". Es ist ein besonderer Wein, der in Lothringen an den Côtes de Toul, an den Côtes de Meuse oder auch an der Mosel und bei Vic-sur-Seille Jahr für Jahr heranreift. Es werden nur ein paar hundert Hektar angebaut und man trinkt den Wein im Lande. Grau-grün-rote Traubenbeeren ergeben einen funkelnden rötlichen Wein. Der Ursprung der Reben liegt in Burgund; 1375 wird der „graue Wein" zum ersten Male erwähnt. In Duft, Farbe und Geschmack ist er dem Ruländer ähnlich. „Saftig", „würzig" sind seine hervorstechenden Eigenschaften. Insgesamt ist es ein „leichter" Wein, den man sowohl zu Braten und Wild als auch zu rustikalen Menüs und Fisch trinken kann. Das alles lernen wir kennen beim Winzer Claude Vosgien in Bulligny bei Blénod-lès-Toul, am Osthang der Côtes de Toul gelegen, einem markan-ten Höhenzug des lothringischen Kalkstein-Stufenlandes, das sich in Nord-Süd-Rich-tung über 80 km erstreckt. Der Winzer bebaut nur 10 ha. Der Weinbau ist in den letzten beiden Jahrhunderten stark zurückgegangen. Rebenkrankheiten, ungünstige Witterung und Kriegswirren machten ihn – auch durch die Konkurrenz des nahege-legenen Burgund und der Champagne unrentabel. Viele Weinberge wurden daher großflächig durch Mirabellen-Plantagen ersetzt, deren Früchte rotgelbliche Wangen haben und aus denen der berühmten Mirabellen-Schnaps destilliert wird. – Madame Vosgien erzählt uns über ihr Dorf, ihre Heimat, die Côtes de Toul. Gemeinsam mit einigen Frauen ist sie dabei, die Geschichte, das Leben, den Wein- und Obstanbau der Region zu erforschen. Auch Wanderungen werden ausprobiert, markiert und beschrieben. Das macht sie uns sympathisch! Schon dreimal waren wir dort, um uns mit den Winzern zu unterhalten. Jedesmal nehmen wir einige Flaschen des wohl-schmeckenden Weines mit nach Hause.

„Ich bin ein Lothringer"

In Lothringen begegnet man älteren Menschen, die historisch aufgeschlossen sind und die noch im Brustton der Überzeugung bekennen „Je suis Lorrain – Ich bin Loth-ringer!". So auch in Clermont-en-Argonne*, oben auf dem Berg an der Sankt-Anna-Kapelle und in Bar-le-Duc* in der Oberstadt. Wir stehen auf dem Marktplatz vor dem Rathaus aus der Renaissance, nachdem wir vorher die gotische Kirche Saint-

Étienne mit den Kreuzigungsszenen und dem „Skelett" des Bildhauers Ligier Richier besucht hatten. Ein älterer Mann bemerkt, dass wir Deutsche sind, und so spricht er uns auf deutsch an: „Woher? – Wohin? - Kann ich helfen?". „Wir sind aus Mainz, Mayence und jetzt auf Tour in Lothringen!" Das gefällt ihm, denn er kennt Mainz, den Dom und die „Fassenacht". Am Rathaus fällt unser Blick auf das Stadtwappen. Zwei Fische, zwei Salme, sind darin zu sehen. Genau, das ist es. „Viele Jahre lang war ein Teil der Herzogsstadt" – erklärt unser Lothringer – „Besitz der Grafen von Salm, einem Grafengeschlecht, das sowohl in Deutschland am Niederrhein, in der Eifel, an der Nahe als auch in Lothringen wie hier in Bar-le-Duc, in Senones in den westlichen Vogesen und auch an der lothringischen Mosel auf der Butte de Mousson begütert war und in Deutschland heute noch existiert." Unser Mann schwärmt von König Stanislaus, dem letzten Lothringer, von Robert Schuman, dem lothringischen Europäer und von der jetzigen Region Lorraine, die 200 Jahre nach Stanislaus wiedererweckt ist und ihren Verwaltungssitz in Metz hat. Wir bedanken uns sehr für die tiefgründigen Informationen. Adieu – Bonne Route!

Vittel – Von Offizierswitwen und modernem Bademangement

Vittel* ist weltbekannt. Die Mineralquellen mit ihrem sanften Wasser sprudeln unablässig. Ihre Qualitäten werden durch beachtliche Heilwirkungen bezeugt. Daher kommen viele Menschen zur Kur nach Vittel. So auch die Frauen und Witwen von Offizieren und höheren Beamten. Die älteren Damen sind schon lange Stammgäste. Man trifft sie in den Hotels und Restaurants, die um 1900 entstanden sind. Die Gebäude ähneln denen von Wiesbaden, Baden-Baden und Bad Ems, wo Kaiserinnen und Zaren, Prinzessinnen und Grafen, Staatsmänner und Schauspieler sich kurierten. So auch in Vittel. Die Damen sitzen vor ihrem Hotel Beauséjour, bis das Souper um halb acht Uhr aufgetischt wird. Es gibt viel zu erzählen, was sie heute erlebt haben, über die Anwendungen am Morgen, den Spaziergang im Parc Thermal am Nachmittag und den neuesten Klatsch im Café des Bades. Als der Gong ertönt, nehmen sie ihre Plätze im Restaurant ein. Jede hat eine Flasche Vittel neben dem Teller stehen und eine angebrochene Flasche Rotwein, den sie – maßvoll über vier bis fünf Tage verteilt – zum abendlichen Menü trinken. Nach dem Essen verabschieden sie sich voneinander, ziehen sich auf ihre Zimmer zurück, lesen oder fernsehen, stricken oder häkeln ein wenig, schlummern dann sanft ein, denn am nächsten Morgen müssen sie zeitig zum Bad, um sich von den Strapazen ihres Witwenalltags zu regenerieren.

Verdun – es war die Hölle!

Auf unserer Tour kommen wir auch in die Gegend nördlich von Verdun*. Leichter Sprühregen durchzieht die Felder- und Waldlandschaft. Eine eigenartig-melancholische Stimmung schwebt um uns, als wir das Monument von Le-Mort-Homme – Toter Mann - erreichen, wo im 1. Weltkrieg die Schlacht um Verdun schrecklich tobte. Ein hohes Denkmal mit dem Sensenmann erinnert an den Krieg. Dann geht es zur Höhe 304 – Côte 304. Auch hier tobte der Kampf. Ein riesiges Denkmal erinnert an die im Krieg gefallenen Menschen. 1963 war ich dort mit meinem Vater, der zwischen 1916 und 1918 als Soldat an diesem Platz „in Stellung" lag. Er erzählte mir von dem schweren Granatfeuer, den Angriffen und Gegenangriffen, die durch die unzähligen Granattrichter unter Einsatz von künstlichem Nebel erfolgten. Er war Telefonist und Melder und musste oft durch die unter Beschuss liegenden Gräben zum Regimentsstab nach Malancourt und wieder zurück zur Frontlinie. „Es war die Hölle!". Die Gräben und Artilleriestellungen wurden nach dem Krieg eingeebnet und mit Büschen, Gräsern und Bäumen bepflanzt. Ein stiller Friede liegt jetzt über dem Land. – Später, in Marre, einem ebenfalls zerstörten, aber wieder aufgebauten Dorf, finden wir in dem originellen Gasthof „Village Gaulois" von Lucien und Jeanne Hergott aus der schrecklichen Geschichte wieder zurück in die Gegenwart und genießen mit Speis' und Trank die lothringische Gastfreundschaft.

Hochzeiten – Mariages – Hochzeiten!

In Épinal*, in der ehemaligen gotischen Abtei- jetzt Pfarrkirche Saint-Maurice findet am Samstagmorgen um 11 Uhr eine Trauung statt. Ein blumengeschmückter Oldtimer bringt das elegant gekleidete Brautpaar vor das Portal, und die auf einem Sokkel stehende liebliche romanische Madonna lächelt Braut und Bräutigam huldvoll zu. Unter Orgelklängen zieht das Paar mit Gefolge in die Kirche ein. Die Brautmutter in bläulich-grauem kostbaren Kleid, breitrandigem Hut mit dezentem Schleier macht sich emsig zu schaffen und "befehligt" die Schar der buntblumig gekleideten "Engelchen". Das Trauungszeremoniell beginnt. Der silberhaarige Priester in weißem, goldbetresstem Ornat lädt zu den Fürbitten ein. Eine Brautjungfer in bestem heiratsfähigen Alter trägt sie vor. Doch – o je – sie bleibt bei der Fürbitte für das Brautpaar stecken. Ihre Stimme ist weg. Sie errötet und bricht in Tränen aus. Brautpaar und Priester werden verlegen, bis dann beherzt die Gemeindeassistentin die Fürbitten mit klarer Stimme zum Abschluss bringt. Beim Hinausgehen rätseln wir. Ob wohl die Stimme der Brautjungfer deswegen versagt hat, weil sie auch gerne geheiratet hätte – vielleicht den Bräutigam? – Im Stadtpark, dekoriert mit sehr schönen, kontrastierenden Blumenbeeten und Pflanzenskulpturen, sehen wir noch drei weitere Hochzeitspaare nebst Anhang, die hier die obligatorischen Hochzeitsfotos machen. Ein Paar ist arabisch-europäisch. Es kommt mit großem Hupkonzert daher und brennt ein knatterndes Feuerwerk ab. – Später, in einem Dorf, treffen wir wieder auf eine Hochzeit. Die Straße vor dem Rathaus ist gesperrt - so lange, bis das Brautpaar die vielen Glückwünsche und Ständchen mit Händeschütteln und Küsschen entgegengenommen hat. Schon am Vortag begegneten wir in Toul einer Hochzeitsgesellschaft. Hochzeiten überall in Frankreich – am letzten Samstag des Monats August!

Roland, Marquis de Pange, führt durch sein Château

Wir wollten schon umdrehen, denn wir glaubten, das Château de Pange sei verschlossen. Aber da kommt jemand zur Schlosstür heraus und ruft uns herein. Es ist der Graf höchstpersönlich: Roland, Marquis de Pange. Er führt uns in sein Schloss und wir dürfen die unteren Räume des Landsitzes des Baron Thomas, des späteren Grafen von Pange bewundern. Der schwarzhaarige Marquis sprüht Energie aus seinen dunklen Augen, wenn er von seinen Vorfahren erzählt. Viele davon waren "Haudegen" und sein Großvater einer der Flugpioniere. Sie schauen aus ihren Portraits von den Wänden herab auf uns. Kein Zweifel, der junge Marquis gleicht ihnen genau. Das geschwungene Treppenhaus, der Salon, alle Räume strahlen Adel aus. Roland spricht von den Kriegen, die das Schloss heimgesucht haben. Am schlimmsten waren die SS-Schergen im 2. Weltkrieg. Sie schlugen alles kurz und klein, was nicht niet- und nagelfest war und zertrümmerten das Porzellan und die wertvollen Gläser. Gedankenverloren geht der Blick durch die hohe Tür im Mittelrisalit, die sich in die weite Wiesenlandschaft der Nied öffnet. Die Landschaft erfreut das Auge. Die schwarz-weißen und braungescheckten Rinder, die hier weiden, beleben das frische Grün der Auen mit den solitären Eichen und Buchen. Auch der sich anschließende Park strahlt gepflegte Ordnung aus und die Kapelle lädt zur Besinnung ein. Die Grafenfamilie, jetzt in der 14. Generation, ist noch jung. Qu'ils vivent longtemps – mögen sie noch lange leben!

Wanderung in den Weinbergen von Lucey und Brûley und beim Vollmond am Lac de Madine

Wir wandern mit Edda und Dieter K. an den Côtes de Toul*. In Lucey* beginnt unsere Wanderung durch die Weinberge des Bischofs, die ihm aber schon lange nicht mehr gehören. Der Herbst hat die Blätter der Weinstöcke bunt gefärbt: von Grün

über Gelb und Orange bis Rot und Dunkelrot reicht die Palette. Darüber wölbt sich ein strahlend blauer Himmel mit Zirruswölkchen und Schönwetterkumuli. Eine friedliche Stimmung liegt über der Landschaft. Zuerst durch die Weinberge, dann durch den Wald, wandern wir hinauf auf das Bergplateau, wo die Reste des umfangreichen Fort de Lucey zu sehen sind. Da Allerheiligen und damit Feiertag ist, trifft man hier gutgelaunte Wanderer mit Kindern und Rucksäcken. Später besuchen wir auf der anderen Seite das Plateau, auf dem das Fort de Brûley liegt. Es darf aber nicht betreten werden. Steil abwärts führt uns der Weg ins Winzerdorf Brûley* mit seiner romanischen Friedhofskirche und der reichverzierten, neugotischen Kirche. Die Weinlese ist beendet. Aus den Weinkellern und Kelterhäusern riecht es betörend nach gärendem Traubenmost, aus dem später der begehrte Vin Gris wird. Auf dem letzten Stück unserer Wanderung probieren wir die noch hängengebliebenen saftigen, roten Trauben. Sie schmecken vorzüglich – mindestens 120° Oechsle! Den Wein der durchwanderten Weinberge probieren wir dann im Weingut von André und Roland Lelièvre in Lucey. Wir unterhalten uns lange mit dem Besitzer, der schon oft in Deutschland war, über seine Spezialitäten in der Weinbranche. Zum Schluss packen wir etliche Kisten Vin Gris, dazu Sekt und Crème de Mirabelle de Lorraine und Eau de Vie in unseren Wagen. – Gegen 19 Uhr erleben wir den Mondaufgang auf dem Montsec*. Blutrot, dann orangerot und schließlich silbern-gelb steigt der Mond im Osten über der Woëvre-Ebene auf. Ein Anblick, den man nicht so schnell vergessen wird. - Nach dem üppigen Abendessen im vorzüglichen Restaurant in Heudicourt entschließen wir uns zur vorgerückten Stunde noch zu einer weiteren Wanderung, weil es noch so mild ist und der Vollmond so schön scheint. Wir wandern zum Lac de Madine. Der Mond spiegelt sich auf der leicht bewegten Wasseroberfläche des Sees und gelegentlich hört man die Laute von Enten und Blässhühnern. Ein Fisch springt zu unserer Freude kurz aus dem Wasser, und wir denken zurück an die frohen Stunden der Wanderungen dieses Tages.

Randonnées Cyclos de Lelling/Bischwald: Volksradfahren in Lelling

Es ist Sonntagmorgen im September 2000. Im „Cyclotourismus" hatte ich gelesen, dass es eine Radfahrveranstaltung in Lelling bei Saint Avold gibt, an der jeder teilnehmen kann. Also fahre ich dorthin, mein Rad hinten im Variant. In den Ausschreibungen hatte ich studiert, dass es in Lothringen 88 Fahrradclubs gibt. Als ich in Lelling ankomme, werde ich zum Vorsitzenden des Clubs, Jean-Paul Schmitt, geschickt, der sich mit seinem Organisationsstab in der Mairie niedergelassen hat. Man freut sich über den unerwarteten Besuch aus Mainz. Ich möchte an der Radtour über 30 km teilnehmen, der kürzesten Distanz unter drei weiteren über 50 km, 80 km und 110 km. Ich erhalte die Startnummer 13 und los geht es durch das lothringische Stufenland, zuerst nach Guessling, dann durch hügelige Waldlandschaft nach Viller und nach Harprich. Zurück führt die Route zum Étang de Bischwald, einem fisch- und entenreichen See und nach Lelling. Ich erhalte einen Stempel für meine Teilnahme. Dann sitzen wir noch im Zelt zusammen, essen Flammkuchen, trinken Kaffee und lassen uns die von den Vereinsfrauen gebackenen Torten schmecken. Ein älterer, grauhaariger Mann im Rennfahrertrikot sitzt mir gegenüber. Unterwegs hatte er mich überholt. Als ich mich nach seinem Alter erkundige, sagte er: „Ich bin 80". Er ist an diesem Morgen 110 km gefahren. Alle Achtung – Chapeau!

Literatur und Hinweise:

Anhäuser, Uwe: Lothringen – Zwischen Vogesen und Champagne an Maas und Mosel, Dumont-Kunst-Reiseführer, Köln 1998

Kießler, Bernd-Wilfried: Elsaß-Lothringen (Führer für Binnengewässer), 2. Aufl. Hamburg 1997

Marschall, Hans-Günther – Slotta, Rainer: Romanisches Lothringen, Würzburg 1985

Mehling, Marianne (Hg.): Knaurs Kulturführer Lothringen, München 1995

Elsaß-Lothringen-Champagne, Michelin-Reiseführer (deutsch), Clermont-Ferrand 1998

Alsace-Lorraine (Vosges), Michelin-Le Guide Vert, Paris 2000 (mit Hotels und Restaurants)

COMITÉ RÉGIONAL DU TOURISME DE LORRAINE, Abbaye des Prémontrés, 54, rue Saint Martin, 7000 Pont-à-Mousson, T 03 83 80 01 80, F 03 83 80 01 88, E-mail: crt cr-lorraine.fr: Broschüren, Buchungen, Campingplätze, Hotel- und Restaurantführer, Veranstaltungen, Flusstourismus, Freizeit- u. Sporttourismus, Tourismuskarten

COMITÉS DÉPARTEMENTEAUX DU TOURISME:

CDT Meurthe-et-Moselle, 48, rue du Sergent Blandan, 54062 NANCY; T 03 83 94 51 90, F 03 83 94 51 99. Internet: www.cdt-meurthe-et-moselle.fr

CDT Meuse, Hôtel du Département, 55012 BAR-LE-DUC, T 03 29 45 78 40

F 03 29 45 78 40, F 03 29 45 78 45. Internet: www.tourisme-meuse.com

CDT Moselle, Hôtel du Département, 57036 METZ, T 03 87 37 57 80, F 03 87 37 58 84

CDT Vosges, 7, rue Gilbert, 88008 ÉPINAL, T 03 29 82 49 93, F 03 29 64 09 82

KARTENMATERIAL:

AUTOTOUREN: IGN 1:255 000 Carte Routière ALSACE, LORRAINE, RO1-15, Michelin 1:200 000, Nr. 242, 241

FAHRRADTOUREN: IGN 1:100 000, Nr. 10,11,12, 23, 30, 31

WANDERUNGEN: IGN 1:25 000, Club Vosgien 1: 50 000 Nr. 2, 4, 6, PR Les Départements

88 Cyclo-Clubs in Lothringen bieten jährlich an den Sonntagen von März bis Oktober Fahrradt-Touren über 30, 50, 80 und 120 km an. Info: Fédération Française de Cyclotourisme FFCT, La Ligue de Lorraine, Président Bernard Monchot. Die Broschüre „cyclotourisme" über die Veranstaltungen ist erhältlich bei: Comité Régional du Tourisme de Lorraine, Abbaye des Prémontrés, Rue Saint-Martin, 54700 Pont-à-Mousson, T 03 83 80 01 80, F 03 83 80 01 88, Internet www. cr-lorraine.fr , E-mail crt@cr-lorraine.fr . Hier erhält man auch weitere Prospekte über Freizeitsport in Lothringen. - Prospekte über regionale Radtouren: „Goûtez la Meuse ... à bicyclette", Comité Départemental du Tourisme de la Meuse, 55012 Bar-le-Duc, T 03 29 45 78 40, F 03 29 45 78 45, Circuits Cyclotouristiques Meurthe et Moselle, Comité Départemental du Tourisme, 54062 Nancy, T 03 83 94 51 90, F 03 83 94 51 99

Register